做一个理想的法律人
To be a Volljurist

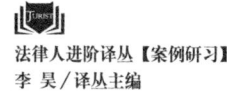

法律人进阶译丛【案例研习】
李 昊/译丛主编

本书的翻译得到"中国政法大学钱端升杰出学者支持计划资助项目（DSJCXZ180409）"支持。

德国物权法案例研习

第4版

Fälle zum Sachenrecht,
4. Auflage

〔德〕延斯·科赫 /著
〔德〕马丁·洛尼希

吴香香 /译

北京大学出版社
PEKING UNIVERSITY PRESS

著作权合同登记号　图字：01-2015-4532

图书在版编目（CIP）数据

德国物权法案例研习／（德）延斯·科赫，（德）马丁·洛尼希著；吴香香译 . —4 版 . —北京：北京大学出版社，2020.7
（法律人进阶译丛）
ISBN 978-7-301-31363-3

Ⅰ . ①德… Ⅱ . ①延… ②马… ③吴… Ⅲ . ①物权法—案例—德国 Ⅳ . ①D951.632

中国版本图书馆 CIP 数据核字（2020）第 104694 号

Fälle zum Sachenrecht, 4. Auflage, by Jens Koch/Martin Löhnig
© Verlag C.H.Beck oHG, München 2015
本书原版由 C.H.贝克出版社于 2015 年出版。本书简体中文版由原版权方授权翻译出版。

书　　名	德国物权法案例研习（第 4 版）
	DEGUO WUQUANFA ANLI YANXI（DI-SI BAN）
著作责任者	〔德〕延斯·科赫　〔德〕马丁·洛尼希　著
	吴香香　译
丛书策划	陆建华
责任编辑	陆建华　李雅雯
标准书号	ISBN 978-7-301-31363-3
出版发行	北京大学出版社
地　　址	北京市海淀区成府路 205 号　100871
网　　址	http://www.pup.cn　http://www.yandayuanzhao.com
电子信箱	yandayuanzhao@163.com
新浪微博	@北京大学出版社　@北大出版社燕大元照法律图书
电　　话	邮购部 010-62752015　发行部 010-62750672
	编辑部 010-62117788
印 刷 者	三河市北燕印装有限公司
经 销 者	新华书店
	880 毫米×1230 毫米　A5　9.125 印张　265 千字
	2020 年 7 月第 1 版　2021 年 10 月第 2 次印刷
定　　价	49.00 元

未经许可，不得以任何方式复制或抄袭本书之部分或全部内容。
版权所有，侵权必究
举报电话：010-62752024　电子信箱：fd@pup.pku.edu.cn
图书如有印装质量问题，请与出版部联系，电话：010-62756370

"法律人进阶译丛"编委会

主　编

李　昊

编委会

（按姓氏音序排列）

班天可	陈大创	杜志浩	季红明	蒋　毅
李　俊	李世刚	刘　颖	陆建华	马强伟
申柳华	孙新宽	唐志威	夏昊晗	徐文海
查云飞	翟远见	张　静	张　挺	章　程

做一个理想的法律人（代译丛序）

近代中国的法学启蒙授之日本，而源于欧陆。无论是法律术语的移植、法典编纂的体例，还是法学教科书的撰写，都烙上了西方法学的深刻印记。虽然中华人民共和国成立后兴盛过一段时期的苏俄法学，但是从概念到体系仍无法脱离西方法学的根基。20世纪70年代末，借助于我国台湾地区法律书籍的影印及后续的引入，以及诸多西方法学著作的大规模译介，我国重启的法制进程进一步受到西方法学的深刻影响。当前中国的法律体系可谓奠基于西方法学的概念和体系之上。

自20世纪90年代开始的大规模的法律译介，无论是江平先生挂帅的"外国法律文库""美国法律文库"，抑或许章润、舒国滢先生领衔的"西方法哲学文库"，以及北京大学出版社的"世界法学译丛"、上海人民出版社的"世界法学名著译丛"，诸多种种，均注重于西方法哲学思想尤其英美法学的引入，自有启蒙之功效。不过，或许囿于当时西欧小语种法律人才的稀缺，这些译丛相对忽略了以法律概念和体系建构见长的欧陆法学。弥补这一缺憾的重要转变，应当说始自米健教授主持的"当代德国法学名著"丛书和吴越教授主持的"德国法学教科书译丛"。以梅迪库斯教授的《德国民法总论》为开篇，德国法学擅长的体系建构之术和鞭辟入里的教义分析方法进入到了中国法学的视野，辅以崇尚德国法学的我国台湾地区法学教科书和专著的引入，德国法学在中国当前的法学教育和法学研究中的地位日益被尊崇。然而，"当代德国法学名著"丛书虽然遴选了德国当代法学著述中的上乘之作，但囿于撷取名著的局限及外国专家的视角，丛书采用了学科分类的标准，而未区分注重体系层次的基础教科书与偏重思辨分析的学术专著，与戛然而止的"德国法学教科书译丛"一样，在基础教科书书目的选择上尚未能充分体现当代德国法学教育的整体面貌，是为缺憾。

职是之故，自2009年始，我在中国人民大学出版社策划了现今的"外国法学教科书精品译丛",自2012年出版的德国畅销的布洛克斯和瓦尔克的《德国民法总论》(第33版)始,相继推出了韦斯特曼的《德国民法基本概念》(第16版)(增订版)、罗歇尔德斯的《德国债法总论》(第7版)、多伊奇和阿伦斯的《德国侵权法》(第5版)、慕斯拉克和豪的《德国民法概论》(第14版),并将继续推出一系列德国主流的教科书,涵盖了德国民商法的大部分领域。该译丛最初计划完整选取德国、法国、意大利、日本诸国的民商法基础教科书,以反映当今世界大陆法系主要国家的民商法教学的全貌,可惜译者人才梯队不足,目前仅纳入"日本侵权行为法"和"日本民法的争点"两个选题。

系统译介民商法之外的体系教科书的愿望在结识季红明、查云飞、蒋毅、陈大创、葛平亮、夏昊晗等诸多留德小友后得以实现,而凝聚之力源自对"法律人共同体"的共同推崇,以及对案例教学的热爱。德国法学教育最值得我国法学教育借鉴之处,当首推其"完全法律人"的培养理念,以及建立在法教义学基础上的以案例研习为主要内容的教学模式。这种法学教育模式将所学用于实践,在民法、公法和刑法三大领域通过模拟的案例分析培养学生体系化的法律思维方式,并体现在德国第一次国家司法考试中,进而借助于第二次国家司法考试之前的法律实训,使学生能够贯通理论和实践,形成稳定的"法律人共同体"。德国国际合作机构(GIZ)和国家法官学院合作的《法律适用方法》(涉及刑法、合同法、物权法、侵权法、劳动合同法、公司法、知识产权法等领域,由中国法制出版社出版)即是德国案例分析方法中国化的一种尝试。

基于共同创业的驱动,我们相继组建了中德法教义学QQ群,推出了"中德法教义学苑"微信公众号,并在《北航法律评论》2015年第1辑策划了"法教义学与法学教育"专题,发表了我们共同的行动纲领:《实践指向的法律人教育与案例分析——比较、反思、行动》(季红明、蒋毅、查云飞执笔)。2015年暑期,在谢立斌院长的积极推动下,中国政法大学中德法学院与德国国际合作机构法律咨询项目合作,邀请民法、公法和刑法三个领域的德国教授授课,成功地举办了第一届"德国法案例分析暑期班"并延续至今。2016年暑期,季红明和夏昊晗也积极策划并参与了由西南政法大学黄家镇副教授牵头、民商法学院举办的"请求权基础案例分析法课程暑期培训班"。2017年暑期,加盟中南财经政法大学法学院的"中德法教义学苑"团队,成功举办了"案例分析暑期培训班",系统地在民法、公法和刑法三个领域以德国的鉴定式模式开展了案例分析教学。

中国法治的昌明端赖高素质法律人才的培养。如中国诸多深耕法学教育的启蒙者所认识的那样,理想的法学教育应当能够实现法科生法律知识的体系化,培养其运用法律技能解决实践问题的能力。基于对德国奠基于法教义学基础上的法学教育模式的赞同,本译丛期望通过德国基础法学教程尤其是案例研习方法的系统引入,能够循序渐进地从大学阶段培养法科学生的法律思维,训练其法律适用的技能,因此取名"法律人进阶译丛"。

本译丛从法律人培养的阶段划分入手,细分为五个子系列:

——法学启蒙。本子系列主要引介关于法律学习方法的工具书,旨在引导学生有效地进行法学入门学习,成为一名合格的法科生,并对未来的法律职场有一个初步的认识。

——法学基础。本子系列对应于德国法学教育的基础阶段,注重民法、刑法、公法三大部门法基础教程的引入,让学生在三大部门法领域中能够建立起系统的知识体系,同时也注重扩大学生在法理学、法律史和法学方法等基础学科上的知识储备。

——法学拓展。本子系列对应于德国法学教育的重点阶段,旨在让学生能够在三大部门法的基础上对法学的交叉领域和前沿领域,诸如诉讼法、公司法、劳动法、医疗法、网络法、工程法、金融法、欧盟法、比较法等有进一步的知识拓展。

——案例研习。本子系列与法学基础和法学拓展子系列相配套,通过引入德国的鉴定式案例分析方法,引导学生运用基础的法学知识,解决模拟案例,由此养成良好的法律思维模式,为步入法律职场奠定基础。

——经典阅读。本子系列着重遴选法学领域的经典著作和大型教科书(Grosse Lehrbücher),旨在培养学生深入思考法学基本问题及辨法析理之能力。

我们希望本译丛能够为中国未来法学教育的转型提供一种可行的思路,期冀更多法律人共同参与,培养具有严谨法律思维和较强法律适用能力的新一代法律人,建构法律人共同体。

虽然本译丛先期以德国法学教程和著述的择取为代表，但是并不以德国法独尊，而注重以全球化的视角，实现对主要法治国家法律基础教科书和经典著作的系统引入，包括日本法、意大利法、法国法、荷兰法、英美法等，使之能够在同一舞台上进行自我展示和竞争。这也是引介本译丛的另一个初衷。通过不同法系的比较，取法各家，吸其所长。也希望借助于本译丛的出版，展示近二十年来中国留学海外的法学人才梯队的更新，并借助于新生力量，在既有译丛积累的丰富经验基础上，逐步实现对外国法专有术语译法的相对统一。

本译丛的开启和推动离不开诸多青年法律人的共同努力，在这个翻译难以纳入学术评价体系的时代，没有诸多富有热情的年轻译者的加入和投入，译丛自然无法顺利完成。在此，要特别感谢积极参与本译丛策划的季红明、查云飞、蒋毅、陈大创、黄河、葛平亮、杜如益、王剑一、申柳华、薛启明、曾见、姜龙、朱军、汤葆青、刘志阳、杜志浩、金健、胡强芝、孙文、唐志威（留德）、王冷然、张挺、班天可、章程、徐文海、王融擎（留日）、翟远见、李俊、肖俊、张晓勇（留意）、李世刚、金伏海、刘骏（留法）、张静（留荷）等诸位年轻学友和才俊。还要特别感谢德国奥格斯堡大学法学院的托马斯·M. J. 默勒斯（Thomas M. J. Möllers）教授慨然应允并资助其著作的出版。

本译丛的出版还要感谢北京大学出版社副总编辑蒋浩先生和策划编辑陆建华先生，没有他们的大力支持和努力，本译丛众多选题的通过和版权的取得将无法达成。同时，本译丛部分图书得到中南财经政法大学法学院徐涤宇院长大力资助。

回顾日本和我国台湾地区的法治发展路径，在系统引介西方法律的法典化进程之后，将是一个立足于本土化、将理论与实务相结合的新时代。在这个时代中，中国法律人不仅需要怀抱法治理想，还需要具备专业化的法律实践能力，能够直面本土问题，发挥专业素养，推动中国的法治实践。这也是中国未来的"法律人共同体"面临的历史重任。本译丛能预此大流，当幸甚焉。

李　昊

2018 年 12 月

让完全法律人的梦想照进现实
（代"案例研习"译者序）

（一）

改革开放之后，伴随着法制（治）的重建，我国法学开始复兴。由于传统的缘故，这种重建和复兴更多是通过借鉴与继受大陆法系国家的法典和法学理论来完成的。然进入21世纪，我国的法学仍被指幼稚，2006年"中国法学向何处去"成为法（理）学热门讨论主题。（玄思倾向严重的）法理学与（脱离实践的）部门法学、部门法学与部门法学之间区隔严重，不但沟通严重不足，而且缺乏相对一致的思维方式，实在难谓存在"法律人共同体"。大学没有（也无力）提供实践指向的法律适用系统训练，而实习也无实质能力训练，其对法律人之能力要求、培养路径亦未真正明悉；法科毕业生多有无一技傍身之空虚感。

在法律体系与法律知识体系尚不健全的法制重建与恢复期，由于缺乏完备的法律基础，如此状况尚可理解，但随着我国法律体系渐次完善，法学缺乏实践品格、法学教育脱离现实需求之问题愈发凸显，亟待我们解决。有鉴于此，部分部门法学者逐渐确立反思法学的实践指向，更多讨论法教义学（释义学）及其应用，法律适用更受重视。此外，法学教育不能满足实践之需的问题，更为学界与实务界所重视。关于国外法学教育模式的文章日益增多，认知亦趋深入，中外法学教育的交流也更深入。以中德法学教育交流为例，米健教授创立了中国政法大学中德法学院，提供了系统的中德法律比较教育，研二即由德国老师提供原汁原味的训练（部门法理论课+鉴定式案例研习），研三资助通过德福者到德国高校攻读法律硕士学位（LL. M.），接受德国法学教育系统训练。不少人后续留德攻读博士学位，有机会更深入地体验德国法学教育的整体面貌。国家留学基金委提供了许多资助留学攻读博士学位的名额,留德攻读博士学位、联合培养在各高校法学研习者之间蔚然成风,在德攻读博士学位期间攻读法律硕士学位更为普遍。由中德比较的视角以观,德国的完全法律人培养模式,是解决中国法学、法律人教育诸多问题的一剂良方。由此,法学可以是具有实践品格的学问,法律人教育能够融合科学与实践,法律人应当具有相对统一的思维方式。

德国完全法律人教育的目标,就是通过双阶法律教育培养实务人才,以法官能力培养为核心,兼及律师业务能力的培养。第一阶段是通常学制为4年半的大学法律学习(相当于我国的本科加硕士),以通过第一次国家考试为结业条件(实际通过多需要5年至6年的时间);第二阶段为实务见习期,为期2年,第二次国家考试通过者,为完全法律人,有资格从事各种法律职业,任法官、检察官、律师、公证人等职。

第一阶段的教育是科学教育;第二阶段则是(在法院、检察院、律所)见习期教育,是成为真正法律人的实务历练阶段。与见习期教育以实体法与诉讼法知识的综合运用解决实际案件的模式不同,第一阶段法学教育更多是分学科、渐进地融合法律知识、训练运用能力,虽是科学教育,但同样以实践为导向。大学的课程形式主要有讲授课(Vorlesung)、案例研习(Arbeitsgemeinschaft/Übung)、专题研讨(Seminar)和国考备考课程。讲授课重在阐明法律规范、制度以及不同的规范与制度之间的关联等,使学习者理解与掌握相关的法律规定以及学说与判例对这些法律规定的解释;而核心课程必备的案例研习课程则重在通过与讲授课相对一致的进度,以案例演练检查、巩固学习者对于法律的理解,同时培养和训练学习者的法律思维方法,使其通过相对一致的思维方式掌握抽象的法规范与具体案例之间的沟通,循序渐进地掌握法律适用的方法。加上笔试(Klausur)的考查,这种一体设计使得习法者的法律适用能力能够得到良好提升,实现预期效果。由于包括第一次国家考试在内的绝大部分考试均以案例研习的形式出现,案例研习课程在德国法学训练中的重要地位不言自明,而其中所贯穿的是自始就予以讲解、操练的法律人核心装备——鉴定式案例研习方法。

通过第一次国家考试,即视为充分掌握了所考查的基本部门法的理论知识及其法律适用,此后方可进入第二阶段。在第二阶段,则侧重程序法的训练、培养实务能力,见习为期 24 个月,在法院、检察院、行政机关、律所以及自选实习地点经历相应的训练,到见习期结束时,见习文官将有能力适应并逐步熟悉法律工作。实务训练阶段着重练习法庭报告技术（Relationstechnik）,即依据案卷材料,运用证据法、实体法的知识,认定案件事实并在此基础上做出鉴定与起草法律文件（裁判文书）。

凡通过两次国家考试者,都经过艰苦的锤炼（十几门大学必修课程各以一道案例解析题进行考查）和惨烈的淘汰,成为完全法律人,具有比较一致的法律思维模式,纵使其职业角色各异,亦能在共同的思维平台上进行沟通、讨论,形成良性互动与高效合作。

基于我国法与德国法的历史与现实的深刻关联,集德国完全法律人模式之优点、德国法人才基础和普及趋势为一体,取法于德国以改进我国法律人教育实为一条有效路径。

德国法案例研习教程属于我们拟订的中国法律人教育改善计划的第一篇章。该计划旨在以德国法为镜鉴,以推动中国法学的科学化为目标,以法学教育的改善为着眼点,通过建立法律人共同体,明确法学研究的实践定位,提升中国法学研究的质量,最终落实于司法技术的改进以实现对社会生活的合理调整。通过研习德国案例,我们可以透视德国法,统观立法、司法、法学、完全法律人培养的互动协作运转的体系,发现并掌握其运行规律。研习德国案例,旨在掌握其核心方法,将其活用于中国法的土壤,以更新的观念,培养新人——中国的完全法律人。

实际上,完全法律人的培养模式早已扎根于我国的土壤,成为我们法律人培养的现实。中国国家法官学院与德国国际合作机构已合作二十余年,以鉴定式和法庭报告技术解答中国法问题,培训法官。接受培训的众多法官中,就有受此启发写成名作《要件审判九步法》的邹碧华法官。国家法官学院教师刘汉富翻译的《德国民事诉讼法律与实务》2000 年由法律出版社出版,作为国家法官学院高级法官培训指定教材,而该教材实际是德国完全法律人培养第二阶段用书（Dieter Knöringer, Die Assessorklausur im Zivilprozeβ, 7. Aufl. 1998.）。该书在我国湮没无闻的命运,多因我们的大学教育尚未开展鉴定式案例研习,请求权基础训练仅属耳闻,遑论法庭报告技术。如今,中国法的鉴定式案例分析在诸多高校展开,完全法律人观念也得到推广。新型法律人正在出现，贯通民法、民诉的学者（如中国人民大学法学院的金印老师）已成为我们身边可见的榜样。深刻的变革正在发生。

（二）

翻译德国案例研习教程以改进我国法律人教育之设想，正是基于丛书策划者们与德国法邂逅的切身体悟。我们在大学教育和实习经历中与德国法相识，在我国台湾地区法学著作（尤其是王泽鉴教授的法学教科书）、德国法学著作中真切感受到德式法学方法论的魅力。与时代的急剧转型相应，我们也必须深入地思考中国法学的实践转向、法学方法论与部门法的结合问题。

进入中国政法大学中德法学院学习，与本科就读于中国政法大学、西南政法大学等不同院校的同学交流，对于我们共同观念的形成和认识的提升至为重要。我2008级的同学中，有中国政法大学毕业的夏昊晗（曾从事法务工作多年）、林佳业、蒋毅，有来自西南政法大学的查云飞。我是自北京化工大学毕业、在法院工作两年后重新回到校园的；李浩然毕业于西南政法大学，是我在中德法学院的2009级同门。在中德法学院学习初期，我们的法学思维并没有表现出大的不同。在分析德国法的禁止双方代理案件时，我们还更多依从感觉（价值）判断，对法律概念的解释、扩张或续造并无清晰的意识。真正的变化开始于研二期间中德法学院提供的德国法系统训练，法律思维能力在随后攻读德国法律硕士期间也有了显著提升。德国高校法律硕士的选课也特别注重基础学科，注重对不同部门学科的总体了解。这就为我们从不同学科的视角看待学科发展提供了宝贵的知识基础。

我们时常交流学术想法，对教义学的观念、方法存有共识，对中德交流的形式、对学术与实务的沟通也常有思考，对未来抱有很多设想，读法律硕士时就讨论过以后组建民法、刑法、公法的团队教学等。及至在德国攻读博士学位之后，我们仍以不同的方式加深了对德国法教育的认识。除了攻读法律硕士期间所选修的科目——法律史、法理学、法学方法论、民事诉讼法、强制执行法外，我们后续又选修德国宪法史、罗马法史、罗马私法史，听过欧洲近代法律史等课程。2013年上半年，林佳业、蒋毅和我对中德司法考试进行了初步的比较研究。同时，对教义学、方法论文献的系统研读和利益法学的翻译也加深了我们对学术与实践关系的认识，推进我们对于中国问题的反思，形成更清晰的系统解决方案。

基于此，我于2013年下半年提出翻译德国案例研习教程以改进我国法律人教育之设想，当即获得在弗莱堡大学攻读博士学位的蒋毅（刑法方向）和李浩然（公法方向）的支持，我们并就具体书目达成了初步共识。但是，困难在于需要获得国内出版社的支持。2014年年初，幸得华中科技大学张定军老师的关心，就联系国内出版社之事宜，指点我们求教于李昊老师。这才给最初的设想打开了实现的大门！不仅我们的想法立获认可，李昊老师还以自己策划出版的丰富经验解答了我们关于费用的问题。2014年3月中旬我与蒋毅、李浩然在弗莱堡起草具体策划案，刑法由蒋毅负责，公法由李浩然负责，民法由我负责。因案例书需配合简明的教科书，策划选题时对此也需加以考虑，并由查云飞补充公法方面的设想，我们共同就未来推动的事项予以体系化整理，如新媒体时代中德交流平台的建立、中国法课程的系统改造和组建民法、刑法、公法的教学团队等。

2014年还不是一个可以清楚地看到案例研习教程前景的年份，策划案由李昊老师接手后一度未获出版社立项。之后我补充策划了3个预期会很畅销的德国法选题（《如何高效学习法律》《如何解答法律题》和《法律职业成长与文官候补期》），与4本民法案例研习教程一起再次申请立项，经北京大学出版社蒋浩副总编辑、陆建华编辑和李昊老师大力举荐才得以通过。

之后，因为商法书目拓展的缘故，邀请陈大创（时于科隆大学攻读信托法方向博士学位）加入策划团队。基于我们的共识和彼此信赖，邀其推进商法方面的教程。至此，形成6人的策划团队。

策划过程中，我们决定把民法书目定为硕士期间所用过的教材，夏昊晗、林佳业提供了宝贵的借鉴意见。特别关键的是华东政法大学张传奇老师，不但对民法书目进行了认真的核查，而且还主动提出承担近350页的《德国民法总则案例研习》的翻译，很快就为《德国意定之债案例研习》《德国法定之债案例研习》《德国物权法案例研习》三本书找到了可以信赖的译者，分别为赵文杰老师（现任教于华东政法大学）、薛启明老师（现任教于山东师范大学）和吴香香老师（现任教于中国政法大学）。在策划选题之初，出版前景尚不明朗，张传奇老师却如此热切地承担此项费时费力的翻译工作，在此特别感谢他为案例研习教程所做的巨大贡献，若没有他的参与,这些书或许就难觅合适的译者。当然,非常感谢香香师姐、文杰、启明师兄,也感谢曾影响他们与德国法结缘的老师。

在首批选题通过后,我们又扩展了翻译计划,《德国劳动法案例研习》由中国政法大学中德法学院的博士丁皖婧(现任教于中国劳动关系学院)承担翻译,沈建峰师兄(现任教于中央财经大学法学院)承担校对;《德国商法案例研习》由科隆大学博士李金镂(现任教于中南财经政法大学法学院)翻译。江西理工大学的马龙老师(武汉大学民事诉讼法博士)主动提出承担《德国民事诉讼法案例研习》的翻译,解决了一直困扰我们的难题。在此谨致谢意!

刑法的选题,因为Beulke教授刑法案例教科书的授权问题,蒋毅翻译好的近百页文字只能沉寂于其电脑中。否则,刑法选题可以更早出版,发挥其对刑法学习的积极影响。后经北京大学法学院江溯老师引荐,幸得希尔根多夫教授的《德国大学刑法案例辅导》三卷本弥补了这一缺憾。

2014年,葛云松、田士永两位老师关于法学教育、案例教学的雄文面世(葛文《法学教育的理想》,田文《"民法学案例研习"的教学目的》),推动了国人对此的深入认知。2014年,我们组建了团队,创建并运营"中德法教义学苑"公众号和相关QQ、微信群,也致力于深化国内对德国法和鉴定式案例研习的认知。我们所推动的其他翻译书目,也在各出版社立项通过,陆续出版。2015年,中国政法大学中德法学院的鉴定式案例研习暑期班开创了德国教授面对本科生亲授鉴定式案例研习方法的先河。在2016年和2019年西南政法大学民商法学院举办的"请求权基础案例分析法暑期培训班"中,还有2017年至2019年的中南财经政法大学法学院"案例分析暑期班"、广东财经大学法学院"案例研习班"、2018年浙江理工大学法政学院"案例研习班"……我们都以不同的形式参与其中。中南财经政法大学2016级的法学实验班是参考德国法科教育经验优化的培养方案开设的,现今第一届学生即将毕业。在他们身上,镌刻的是不同于以往的教育模式,不管他们知或不知,其中已留下了我们的印迹。走过的这些年月,我们和德国法难舍难分,受师友激励前行,与更年轻的同行相遇,分享他乡所学,也目送年轻一代去往他乡。梦想当初似乎遥不可及,今日却已渐次照进现实。

观念为行动的先导,而行动塑造着现实。我们所做的,仅仅是一场探险之旅的邀请。真诚邀请我们见过或素未谋面的学友,与我们一起探索未知,描绘通向未来的地图。或许这些书才是我们能够提供给大家的与德国法更好相会的最好的辅助，通过它们可以更好地接近德国法（教科书、专著、评注……）和完全法律人的教育理念以及路径。或许它们也是引领我们通向更好的中国法的一些路标，也许它能够锻炼我们传授识图、绘图、铺就未来道路的能力。

人们因为德国法而相遇，真是奇妙的缘分！所有的一切，缘起于情谊，成长于共识。通过分享我们所学所见的美好，我们结识了更多同行学友，得到师长、同学和朋友们热心无私的支持。尤为难忘的是时为中德法学院德方负责人的汉马可（Marco Haase）教授，是他以无比的热忱投入到我们研二的4门德国法案例研习课（民法2门，刑法、行政法各1门）的教学之中，在精神上和思维上引领我们前行。赴德留学的圣诞，我们齐聚柏林访问，因为他在，我们才有宾至如归的心安。Haase老师对中国挚诚热爱，奉献于中德交流十数载，是我们的"马可·波罗"，是激励我们前行的榜样。这一路的启明星，是情谊与温情。希望它照亮我们法律人未来的探索之行。披星戴月，日夜兼程。

（三）

预知未来的最好路径即是当下的践行。完全法律人的养成，与人格的发展密不可分。我们所期待的法律人应是独立自主的个体，有独立思考的能力和行为习惯。身处社会中的法律人应在互动中塑造现实，不论是在学习小组中，在班级活动中，还是在更多维、广泛的生活世界的行动中。

对于使用本译丛的读者贤达而言，为达到好的效果，自主学习的学生可以组成学习小组（《如何高效学习法律》有相关介绍），小组的基本单元为5人左右，以理论课程的学习为前提，鉴定式案例研习作为辅助。解答案例时，先独立自行作答，使用法条汇编、教科书（有可能的情况下也应使用评注、重要文章）等文献，再进行小组讨论。讨论依据鉴定式的分析框架和思考次序进行，相关写作体例可以参考《如何解答法律题》和《法律研习的方法》。"案例研习"教程的使用也应遵循循序渐进的规律，比如民法可由民法总则开始，债法总则、债法各论、物权法依次进行，再到亲属法、继承法、民事诉讼法等；公法由基本权开始，再到行政法与行政诉讼法。以民法总则为例，建议先仔细阅读布洛克斯等的《德国民法总论》，再结合民法总则案例研习教科书进行研习；因鉴定式案例研习涉及法律解释，可配合旺克的《法律解释》一书，通过实例来掌握基本的解释方法。若想依据中国法解答德国案例，则可配以朱庆育的《民法总论》、李宇的《民法总则要义》、朱庆育主编的《合同法评注选》以及《法学家》《中德私法研究》等刊物上刊发的相关评注文章以及其他重要学术文献。对小组的讨论过程，建议形成讨论记录（纪要），记录口头讨论进程和问题总结。借此所训练的能力，为日常所需。自主学习和小组讨论学习，也是应对未来法律职业生涯的日常演练。就具体效用而言，经此系统训练的同学，既可轻松应对法考（主观题难度低于鉴定式案例研习），又能在深造之路上获得明显的优势。

借助鉴定式案例研习，可磨砺提升心智。在解决具体案例问题的过程中，需要综合运用法条，这就涉及文义的探寻，对体系的更深入的理解，对规范生成历史、目的的理解，对整个法律制度的理解，乃至对于社会的历史和社会学视角的横向观察。其实，对个案的分析解答，就是不断地建立起个人对法律、共同体、历史与当下的不断往复沟通的紧密联系的过程，调适规范与事实契合的过程，也是设身处地感受、参与、塑造观念与生活的过程。妥当的解答，除了要求对法律学科进行系统的学习思考，对法律的社会、历史时空的维度进行更深更广的认知，也要求环顾四周的世界，培养健全的判断力，展望、预测未来的能力，长远思考的能力。

小组讨论中可辨析多样的观念，启迪思考。借此，将个人的成长史和习惯纳入共同经验中予以打量、检验和对话，形成新的话语及同情式理解的经验。这是法学的深入学习之旅，人格的塑造之旅；这是由具体案例而展开的对话，是互动中激荡的思想、疑惑、追问，与跨越时空的不同的智慧心灵的相遇。

鉴定式案例研习是一个基础，由此而往，由肩负责任的成长中的独立个体赋予规范以具体的生活意义，赋予自身以意义，面向未来负其担当。真正的完全法律人，当由此而生！

季红明
2020 年春于南京

第4版序

距《德国物权法案例研习》(第3版) 出版已有三年。第4版增加了德国联邦最高法院在此期间的判例，并采纳了读者来信中的意见。衷心感谢读者的关注，并恳请大家继续向我们提出建议：jens.koch@ jura.uni-bonn.de 或 martin.loehnig@ jura.uno-regensburg.de。

非常感谢以下教席团队成员对新版写作的协助：Andereas Breidenrich, Florian Gröntgen, Christiane Konken, Maxi Ludwig (波恩) 与 Johanna Firsching, Julia Schütt, Dr. Stephan Wagner, M.Jur.(牛津), M.A.(雷根斯堡)。

希望读者们可以从新版的阅读中得到收获与乐趣。

延斯·科赫

马丁·洛尼希

2014年11月于波恩、雷根斯堡

第 1 版序

这本《德国物权法案例研习》以我们在波恩大学、雷根斯堡大学与康斯坦茨大学举办多年的备考课程为基础编写而成。它不仅适合于做备考训练的考生,还适合于准备物权法讲授课期末考试的学生。

书中的 16 则案例涉及物权法的所有核心问题,也全面考量了近年来判例中的最新发展。尤其值得关注的是,该书还涉及对于案例分析很重要的物权法与其他法律领域的"横向关联"。

延斯·科赫感谢 Moritz Rudzio 与 Bianca Vogt 在初稿写作中的全面协助。Lukas Aberle, Jonathan Bauerschmidt, Rafal Harnos 与 Larissa Ruff 也提供了很多帮助。

马丁·洛尼希感谢 Anna Kosalla 以及 Carolin Engler, Antonia Schnitzler 与 Rebecca Zeller 在解题建议准确性方面提供的帮助。Franziska Kraus(康斯坦茨)编写了案例 12 与 14,并与 Alexandra Badmann(康斯坦茨)一起完成最终的编辑。Dr. Philipp S. Fischinger(雷根斯堡)细致校对了案例终稿。

延斯·科赫

马丁·洛尼希

2007 年

目 录

案例 1　失窃的自行车（科赫） ··· 001
占有保护请求权与基于本权的占有保护请求权——基于所有权取得权的占有本权——未成年人作为占有辅助人——占有回复与适法无因管理作为不法性阻却事由——拖车费用补偿请求权——恶意抗辩权——反诉

案例 2　古书修复店的 Roth 诗集（科赫） ······························· 018
善意取得——占有辅助人的放弃构成脱手（物）——损害赔偿——间接占有与占有辅助——自无处分权人处取得时的请求权

案例 3　Rolf 的问题（洛尼希） ··· 037
第三人异议之诉——所有权让与合意——《德国民法典》第 930 条以下的交付替代——《德国民法典》第 934 条的善意取得——物权合意的撤销——表见受指令人——善意取得——基于不当得利的请求权

案例 4　流行地带（洛尼希） ··· 055
债务承担，《德国民法典》第 415 条——加工，《德国民法典》第 950 条——所有权让与担保——期待权作为占有本权——占有保护——基于占有本权的占有保护——用益补偿请求权

案例 5　意想不到的后果（洛尼希） ·· 073
返还让与请求权——质权——因买卖标的物瑕疵的解除——

解除对所有权的影响

案例 6　丧失兴趣的骑车人（科赫） ·············· 083
　　期待权——期待权的善意取得——强化为既得权——期待权的让与——期待权创设取得时的善意取得

案例 7　我的两个最爱：家乡与巴黎（洛尼希） ·············· 093
　　所有权让与担保——占有本权——期待权——基于期待权的占有本权——时效取得——设定质权——质权的善意取得，《德国民法典》第 1244 条、第 932 条

案例 8　拆除公寓栽果树（科赫） ·············· 103
　　《德国民法典》第 985 条的所有物返还请求权——《德国民法典》第 1000 条——《德国民法典》第 994 条、第 996 条的费用补偿——狭义与广义的费用概念——妨害排除请求权，《德国民法典》第 1004 条——债务的继承

案例 9　蜜蜂、花朵与树木（科赫） ·············· 118
　　《德国民法典》第 1004 条的不作为请求权——《德国民法典》第 906 条——《德国民法典》第 833 条第 1 句的请求权——他人之妨害排除义务的认知——无因管理——妨害概念——相邻关系之补偿请求权

案例 10　鳏夫与孤儿（科赫） ·············· 134
　　对未成年人的赠与——不动产让与合意作为《德国民法典》第 181 条的自己代理——整体考量说与目的论限缩——物权行为的弊端——《德国民法典》第 178 条的撤回

案例 11　紧俏的土地（洛尼希） ·············· 147
　　债权性与物权性的先买权——预告登记——（无效的）转

换——《德国民法典》第894条的请求权——《德国民法典》第888条第1款的请求权——《德国民法典》第1100条、第1000条的抗辩权——所有权人与无权占有人关系规则的类推适用

案例12 先来后到（洛尼希） ·················· 163
破产程序的开始，《德国破产条例》第80条——处分权的丧失，《德国破产条例》第91条以下，《德国民法典》第878条——留置抗辩权，《德国民法典》第1000条——《德国民法典》第989条、第990条的损害赔偿请求权——《德国民法典》第987条、第990条的用益补偿请求权

案例13 Erler的继承人（洛尼希） ·················· 173
预告登记——《德国民法典》第894条之更正登记请求权对预告登记的适用——创设取得与移转取得时预告登记的善意取得——继承证书——《德国民法典》第2366条、第2367条的善意取得——前位继承与后位继承

案例14 善良的小伙子（洛尼希） ·················· 183
失败的债务承担——抵押权与土地债务的产生——对抵押权与土地债务的偿付——第三人的涤除权

案例15 抵押权证书的移转（科赫） ·················· 197
创设取得与移转取得时抵押权的善意取得——异议登记也不妨碍善意取得的情形——抵押权的移转——《德国民法典》第1138条——伪造的让与表示与《德国民法典》第1155条——针对抵押权与主债权的抗辩

案例16 充分的担保（科赫） ·················· 211
不动产登记簿更正——土地债务——支付的效力——基于担

保契约之让与还款债权的请求权——保证——担保人的赛跑

案例 17 金融家 Forscher（科赫） ·················· 227
强制执行中的法律救济——银行债权的让与——依《德国风险防范法》土地债务从属于担保契约——土地债务的责任财产范围

文献缩略语表 ································ 243
条文索引 ···································· 245
术语索引 ···································· 249
德文缩略语表与中译名 ·························· 257
译后记 ······································ 261

案例 1　失窃的自行车

科　赫

一、案情

五月的一天上午的 11 点 45 分左右，Armin Aberle（A）驾车行驶在康斯坦茨内城。当他在红绿灯路口等待通行时，13 岁的 Rudolf Rebmann（R）骑自行车超过了他，并拐入人行道。尽管 A 只是扫了一眼，但他立刻认出，R 骑的正是他 9 个月前在康斯坦茨博登湖之夜庆典中失窃的自行车。绿灯一亮，A 立刻采取行动。他将车停在最近的停车位，并沿人行道追赶 R。A 的行动成功了。R 未上锁即将自行车停靠在一棵树旁，并进了一家冷饮店。A 决定取回自行车，但他的行为被 R 在冷饮店的窗口看到。R 迅速赶来。A 误将 R 当作窃贼，当面斥责了他。R 则对 A 的行为感到极度愤怒。R 并没有盗取自行车。康斯坦茨博登湖之夜庆典当天，R 的父亲（V）在城边沟渠中发现这辆自行车，并将其交给失物招领处。经过 6 个月仍无人认领，失物招领处将自行车交给 V，V 则允许 R 骑着它去冷饮店。但 A 并不理会 R 的解释，也不顾 R 的愤怒抗议，将自行车骑回了家。

A 稍事休息，平复激动的情绪之后，乘坐公共汽车回到停车位。时近 16 点，他到达停车位后却怎么也找不到自己的汽车。之后，A 发现停车处有明显的标示显示，这是出租公寓的"私人停车位"。A 经过询问附近居民得知，该车位是 Maximilian Mehltau（M）承租的两个车位之一。M 在 14 点 30 分左右到家后，发现一个车位停着他妻子的车，另一个车位停着一辆陌生的车。直到 14 点 50 分他也没有等到驾车人，于是他致电拖车公司。15 点 40 分左右拖车公司将 A 的车拖走。

第二天，A 咨询自己的律师，请他就以下四个问题提供法律建议：
1. 他是否应当担心 V 将自行车取走？

2. 他该如何进行防御？
3. M 将他的汽车拖走是否不法？
4. 他是否有可能被要求支付拖车费用？

二、问题

请以鉴定形式起草一份有关上述四个问题的法律建议书。

三、思路

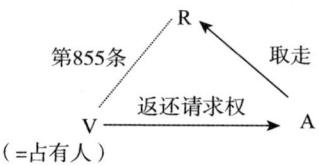

（一）问题 1：V 的自行车返还请求权

1. 基于《德国民法典》第 985 条的请求权 ················ 1[1]
   （1）V 依《德国民法典》第 958 条的规定取得所有权？ ············ 1
   （2）V 依《德国民法典》第 973 条的规定取得所有权？ ············ 2
   （3）《德国民法典》第 986 条第 1 款的占有本权？ ············ 3
   问题：于此是否可以主张所有权取得请求权？
   （4）小结 ··· 5
2. 基于《德国民法典》第 861 条第 1 款的返还请求权 ············ 6
   （1）《德国民法典》第 861 条第 1 款的适用前提 ············ 6
   ① 未成年人作为占有辅助人 ························ 6
   问题：未成年人对其父母所有但供其使用的物得否为占有？
   ② 占有被私力侵夺 ································ 7
   （2）恶意抗辩权 ··· 9
   问题：恶意抗辩权得否适用于占有保护请求权？

---

[1] 此数字为本案例"解答"部分的页边码，下同。——译者注

  （3）小结 ·· 10

 3. 基于《德国民法典》第 1007 条第 1 款的返还请求权 ············ 11

 4. 基于《德国民法典》第 1007 条第 2 款的返还请求权 ············ 12

 5. 基于《德国民法典》第 812 条第 1 款第 1 句第二种情形的
返还请求权 ··· 13

 6. 基于《德国民法典》第 823 条第 1 款的返还请求权 ············· 15

 7. 结论 ·· 16

（二）问题 2：A 的防御可能 ·· 17

（三）问题 3：拖车行为的不法性

 1. 适法无因管理，《德国民法典》第 683 条第 1 句、第 677 条 ········ 19
  （1）适法无因管理作为不法性阻却事由 ································ 19
  问题：适法无因管理得否作为不法性阻却事由？
  （2）他人事务 ·· 20
  （3）管理意思 ·· 21
  （4）事务管理符合本人的利益或意思 ································· 22
  问题：拖走汽车是否符合驾车人的利益？
  （5）依《德国民法典》第 679 条不考虑与本人相悖的意思？ ········ 24
  （6）小结 ·· 25

 2. 基于《德国民法典》第 859 条第 3 款的占有回复 ················ 26
  （1）M 的占有 ··· 26
  （2）占有的私力侵夺 ·· 27
  问题：侵夺部分地面构成占有侵夺抑或占有妨害？
  （3）法律后果 ··· 29

 3. 结论 ·· 30

（四）问题 4：拖车费用补偿请求权

 1. 适法无因管理，《德国民法典》第 670 条、第 683 条第 1 句、
第 677 条 ·· 31

  2. 基于《德国民法典》第 864 条第 1 款、第 818 条的请求权 ……… 33
  3. 基于《德国民法典》第 823 条第 1 款的侵权请求权 …………… 36
   （1）占有作为《德国民法典》第 823 条第 1 款规定的其他权利 … 36
   （2）拖车费用作为具有相当因果关系的损害 ………………… 37
  4. 基于《德国民法典》第 823 条第 2 款违反保护性法律的
   请求权 ……………………………………………………………… 38
   问题：《德国民法典》第 858 条是否属于保护性法律？
  5. 结论 …………………………………………………………………… 40

四、解答

（一）问题 1：V 的自行车返还请求权

  1. 基于《德国民法典》第 985 条的请求权

  （1）V 依《德国民法典》第 958 条的规定取得所有权？

1   返还自行车的请求权首先可能产生于《德国民法典》第 985 条的规定。A 取得了对自行车的事实支配，因而成为《德国民法典》第 854 条第 1 款规定的占有人。但《德国民法典》第 985 条规定的适用还要求 V 为自行车所有权人。自行车的所有权最初属于 A，但也可能依《德国民法典》第 958 条的规定由 V 嗣后先占取得。先占取得的前提是，自行车为无主动产，且被 V 自主占有。而依《德国民法典》第 959 条的规定，仅在所有权人以抛弃所有权的意图放弃动产占有时，该物才成为无主物。本案事实并不能满足《德国民法典》第 959 条规定的占有放弃，因为占有丧失时 A 为自行车的唯一所有权人，而 A 的占有丧失并非基于其意愿。而且，V 将自行车交予失物招领处，也说明 V 并不具有《德国民法典》第 872 条规定的自主占有意思。因此《德国民法典》第 985 条第二项规定的要件也无法满足。

  （2）V 依《德国民法典》第 973 条的规定取得所有权？

2   V 还可能依《德国民法典》第 973 条的规定取得所有权。首先应满足的要件是，V 依《德国民法典》第 965 条第 1 款的规定拾得遗失物。遗失物无占有人，但并非无主物。[1] 占有人依自己的意愿放弃占有的，在例外情形下，并不导致所有权丧失。[2] 本案即属此情形。即使窃盗者有意识地放弃自行车的占有，A 也并不丧失其所有权（上文边码 1）。自行车无占有人，但并非无主物，因而属于《德国民法典》第 965 条第 1 款规定的遗失物。V 发现并占有了自行车。之后，V 依《德国民法典》第 973 条第 1 款第 1 句结合第 965 条第 2 款，向有管辖权的机关通知拾得，因而，依《德国民法典》第 973 条第 1 款第 1 句的规定，V 可在通知拾得满 6 个月后取得拾得物的所有权。据此，V 依《德国民法典》第 973 条的规定成为自行车所有权人。

(3)《德国民法典》第 986 条第 1 款的占有本权？

然而，A 可能享有《德国民法典》第 986 条第 1 款规定的占有本权。该权利产生自《德国民法典》第 977 条结合第 812 条以下规定之不当得利返还请求权。如上文所述，依《德国民法典》第 973 条第 1 款第 1 句的规定，A 丧失了所有权。《德国民法典》第 977 条第 2 句规定的除斥期间尚未届满。因此，依《德国民法典》第 977 条第 1 句的规定，A 有权基于不当得利请求自行车的返还。占有本权既可以是物权，也可以是债权，于后者，债权产生自意定抑或法定在所不问。[3] 依主流观点，所有权取得请求权也可以成立占有本权。[4] A 对 V 享有不当得利返还请求权，指向拾得物的返还。A 基于将来的所有权人地位取得对自行车的占有，其占有地位类似于有权占有人。[5] 即使 A 是以私力取得占有，也不影响其占有本权。[6] 据此，针对 V 基于《德国民法典》第 986 条第 1 款规定的所有物返还请求权，A 享有（占有本权）抗辩。

3

提示：就此问题，也有观点认为，应狭义理解占有本权，因而债权性的

4

---

[1] Palandt/Bassenge, vor § 965 Rn.1.
[2] Palandt/Bassenge, vor § 965 Rn.1.
[3] Palandt/Bassenge, § 986 Rn.4; Vieweg/Werner, § 7 Rn.13.
[4] BGHZ 90, 269, 270 = NJW 1984, 1960; MünchKomm-BGB/Baldus, § 986 Rn. 23; Staudinger/Gursky (2013), § 986 Rn.18; Lorenz, JuS 2011, 199, 200.
[5] Vgl. Sosnitza, Besitz und Besitzschutz, 2003, S.101.
[6] Staudinger/Gursky (2013), § 986 Rn. 25; Diederichsen, Das Recht zum Besitz aus Schuldverhältnissen, 1965, S.113; M.Wolff, FG R.Koch, 1903, S.153.

所有权取得请求权并不构成《德国民法典》第 986 条第 1 款规定的占有本权。[1] 据此，A 并不享有占有本权，即应继续考量"取得之物应立即返还即构成恶意"的抗辩（下文边码 9）。V 虽然可要求 A 返还自行车，但是随即就应依《德国民法典》第 977 条第 1 款的规定予以返还。V 的返还请求权受到恶意抗辩权的阻却，从而 A 可拒绝返还自行车，并终局取得自行车所有权。

（4）小结

5　　V 对 A 不享有《德国民法典》第 985 条规定的返还请求权。

2. 基于《德国民法典》第 861 条第 1 款的返还请求权

（1）《德国民法典》第 861 条第 1 款的适用前提

① 未成年人作为占有辅助人

6　　V 有可能对 A 享有《德国民法典》第 861 条规定的因占有侵夺而产生的返还请求权。前提是，A 以法律禁止的私力侵夺了 V 的占有。首先需要确定的是，在 A 取回自行车之时，占有人是谁。当时未成年人 R 骑着这辆自行车。依一般观点，占有意思仅是事实支配意思，因而也可由未成年人形成。[2] 但若未成年人使用父母供其支配之物，就需要考量《德国民法典》第 1626 条第 1 款规定的父母照顾权。此时该未成年人应当遵照父母的指示，从而成为《德国民法典》第 855 条规定的占有辅助人。[3] 依《德国民法典》第 855 条的规定，有权作出指示的占有主人才是占有人。即使 R 作为占有辅助人暂时将自行车置于冷饮店前，也并不妨碍其父母的占有人地位，在判断占有关系中具有决定性的交易观念认为，于此仅存在暂时的占有松动。[4]

② 占有被私力侵夺

7　　A 未经 R 或 V 的同意即侵夺了自行车的事实支配，从而构成《德国民

---

[1] 显然采此观点的，如 Reuter/Martinek, Ungerechtfertigte Bereicherung, 1982, § 20 I 1 c (S.671)。

[2] Vgl. nur Prütting, Rn.55.

[3] Palandt/Bassenge, § 855 Rn.7; Baur/Stürner, § 7 Rn.68 mit Fn.2.

[4] Vgl. dazu Prütting, Rn.52.

法典》第858条第1款规定的法律禁止的私力。因此，V可行使《德国民法典》第861条第1款规定的占有返还请求权。但若V为瑕疵占有人，且在被侵夺前一年内取得占有，依《德国民法典》第862条第2款的规定，V的占有返还请求权即被排除。V拾得自行车，并未针对A为法律禁止的私力行为。不过，依《德国民法典》第858条第2款第2句的规定，占有后手若为前瑕疵占有人的继承人，或知道前占有人的占有瑕疵，则继受占有瑕疵。窃盗者对A实施了法律禁止的私力，但V既非窃盗者的继承人，也不知道占有瑕疵。因此，《德国民法典》第858条第2款第2句规定的前提无法满足，从而第861条第2款规定的前提也无法满足。占有返还请求权也没有因《德国民法典》第864条第1款规定的期间届满而消灭。因而，《德国民法典》第861条第1款规定的要件得以满足。

提示：若认为R并非占有辅助人（也有理由），必须意识到，V于此情形同样享有自己的占有返还请求权。因为V将自行车借给R使用，从而成为间接占有人。依《德国民法典》第869条的规定，间接占有人也享有返还请求权，只不过仅得请求向R返还。 8

(2) 恶意抗辩权

仍需考量的是，A对V是否享有"取得之物应立即返还即构成恶意"的恶意抗辩权，V的返还请求权实现之后，即应立刻依《德国民法典》第977条第1句结合第812条以下之规定返还于A。[1] 可对抗恶意抗辩权的是《德国民法典》第863条。依《德国民法典》第863条之规定，仅在为了说明占有侵夺并非法律禁止的私力时，才能以占有本权对抗《德国民法典》第861、862条规定的占有保护请求权。这一在表述上并不高明的规定塑造了《德国民法典》第861条之占有保护请求权的占有规则属性。为了尽快回复被法律禁止的私力所侵害的占有状态，基于占有本权的抗辩原则上被排除。[2]（基于本权的）恶意抗辩权亦然。[3] 9

(3) 小结

V可以对A主张《德国民法典》第861条第1款规定的请求权。 10

---

[1] 仅需参见 Palandt/Grüneberg, § 242 Rn.52; 判例请参见 BGH NJW-RR 2004, 229, 230。
[2] MünchKomm-BGB/Joost, § 863 Rn.1, 6.
[3] MünchKomm-BGB/Joost, § 863 Rn.7; Lopau, JuS 1980, 501, 504.

3. 基于《德国民法典》第 1007 条第 1 款的返还请求权

11 此外，V 的返还请求权还可能基于《德国民法典》第 1007 条第 1 款的规定产生。前提是，V 曾占有动产，A 作为现占有人之占有取得并非善意。在 A 侵夺占有时，V 通过占有辅助人 R 占有自行车。但 A 仍以为自己是所有权人，从而对自己不享有占有本权的情事为善意，《德国民法典》第 1007 条第 1 款规定的前提无法满足。

4. 基于《德国民法典》第 1007 条第二款的返还请求权

12 V 对 A 的返还请求权还可能产生于《德国民法典》第 1007 条第 2 款的规定。但依《德国民法典》第 1007 条第 2 款第 1 句的规定，若现占有人在前占有人占有之前曾为占有人，且物非基于现占有人的意思而丧失占有的，该请求权即被排除。本案即属此情形，从而《德国民法典》第 1007 条第 2 款规定的请求权被排除。

5. 基于《德国民法典》第 812 条第 1 款第 1 句第二种情形的返还请求权

13 V 对 A 还可能享有《德国民法典》第 812 条第 1 款第 1 句第 2 种情形规定的权利侵害不当得利返还请求权。于给付型不当得利，占有是财产利益，也可作为不当得利返还请求权的返还客体。[1] 而于权益侵害型不当得利，还要求义务人侵犯了权利人具有归属内容的权利，即仅在权利人为有权占有时，才可基于权益侵害型不当得利请求权要求占有返还。[2] 依《德国民法典》第 973 条规定的法定所有权取得（上文边码 2），V 作为所有权人是有权占有人，因而享有权益侵害型不当得利返还请求权。

14 但 V 的请求权行使可能被"取得之物应立即返还即构成恶意"的抗辩权所阻却，因为 A 享有《德国民法典》第 977 条第 1 句结合第 812 条以下规定的债权性返还请求权。与《德国民法典》第 861 条第 1 款之占有返还请求权不同，第 812 条第 1 款第 1 句第 2 种情形并非占有保护请求权，受恶意抗

---

[1] Baur/Stürner, § 9 Rn.38.
[2] BGH NJW 1987, 771, 772; Baur/Stürner, § 9 Rn.39.

辩权的阻却。据此，A 可拒绝返还并终局保有自行车。

6. 基于《德国民法典》第 823 条第 1 款的返还请求权

A 侵夺 V 的占有，从而不法且有过失地侵害了 V 的所有权，满足《德国民法典》第 823 条第 1 款规定的要件。但该请求权同样受到恶意抗辩权的阻却。

7. 结论

V 基于《德国民法典》第 861 条第 1 款对 A 享有自行车返还请求权。

（二）问题 2：A 的防御可能

就 V 的占有保护之诉，A 可以提起反诉（《德国民事诉讼法》第 33 条）。依《德国民法典》第 977 条第 1 句结合第 812 条以下之规定，A 对 V 享有自行车返还请求权（上文边码 3），据此，反诉有依据。有疑问的是，针对《德国民法典》第 861 条规定的占有之诉，得否基于本权提起反诉。反对的理由在于，允许此类反诉的结果是允许以本权抗辩占有之诉，从而使《德国民法典》第 863 条规定的目的落空。进而可能导致本权人通过法律禁止的私力自行取得占有，以致突破国家的暴力垄断。[1]

尽管存在上述疑虑，司法判例仍允许此类反诉，并在反诉得到具有既判力的判决确认时，类推《德国民法典》第 864 条第 2 款的规定驳回占有之诉。[2] 这种处理模式应予赞同，因为它不仅考量了诉讼经济原则，还避免了相互矛盾的判决。因而，A 可以提起反诉对抗 V 的占有保护之诉。

（三）问题 3：拖车行为的不法性

1. 适法无因管理，《德国民法典》第 683 条第 1 句、第 677 条

（1）适法无因管理作为不法性阻却事由

M 采取的拖车措施的法律上正当性可能源自《德国民法典》第 683 条第

---

[1] Prütting, Rn.124.
[2] Vgl. nur BGHZ 53, 166, 169 = NJW 1970, 707; BGHZ 73, 355, 358 f. = NJW 1979, 1358.

1句、第677条规定的无因管理。主流观点认为，无因管理构成不法性阻却事由。[1]但也有文献持反对观点，理由是《德国民法典》第677条以下规定仅涉及本人与事务管理人之间债法上的请求权与义务，而并非侵入他人权利领域的正当性依据。[2]但本书认为反对意见并不成立，因为将法律允许的适法无因管理同时视为不法侵权行为将导致严重的评价矛盾。因此，应当赞同主流观点。

(2) 他人事务

20　　适法无因管理首先要求 M 管理了 A 的事务。M 委任拖车公司的首要考虑是自己的利益，即清空他承租的车位。但同时也涉及 A 依《德国民法典》第861条第1款、第823条第1款规定所负担的车位腾空义务。因此，M 的事务管理也涉及 A 的利益，属于"同时涉及自己与他人的事务"（auch fremdes Geschäft），落入无因管理规则的适用范围。[3]

(3) 管理意思

21　　有疑问的是，在此情形下，是否也可以推定管理人有为他人管理事务的意思。[4]本案中也许难以作此推论，因为根据通常的事务发展过程，很难主张 M 为了侵害人 A 的利益、用益或目的而行事。M 更有可能做出的推断是，A 宁愿他的汽车留在原地直到自己取回，且不必另行支付费用或投入时间。[5]但依《德国民法典》第683、684条的规定，上述疑虑仅在考量这两项规范时才应纳入。因此，至少可以在本人负担义务在先且管理人明知时，推定"同时涉及自己与他人的事务"的管理人也具有为他人管理事务的意思。[6] A 作为占有妨害人，首先负担了为 M 腾空车位的义务，因此可以推

---

[1] 奠基性文献为 Zitelmann, AcP 99（1906），1, 104 ff.；追随者如 Lent, Wille und Interesse bei der Geschäftsführung, 1938, S.24 ff.；最近的文献请参见 Palandt/Sprau, vor § 677 Rn.5, 11; Larenz, Schuldrecht BT I, § 57 I b; Röthel, Jura 2012, 598, 604。

[2] MünchKomm-BGB/Seiler, vor § 677 Rn. 17; Staudinger/Bergmann（2006），vor § 677 Rn.245.

[3] Vgl. statt vieler Wandt, § 4 Rn.13 m.w.N.; Wilke, Jura 2013, 547, 548 ff.

[4] 对此争议的详尽论述请参见 Martinek/Theobald, JuS 1997, 805, 807 ff.。

[5] Martinek/Theobald, JuS 1997, 805, 809.

[6] 关于联邦最高法院推定"同时涉及自己与他人的事务"之管理人也具有为他人管理事务的意思之判例的概述，请参见 BGH NJW-RR 2004, 81, 82；众多批评意见的概述请参见 Falk, JuS 2003, 833, 835 ff.与 Martinek/Theobald, JuS 1997, 805, 807 ff.——均附有详细论证。

定 M 具有管理意思。[1]

(4) 事务管理符合本人的利益或意思

《德国民法典》第 683 条规定之无因管理请求权还要求，事务管理符合本人的利益或意思。A 未明确表明其意思，因此只能就他可推知的意思作出判断。可推知的意思是本人在对所有情事作客观判断的基础上，被问询如何处理该事务时，可能表达的意思。[2] 在欠缺其他评判依据时，符合本人利益的意思被视为可推知的意思。[3] 针对本案中拖走不法停滞的车辆是否符合 A 的利益，存有不同观点。肯定观点认为，拖车始终符合本人可推知的意思，即使拖车的费用高于不拖车造成的损害。拖车使本人从排除妨害的义务中解脱，从而符合其利益。[4] 依此观点，M 有义务负担拖车费用。

反对观点则认为，汽车车主或司机通常并不希望采取费用昂贵的拖车措施，从而不得适用《德国民法典》第 683 条的规定。[5] 本书赞同反对观点，因为它符合《德国民法典》第 683 条的文义，取向于本人的真实意思。肯定观点则以假想代替了真实意思，即在任何情形下符合本人义务履行的行为均符合其意思。这一推想并无理据，因为根据一般生活经验，拖车仅在极少数情形下才符合车主的真实意思。

(5) 依《德国民法典》第 679 条不考虑与本人相悖的意思？

但依《德国民法典》第 679 条的规定，若本人负担关乎公共利益的义务，即使拖车措施违反 A 的真实意思，也不妨成立无因管理。但公共利益的要件要求很严格。履行私法义务从而满足抽象的公共利益尚有未足，事务管理必须符合特定公共利益。[6] 仅是侵占私人车位无法满足此要求。[7]

---

[1] 相同论断请参见 Dörner, NJW 1978, 666, 668.。
[2] Palandt/Sprau, § 683 Rn.5.
[3] Palandt/Sprau, § 683 Rn.5.
[4] Vgl. etwa AG Frankfurt a. M. NJW 1990, 917; Baldringer/Jordans, NZV 2005, 75, 77; Schwarz/Ernst, NJW 1997, 2550, 2551.
[5] Dörner, JuS 1978, 666, 668 f.; Martinek/Theobald, JuS 1997, 805, 809; Pöschke/Sonntag, JuS 2009, 711, 713.
[6] Palandt/Sprau, § 679 Rn.3.
[7] 相同观点请参见 Dörner, JuS 1978, 666, 669; 关于超市顾客车位的不同观点请参见 Lorenz, NJW 2009, 1025, 1027.

(6) 小结

25 据此,适法无因管理不成立,拖车措施不能排除不法性。

2. 基于《德国民法典》第 859 条第 3 款的占有回复

(1) M 的占有

26 但《德国民法典》第 859 条第 3 款也可能正当化拖车措施。前提是,M 是土地的占有人,且其占有被法律禁止的私力侵夺。《德国民法典》第 859 条第 3 款规定的所谓的土地不限于整个地块,也包括部分地块,从而包括私人车位。[1] 占有是(依《德国民法典》第 854、856 条)依占有意思而产生的某人对某物的事实支配。[2] 持续一定期间的对物空间关系可能成立占有。[3] 但根据具体的占有客体,此种关系类别可能不尽相同,具有决定性的是交易观念。[4] 本身已经被明确标记的私人车位在交易中通常被视为承租人的占有物,即使占有人在空间上与物有一定的距离。[5] 因此,M 是本案所涉车位的占有人。

(2) 占有的私力侵夺

27 此外,还要求 M 对车位的占有被侵夺。直接占有人的对物支配被终止即为占有侵夺。[6] 可能的疑问在于,A 仅侵占了 M 所承租车位的一部分,并不存在对物之整体的侵夺,而仅构成《德国民法典》第 859 条第 1 款规定的"妨害"。侵夺与妨害的区分意义在于,仅侵夺才能适用《德国民法典》第 859 条第 3 款,必须遵守该条款严格的时间界限;而针对占有妨害,仅得适用《德国民法典》第 859 条第 1 款。由此[7]可能产生的推论是,法律处理取决于承租人承租了一个还是多个车位。但如此区分侵夺与妨害并不合理,应支持德国联邦最高法院对《德国民法典》第 859 条第 3 款的适用路

---

[1] BGH NJW 1967, 46, 48; LG Frankfurt a.M.NJW 1984, 183; MünchKomm-BGB/Joost, § 859 Rn.14.

[2] Palandt/Bassenge, vor § 854 Rn.1.

[3] Baur/Stürner, § 7 Rn.6.

[4] Palandt/Bassenge, § 854 Rn.3.

[5] Vgl. dazu Prütting, Rn.52.

[6] MünchKomm-BGB/Joost, § 858 Rn.4.

[7] 就此争议的详细论述请参见 Baldringer/Jordans, NZV 2005, 75。

径，土地的部分占有被侵夺时，该规范的防御措施也得适用。[1] 以此为判断标准可以认定，本案中也存在《德国民法典》第859条第3款规定的占有侵夺。A的占有侵夺非基于占有人M的意思，因而构成《德国民法典》第858条第1款规定之法律禁止的私力。据此，《德国民法典》第859条第3款的适用要件得以满足。

提示：最近德国联邦最高法院明确表示，不得无限制地适用自力救济权。依《德国民法典》第242条规定的诚实信用，于此也适用相当性原则。自力救济权必须是必要的、急需的且适当的。[2] 但本案中并无理由认为，除了拖车以外M可采取其他更缓和的措施。

(3) 法律后果

《德国民法典》第859条第3款的法律后果是，在占有被侵夺后，前占有人得即时排除侵害而回复占有。在他人车位上停车，则车位占有人有权挪走不法停滞的车辆。不过《德国民法典》第859条第3款规定的自力救济权受到严格的时间限制。回复占有必须"即时"进行。《德国民法典》第859条第3款规定的"即时"与《德国民法典》第121条第1款规定的"不迟延"存在术语涵义上的差别。前者要求，在客观上可能的最短时间内回复占有。[3] 尤其是在拖车情形，之前的固定规则是，自力救济权仅在"发动机护盖还热着"时才被允许。[4] 但这一严苛观点现在已被放弃，因为它并未充分考虑到车位占有人的维继利益。尽管对于准确的时间界限尚未形成统一观点，但至少3个小时仍属于"即时"的占有回复。[5] 因此，本案中M"即时"将汽车从车位挪走（也可在论证后采相反观点）。

3. 结论

依《德国民法典》第859条第3款的规定，M有权以其自力救济权将A

---

[1] BGH NJW 1967, 46, 48; LG Frankfurt a.M.NJW 1984, 183; Palandt/Bassenge, § 859 Rn.4; Baldringer/Jordans, NZV 2005, 75; 不同观点请参见 AG München DAR 1981, 56。

[2] BGH NJW 2009, 2530, 2531 = bei K.Schmidt, JuS 2009, 762; BGH NJW 2012, 528 Rn.15 ff.

[3] Vgl. dazu Palandt/Bassenge, § 859 Rn.4; MünchKomm-BGB/Joost, § 859 Rn.14; Lorenz, JuS 2013, 776.

[4] Schünemann, DAR 1997, 267, 269.

[5] 判例与文献中的不同观点及其论证，请参见 Baldringer/Jordans, NZV 2005, 75, 76.。

的汽车拖走。因而，M 的行为不具有不法性。

（四）问题 4：拖车费用补偿请求权

1. 适法无因管理，《德国民法典》第 670 条、第 683 条第 1 句、第 677 条

31　　依本书观点，基于适法无因管理的拖车费用补偿请求权在本案中无法成立，因为《德国民法典》第 670 条、第 683 条第 1 句、第 677 条规定的要件未能满足（上文边码 19 以下）。

32　　提示：但若认为无因管理不成立不法性阻却事由，此处的检视即不可略过。

2. 基于《德国民法典》第 864 条第 1 句、第 818 条的请求权

33　　拖车费用补偿请求权可能以《德国民法典》第 684 条第 1 句、第 818 条为依据。虽然《德国民法典》第 683 条第 1 句规定的适法无因管理不能成立（上文边码 22 以下），但是第 684 条第 1 句规定的不适法无因管理的要件得以满足。依主流观点，该项规范对不当得利规则进行了法律效果参引，因而应检视《德国民法典》第 818 条。[1]

34　　首先要求 A 的得利。A 的得利可能在于，他得以摆脱义务。[2] 依《德国民法典》第 861 条、第 823 条第 1 款的规定，A 对 M 负有挪走汽车的义务。而此得利依其性质无法返还，因而应依《德国民法典》第 818 条第 2 款的规定进行价值补偿。不适法无因管理通常会涉及强迫得利问题，因为事务管理违反了本人（不当得利债务人）的意思与利益。[3] 强迫得利是指，虽然不当得利债务人的财产得到增加，但是得利本身并未实现，因为他对此并无兴趣。[4] 解决方式是，《德国民法典》第 818 条第 2 款的价值补偿例外地不采客观标准，而是以得利人视角确定。另有观点认为，若得利自始对不当得利债务人即无意义，则得利不存在。本案中，A 可以抗辩称，车被拖走并

---

〔1〕 BGH WM 1976, 1056, 1060; Wandt, § 5 Rn.52; Martinek/Theobald, JuS 1997, 612, 617.
〔2〕 BGH WM 1976, 1056, 1060.
〔3〕 Wandt, § 5 Rn.55; Martinek/Theobald, JuS 1997, 612, 617.
〔4〕 关于此争议及其解决可能的概述请参见 Wandt, § 5 Rn.55 与 § 12 Rn.61 f.。

不符合自己的利益。依第一种观点，摆脱义务对 A 而言并无《德国民法典》第 818 条第 2 款意义上的价值。依第二种观点，A 并未得利，因为他原本可以自行开走汽车而不必支出任何费用，拖车对其并无利益。两种观点之下，A 的得利均不存在。

就《德国民法典》第 684 条第 1 句规定的不当得利责任范围，有不同观点。[1] 一种观点认为，《德国民法典》第 684 条第 1 句规定的是事务管理人的费用补偿请求权，其数额以本人的得利为上限。另一种观点则认为，它规定的是纯粹的不当得利请求权，仅以本人的得利为判准。本案中 A 并未得利。因而，无论采何种观点，M 均无法依据《德国民法典》第 684 条第 1 句、第 818 条的规定享有请求权。

3. 基于《德国民法典》第 823 条第 1 款的侵权请求权

（1）占有作为《德国民法典》第 823 条第 1 款规定的其他权利

M 的费用补偿请求权还可能产生于《德国民法典》第 823 条第 1 款的规定。首要的要件是，A 侵害了《德国民法典》第 823 条第 1 款规定的权利或权益。M 仅是车位的承租人而非所有权人，因而他被侵害的是占有而非所有权。占有作为事实支配关系得否构成《德国民法典》第 823 条第 2 款规定的"其他权利"是有争议的。但无疑义的是，至少有权占有属于"其他权利"，因为有权占有人类似所有权人，不仅享有对第三人的消极防御请求权，还有对物的积极使用收益权。[2] 本案中，A 不法且有过失地侵害了 M 的有权占有。

（2）拖车费用作为具有相当因果关系的损害

然而有疑问的是，拖车费用是否属于 A 的补偿义务所应涵括的具有相当因果关系的损害。至少在法律明确规定或允许以此措施对抗不法侵害行为时，妨害排除措施可被视为正当且必要。[3]《德国民法典》第 859 条第 3 款规定的自力救济权即属此情形（上文边码 26 以下）。因为 M 的第二个车位也被占用，他没有其他选择可能，因此拖车措施并不构成《德国民法典》第

---

[1] Wandt, § 5 Rn.55.
[2] 就此争议的概述请参见 MünchKomm-BGB/Wagner, § 823 Rn.220 ff.。
[3] 中肯的观点如 Dörner, JuS 1978, 666, 670。

226 条规定的权利滥用。不过，仍应考量此种损害是否符合规范目的，因为 M 以自己的行为直接引发了此损害。于此所涉是"挑衅情形"（Herausforderungsfall），即被侵害人被挑起采取对责任成立事件而言并非不适当的措施，且由此导致的风险提升与被侵害人追求的目的并非不合比例。[1] M 在自己的车位上发现了 A 的汽车，有权对此法律禁止的私力作出反应。他明确标示了"私人车位"，将错误停滞的车拖走并非不合常理。而且，拖车费用与排除占有侵夺相比并非不合比例：除了委托拖车，M 并无其他途径可以回复占有。若由 M 承担拖车费用，《德国民法典》第 859 条第 3 款规定的自力救济权即落空。因而，拖车费用属于符合规范目的的损害，依《德国民法典》第 823 条第 1 款的规定，M 对 A 享有拖车费用补偿请求权。

4. 基于《德国民法典》第 823 条第 2 款违反保护性法律的请求权

38　　此外，M 对 A 的拖车费用补偿请求权还可能产生于《德国民法典》第 823 条第 2 款规定的违反保护性法律的侵权责任。前提是《德国民法典》第 858 条第 1 款的规定构成保护性法律。于此存有争议。[2] 部分观点认为，该项规范仅服务于维护和平秩序，并非保护性规范。[3] 其他观点则认为，《德国民法典》第 858 条保护具体的占有人，具有个体保护功能，因而属于保护性法律。在此观点之下，《德国民法典》第 858 条规定的保护范围仅限有权占有人，抑或也包括无权占有人，仍有争议。[4] M 基于租赁契约而为有权占有人，因而后面的争议不必考量。但仍有必要探讨《德国民法典》第 858 条第 1 款是否属于保护性法律。

39　　本书采否定观点，欠缺个体保护功能并非关键，更重要的是，承认《德国民法典》第 823 条第 2 款规定的损害赔偿请求权，与第 858 条规定的对事

---

[1] Vgl. nur BGHZ 181, 233, 240 f. = NJW 2009, 2530 = bei K.Schmidt, JuS 2009, 762; Pöschke/Sonntag, JuS 2009, 711, 713.

[2] 相关争议请参见 Medicus/Petersen, Bürgerliches Recht, Rn.621。

[3] Prütting, Rn.128; Dörner, JuS 1978, 666, 668 Fn.12; Gursky, JZ 1997, 1094, 1095; Medicus, AcP 165 (1965), 115, 118, 136, 149.

[4] 第一种观点的支持者如 BGHZ 73, 355, 362 = NJW 1979, 1358; BGHZ 79, 232, 237 = NJW 1981, 865; BGHZ 114, 305, 313 = NJW 1991, 2420; BGHZ 181, 233, 238 = NJW 2009, 2530 = bei K. Schmidt, JuS 2009, 762f.；第二种观点的支持者如 Larenz/Canaris, Schuldrecht BT II/2, § 77 III 1 c. Vgl.Ferner BGH NJW 2012, 528 Rn.12 ff.。

实地位的暂时性保护功能不相符。[1] 因此，M 对 A 并不享有《德国民法典》第 823 条第 2 款结合第 858 条第 1 款规定的拖车费用补偿请求权。

5. 结论

依《德国民法典》第 823 条第 1 款的规定，M 对 A 享有拖车费用补偿请求权。

---

[1] Picker, AcP 176 (1976), 28, 40, 41 Fn.39.

案例 2　古书修复店的 Roth 诗集

科　赫

一、案情

科研人员 Marlene Markgraf（M）正在全力完成博士论文。在此过程中，唯一的宽慰是她所钟爱的诗人 Eugen Roth（1895—1976）的诗集。每天晚上睡前她都要读上几句诗，以从紧张的法学生活中逃离片刻。反复地翻阅使这本祖父流传下来的诗集严重受损、几近散落。2009 年 4 月，M 将其送至书商 Berthold Bauerschmidt（B）处。B 在售书的同时也从事古书修复。

由于 M 的博士论文很快会有突破性进展，她不再寻求晚间读物的慰藉，便忘了将诗集取回。B 将修复之后的诗集放在店内修复书籍的专用保管书架上，以防将其误售，并用金色的贴片做了标记。

7 月底，书店来了一名顾客 Konrad Körner（K），他在偏僻的书架上发现了 M 的诗集。尽管他注意到了金色贴片，但并未意识到这代表该诗集为非卖品，遂将诗集拿到收银台。收银员 Agathe Assfalg（A）正在收款。A 是 B 精心选择并培训的雇员，了解金色贴片的功能。但是因为工作繁忙，A 忽略了书商的金色贴片，并以书籍修复的金额将该诗集出售并交付于 K。K 离开书店后不久即返回，他还有其他事务需要处理，希望可以将诗集暂存于书店，过几天再来取。A 应允，并将诗集放在柜台保管。

在此期间，M 发现有一篇已出版博士论文与她的博士论文主题相同，而她一直未曾留意。绝望之下，她立刻前往 B 的书店，以取回当下急需的诗集。B 独自在书店，经过长时间的翻找，B 惊奇地发现诗集放在柜台上。他将诗集交给 M，M 支付了修复费用。

第二天，K 回到书店取书并向 B 说明了情况。B 对这个意外非常生气，并向 A 表达了他的不满。由于 B 当天不想看到 A，遂不客气地指示 A 将常客

Samuel Seifermann（S）定购的咖啡桌书《阿布鲁岑的石头花园》送至 S 的住处。送书途中，愤懑的 A 决定不再回书店工作，遂改道至其恋人 Gustav Gruber（G）处，并将 S 定购的书赠与 G。

二、问题

请以鉴定形式解答以下问题：
1. K 对 M 享有哪些请求权？
2. M 对 B 享有哪些请求权？
3. B 对 G 享有哪些请求权？

三、思路

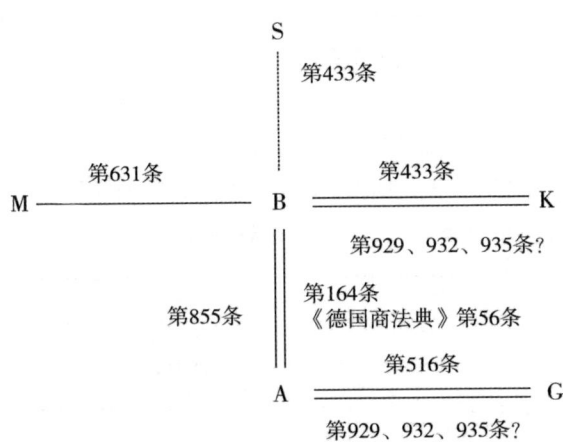

时间表：
M 将诗集送至 B 处修复
之后：B 将诗集置于保管书架
之后：A 将该诗集让与 K
之后：K 又将诗集带回书店
之后：B 将诗集交付于 M
之后：B 指示 A 将另一本书送至 S 处
之后：A 将第二本书赠与 G

（一）问题 1：K 对 M 享有哪些请求权？

1. K 对 M 基于《德国民法典》第 985 条的请求权？ ………… 1
   (1) K 的所有权人地位 ………………………………………… 1
      1) 最初的所有权状态 ……………………………………… 1
      2) K 依《德国民法典》第 929 条第 1 句的规定取得所有权 …… 3
         ① 物权合意的代理 …………………………………… 3
         ② 诗集的交付 ………………………………………… 5
      问题：雇主允许雇员处置的物，是否处于雇员的占有之下？
      3) 基于《德国民法典》第 929 条第 1 句、第 932 条第 1 款
         第 1 句的善意取得 ……………………………………… 6
         ① 适法的占有状态 …………………………………… 6
         ② 善意 ………………………………………………… 7
         ③ 非脱手物，《德国民法典》第 935 条 ……………… 8
            a. 非基于 M 意思的丧失？ ………………………… 8
            b. 非基于 B 意思的丧失，《德国民法典》第 868 条 …… 9
            c. 由有代理权的占有辅助人交出是否构成脱手？ …… 10
      问题：《德国商法典》第 56 条对脱手判断的影响？
         ④ 小结 ………………………………………………… 12
      4) M 重新取得所有权？ …………………………………… 13
      5) 小结 ……………………………………………………… 14
   (2) 相对人的无权占有 ……………………………………… 15
   (3) 小结 ……………………………………………………… 16
2. 基于《德国民法典》第 861 条、第 869 条的返还请求权 …… 17
   (1) K 作为间接占有人 ……………………………………… 17
   (2) 直接占有人被法律禁止的私力侵夺占有 ……………… 18
3. 基于《德国民法典》第 1007 条第 1 款的返还请求权 ……… 19
4. 基于《德国民法典》第 1007 条第 2 款的返还请求权 ……… 20
5. 基于《德国民法典》第 812 条第 1 款第 1 句第 2 种情形的
   请求权 ………………………………………………………… 21

6. 基于《德国民法典》第 823 条第 1 款的请求权 …… 22
7. 问题 1 的结论 …… 23

（二）问题 2：M 对 B 享有哪些请求权？

1. M 对 B 的让与利益返还请求权 …… 24
   （1）基于《德国民法典》第 285 条的请求权 …… 24
   （2）基于《德国民法典》第 667 条、第 681 条第 2 句的请求权 … 26
   （3）基于《德国民法典》第 816 条第 1 款第 1 句的请求权 …… 27
      1）无权处分人的有效处分 …… 27
      2）处分所得 …… 28
   问题：处分所得指对待给付抑或因处分而摆脱义务？
2. M 对 B 的损害赔偿请求权 …… 30
   （1）基于《德国民法典》第 280 条第 1 款的请求权 …… 30
      1）义务违反 …… 30
      2）可归责性 …… 31
         ① B 自己的过错 …… 31
         ② 为他人的过错负责 …… 32
         ③《德国民法典》第 300 条第 1 款的责任减轻？ …… 33
      3）损害 …… 34
      4）小结 …… 35
   （2）基于《德国民法典》第 989 条、第 990 条第 1 款的请求权 … 36
   问题：所有权人与无权占有人规则得否适用于越权占有人？
   （3）基于《德国民法典》第 678 条的请求权 …… 37
   （4）基于《德国民法典》第 831 条的请求权 …… 38
   （5）基于《德国民法典》第 823 条第 1 款的请求权 …… 41
3. 问题 2 的结论 …… 42

（三）问题 3：B 对 G 享有哪些请求权？

1. 基于《德国民法典》第 985 条的请求权 …… 44
   （1）B 的所有权人地位 …… 44

1）依《德国民法典》第 929 条第 1 句的规定，B 将书的所有权让与 G ·········· 44
　　2）依《德国民法典》第 929 条第 1 句、第 932 条第 1 款的规定，无权处分人 A 的所有权让与 ·········· 45
　　　　① 物权合意与交付 ·········· 45
　　　　②《德国民法典》第 932 条善意取得的前提 ·········· 46
　　　　③ 脱手物，《德国民法典》第 935 条第 1 句 ·········· 47
　　　　　　a. A 是占有辅助人 ·········· 47
　　　　　　b. 占有辅助人交出占有物是否构成脱手？——争论 ·········· 51
　　问题：占有辅助人的受指示约束是否必须外部可识别？
　　　　　　c. 本书观点 ·········· 54
　　问题：与因原则在多大范围内可排除脱手的成立？
　　（2）无权占有 ·········· 56
　　（3）小结 ·········· 57
2. 基于《德国民法典》第 1007 条第 1 款的请求权 ·········· 58
3. 基于《德国民法典》第 1007 条第 2 款的请求权 ·········· 59
4. 基于《德国民法典》第 816 条的请求权 ·········· 60
5. 问题 3 的结论 ·········· 61

四、解答

（一）问题 1：K 对 M 享有哪些请求权？

1. K 对 M 基于《德国民法典》第 985 条的请求权？

（1）K 的所有权人地位

1）最初的所有权状态

1　　K 可能对 M 享有基于《德国民法典》第 985 条规定的返还请求权。首要的前提是，K 是诗集的所有权人。该诗集最初的所有权人为 M 的祖父。依《德国民法典》第 1922 条规定的遗产整体继受，M 取得诗集所有权。但 M

的所有权也可能因 K 受让所有权而丧失。

提示：在所有权多次让与的情形，即使是看似明晰的案例，也最好按照时间顺序检视所有权，以防仓促得出不当结论。检视起点是所有权链条的首位所有权人。

2）K 依《德国民法典》第 929 条第 1 句的规定取得所有权

① 物权合意的代理

A 与 K 达成合意，K 受让诗集的所有权。但 A 并非以自己的名义，而是以 B 的名义，因此 B 才是让与人。在满足《德国民法典》第 164 条第 1 款规定的前提时，A 作出的物权合意对 B 发生效力。A 作为 B 的职员，至少默示地以 B 的名义作出了《德国民法典》第 164 条第 1 款规定的意思表示，从而将诗集的所有权让与 K。

有疑问的只是，A 是否享有代理权。即使不因售货员地位而一般性地推断她被授予《德国民法典》第 166 条第 2 款规定的代理权，代理权至少也可基于《德国商法典》第 56 条的规定产生。依《德国商法典》第 56 条的规定，商店雇佣的 A 被视为已被授予出售权，该拟制在此类书店中也符合通常情形。于此，"出卖"概念并非技术性的，而是也包括商品所有权的让与，从而可以认为 A 享有代理权。[1] A 作出的让与意思表示，使 B 取得权利并负担义务。该意思表示被 K 受领，从而出让人与受让人间达成物权合意。

② 诗集的交付

此外，还须 B 向 K 交付涉案诗集。B 并未亲自交付，而是 A 将诗集之占有让与 K。但是基于劳动关系，A 处于可识别的社会从属关系中，A 受 B 的指示约束。因此，A 是《德国民法典》第 855 条规定的占有辅助人，从而，尽管仅 A 对物有事实支配，但 B 才是诗集的占有人。A 的交付对 B 发生效力。[2] 最晚的交付时间是 K 离开书店时。至于不久后 K 即返回书店并重新将诗集置于 B 的支配领域的行为，并不能改变已经完成的交付。

3）基于《德国民法典》第 929 条第 1 句、第 932 条第 1 款第 1 句的善意取得

---

[1] Vgl. Baumbach/Hopt/Hopt, § 56 Rn.4; Lettl, Handelsrecht, § 6 Rn.104.

[2] 关于占有辅助人参与的基于《德国民法典》第 929 条规定的所有权让与，也可参见 Prütting, Rn.376。

① 适法的占有状态

6 B 并非诗集的所有权人，也并未获得《德国民法典》第 185 条规定的处分授权。因此，K 仅得以《德国民法典》第 932 条第 1 款第 1 句规定之善意取得的方式取得诗集的所有权。于此，让与必须基于交易行为性质的法律行为。[1] K 自 A 处受让诗集之占有。而 A 是 B 的占有辅助人，依《德国民法典》第 855 条的规定 B 是占有人。[2]

② 善意

7 B 欠缺所有权 K 至少并非明知。有疑问的是，K 是否因《德国民法典》第 932 条第 2 款规定的重大过失而不知。重大过失可能在于，该诗集被放在单独的书架上，且有金色的贴片标记。但并不能期待 K 了解 B 处理修复书籍的习惯，不能由此认定 K 具有重大过失。

③ 非脱手物，《德国民法典》第 935 条

a. 非基于 M 意思的丧失？

8 符合《德国民法典》第 935 条第 1 款规定的情形时，善意取得被排除。于此所涉情形是，相对于所有权人（《德国民法典》第 935 条第 1 款第 1 句），或者（存在占有媒介关系时）相对于直接占有人（《德国民法典》第 935 条第 1 款第 2 句），标的物为脱手物。脱手物是违反直接占有人意思或在其不知情时的丧失占有的物。[3] 诗集对于 M 而言并非脱手物，因为 M 自愿将诗集交付于 B。

b. 非基于 B 意思的丧失，《德国民法典》第 868 条

9 依《德国民法典》第 935 条第 1 款第 2 句的规定，在 M 与 B 存在《德国民法典》第 868 条规定的占有媒介关系时，非基于 B（直接占有人）之意思的占有丧失同样排除善意取得。前提是 B 对 M 享有有期限的占有本权，且 B 有基于此占有关系为占有的意思。[4] M 与 B 的承揽契约构成具体的占有媒介关系，B 有义务保管并返还诗集，并因此享有《德国民法典》第 868

---

[1] 关于该要件请参见 Palandt/Bassenge, § 932 Rn.1 结合 § 892 Rn.5 ff.。

[2] 《德国民法典》第 932 条同样可适用于占有辅助人的让与；请参见 Palandt/Bassenge, § 932 Rn.4。

[3] Prütting, Rn.433.

[4] 关于这两项要件请参见 Palandt/Bassenge, § 868 Rn.7。

条规定之有期限的占有本权。[1] B 也承认 M 为其上级占有人。M 为《德国民法典》第 868 条规定的间接占有人。因此，依《德国民法典》第 935 条第 1 款第 2 句的规定，若物自 B 处脱手，同样排除善意取得。

c. 由有代理权的占有辅助人交出是否构成脱手？

继而产生的问题是，由占有辅助人交出的占有物在何种情形下对占有主人而言为脱手物。无疑义的是，占有辅助人本人非自愿丧失该物。有争议的是占有辅助人违背指示（参见下文边码 50 以下）交出占有物时。本案与此类情形有相同之处，因为 A 违背仅得让与可售书籍的内部指示交付诗集于 K。但特殊之处在于，A 在让与时享有《德国商法典》第 56 条规定之不受限的代理权。据此，在外部关系上，A 甚至享有让与所有权的权限，遑论交付物的权限。依《德国商法典》第 56 条规定的法律思想，于此，取得人也应受保护，否则该项规范即被架空。[2] 据此，该诗集对 B 而言并非脱手物。

提示：这是本案的难点所在。仅考虑一般情形，而不顾及个案的特殊性，即存在得出不当结论的风险。

④ 小结

善意取得的要件得以满足，K 取得诗集的所有权。

4）M 重新取得所有权？

然而，因 B 嗣后将诗集交还于 M，依《德国民法典》第 929 条第 1 句、第 932 条的规定，K 有可能又丧失了所有权。但本案中，B 与 M 都认为 M 从未丧失所有权，B 并无让与所有权的意思，M 也无取得所有权的意思。

5）小结

K 的所有权并未丧失。

（2）相对人的无权占有

M 是诗集的现占有人，但并无《德国民法典》第 986 条规定的占有本权。因此，《德国民法典》第 985 条规定的适用前提得以满足。

（3）小结

基于《德国民法典》第 985 条的规定，K 对 M 享有诗集返还请求权。

---

[1] 关于承揽人作为占有媒介人的论述，请参见 Prütting, Rn.81。
[2] 相同观点请参见 MünchKomm-BGB/Joost, § 855 Rn.23; Palandt/Bassenge, § 935 Rn.8; Baur/Stürner, § 52 Rn.39; Tiedtke, Jura 1983, 460, 470。

2. 基于《德国民法典》第 861 条、第 869 条的返还请求权

（1）K 作为间接占有人

17　K 的返还请求权也可能基于《德国民法典》第 861 条、第 869 条的规定产生。前提是，K 的占有因《德国民法典》第 858 条第 1 款规定之法律禁止的私力被剥夺。K 将取得的诗集短暂置于书店，并因此成为《德国民法典》第 868 条规定的间接占有人。依《德国民法典》第 869 条第 1 句的规定，在直接占有人被禁止的私力侵夺时，间接占有人也享有《德国民法典》第 861 条规定的返还请求权。

（2）直接占有人被法律禁止的私力侵夺占有

18　有疑问的是，谁是直接占有人。K 将该诗集交于 A 保管，那么占有媒介关系是否存在于他们之间？[1] 进一步考量，A 是 B 的占有辅助人，受 B 的指示在 B 的支配领域留下了该诗集。因此，直接占有人是 B。而《德国民法典》第 858 条规定之法律禁止的私力仅得针对直接占有人实施。[2] 所以，《德国民法典》第 861 条、第 869 条规定的前提未能满足。

3. 基于《德国民法典》第 1007 条第 1 款的返还请求权

19　K 的返还请求权还可能基于《德国民法典》第 1007 条第 1 款的规定产生。前提是，M 的占有取得并非善意。然而 M 并不知道该诗集现在为 K 所有，并未意识到自己剥夺了 K 的占有。因此，K 并无《德国民法典》第 1007 条第 1 款规定的请求权。

4. 基于《德国民法典》第 1007 条第 2 款的返还请求权

20　《德国民法典》第 1007 条第 2 款规定的请求权也不成立，因为该诗集对于 K 而言并非脱手物，他自愿将其直接占有移转于 B。

---

[1] 可以考虑的是，B 以《德国民法典》第 858 条第 1 款规定之法律禁止的私力剥夺了其职员 A 的占有，B 实施了法律禁止的私力。但因为不满足《德国民法典》第 858 条第 2 款第 2 句规定的前提，M 不必承受 B 的占有瑕疵。

[2] BGH NJW 1977, 1818; Prütting, Rn.109.

5. 基于《德国民法典》第 812 条第 1 款第 1 句第 2 种情形的请求权

若 M 以受给付之外的其他方式得利，K 还可能对 B 享有《德国民法典》第 812 条第 1 款第 1 句第 2 种情形规定的返还请求权。但因为原则上权利侵害型不当得利相对于给付型不当得利具有次位性，在受领人因给付而得利时，即排除权益侵害型不当得利请求权。[1] M 的占有系基于契约关系取得。K 也基于契约关系交出诗集的占有。B 对 M 的给付以及 K 对 B 的给付均排除权利侵害型不当得利。据此，《德国民法典》第 812 条第 1 款第 1 句第 2 种情形规定的返还请求权不成立。

6. 基于《德国民法典》第 823 条第 1 款的请求权

K 对 M 的请求权还可能基于《德国民法典》第 823 条第 1 款的规定产生，M 以占有侵夺的形式侵害 K 的所有权。但因为 M 并无过失，因此该请求也不成立。

7. 问题 1 的结论

K 对 M 享有基于《德国民法典》第 985 条规定的返还请求权。

（二）问题 2：M 对 B 享有哪些请求权？

1. M 对 B 的让与利益返还请求权

（1）基于《德国民法典》第 285 条的请求权

《德国民法典》第 285 条规定的请求权并不成立，因为 B 修复并交付诗集的义务已得到履行，因此不存在《德国民法典》第 275 条第 1 款规定的履行不能。他违反的是不侵犯 M 所有权的附随义务（详细论述见下文边码 30）。

提示：《德国民法典》第 275 条与第 285 条的规定不能适用于附随义务的违反，而仅适用于给付义务的违反，因为仅给付义务才有给付不能问题。

---

[1] 仅需参见 Wandt, § 9 Rn.18, 附详细论证。

但在给付义务内部,是主给付义务还是从给付义务的给付不能则在所不问。[1]

(2) 基于《德国民法典》第 667 条、第 681 条第 2 句的请求权

26　　基于《德国民法典》第 667 条、第 681 条第 2 句规定的无因管理请求权不能成立,因为 B 欠缺为他人管理事务的意思。

(3) 基于《德国民法典》第 816 条第 1 款第 1 句的请求权

1) 无权处分人的有效处分

27　　M 对 B 的让与利益返还请求权可能产生于《德国民法典》第 816 条第 1 款第 1 句的规定。前提是,B 作为无权人所为的处分行为对 M 发生效力。B 既非诗集的所有权人,也未受到处分授权。但 B 仍然(通过 A 的代理)有效地处分了 M 的所有权。该处分对 M 发生效力。

2) 处分所得

28　　有争议的是,如何界定《德国民法典》第 816 条第 1 款规定之给付人因处分而得的利益。主流观点认为,买卖价款可被视为处分所得。[2] 反对观点则指出,严格解释分离原则,通过处分所得的并非价款,而仅是处分人得以摆脱给付义务。但这无法予以返还,所以只能进行价值补偿,即补偿处分客体的价值。[3] 鉴于该诗集并非以其售价,而是以书籍的修复价出卖,该争议于本案颇有意义。本书支持第一种观点。无论是日常用语还是经济观念之下,都应将处分所得理解为契约对方的对待给付。即使是严格的法学观点也不会反对这一结论,因为考虑到《德国民法典》第 320 条的规定,出让人实际上仅通过处分才能取得可行使的价金请求权。[4] 立法资料也支持这一观点[5],此种解释也与处理类似情形的《德国民法典》第 285 条规定相一

---

[1]　Vgl. nur Palandt/Grüneberg, § 275 Rn.3.

[2]　Vgl. dazu BGHZ 29, 157, 159 ff. = NJW 1959, 668; Palandt/Sprau, § 816 Rn.10; Larenz/Canaris, Schuldrecht BT II/2, § 72 I 2 a; Hüffer, JuS 1981, 263, 266.

[3]　Medicus/Petersen, Bürgerliches Recht, Rn.720 ff.另一种观点与此结论类似,该观点虽然与主流学说一样,以对待给付判断处分所得,但是将《德国民法典》第 818 条第 2 款规定的所得返还义务限于客体的市场价值。请参见如 Staudinger/Lorenz (2007), § 816 Rn.23 ff.;对此争议的详细论述请参见 Gursky, 20 Probleme aus dem Bereicherungsrecht, 6.Aufl., 2010, S.86 ff.。

[4]　Vgl. Larenz/Canaris, Schuldrecht BT II/2, § 72 I 2 a.

[5]　Mot.III, S.224.

致。[1] 因此，M可以请求B返还K支付的价款。

提示：本案的魅力在于，除了物权法的常见问题，也涉及债法领域。而自无处分权人处善意取得的后续问题的有趣之处恰在于此。

2. M对B的损害赔偿请求权

（1）基于《德国民法典》第280条第1款的请求权

1）义务违反

除了给付之外，M还可能对B享有《德国民法典》第280条第1款、第241条第2款规定的损害赔偿请求权。前提是B违反契约义务。B的主给付义务在于修复书籍，该义务已经履行。因此，承揽契约的主给付义务未被违反。而且，该诗集已被符合义务的交还于M。但B仍有可能违反了《德国民法典》第241条第2款规定的不属于给付义务的附随义务。因为在B保管诗集期间，该诗集被有效地让与K。承揽契约之下，B不仅有义务修复诗集，还有义务保管并返还其负有修复义务的诗集。[2] 保管义务的履行方式是不得侵害M的所有权。但由于A的所有权让与行为，M丧失了所有权，据此B违反了妥善保管义务。B违反了附随义务，满足《德国民法典》第280条规定的义务违反要件。

2）可归责性

① B自己的过错

还要求B对《德国民法典》第280条第1款第2句规定的义务违反具有可归责性。依《德国民法典》第280条第1款第2句的规定，可归责性原则上被推定。有疑问的是，B是否存在免责事由。若对于诗集之让与，他既没有自己的过错，也不应依《德国民法典》第278条的规定为A的疏忽负责，则义务违反不可归责于B。本案中，B自己的过错应予否定。B将诗集单独保管，并对雇员作出了相应的指示。

② 为他人的过错负责

但依《德国民法典》第278条的规定B仍有可能须将A的过错视为自

---

[1] Vgl. MünchKomm-BGB/Emmerich, § 285 Rn.27.
[2] Vgl. dazu MünchKomm-BGB/Busche, § 631 Rn.80.

己的过错。前提是 A 属于上述规范中所谓的履行辅助人。履行辅助人，是指根据事实情况，依债务人意愿在其义务履行过程中所使用的辅助人。[1] A 作为书店雇员，也被指示保管修复书籍，属于《德国民法典》第 278 条规定的履行辅助人。A 应当注意到金色贴片并拒绝出售该诗集。据此，A 具有过错。该过错可依《德国民法典》第 278 条的规定归责于 B。

③《德国民法典》第 300 条第 1 款的责任减轻？

33 但仍须考量，鉴于该诗集长期未被取回，得否适用《德国民法典》第 300 条第 1 款规定的受领迟延情形下债务人的责任优待。但因为 B 既未依《德国民法典》第 295 条的规定提出给付，也不符合第 296 条的规定不必提出给付的条件，第 300 条第 1 款规定的前提并未满足。因此，存在依《德国民法典》第 278 条规定可归责于 B 的义务违反。

3）损害

34 M 的损害在于丧失了诗集所有权。依《德国民法典》第 249 条、第 251 条第 1 款的规定，应予赔偿的是诗集的客观价值，M 的特别喜好不必考虑。[2]

4）小结

35 基于《德国民法典》第 280 条第 1 款的规定，M 对 B 享有损害赔偿请求权。

（2）基于《德国民法典》第 989 条、第 990 条第 1 款的请求权

36 M 还可能享有基于《德国民法典》第 989 条、第 990 条第 1 款规定的损害赔偿请求权。但前提是，M 对 B 享有物上请求权。[3] 本案中该请求权并不成立，因为 B 基于承揽契约对诗集有占有本权。仅在有权占有人超越其占有权限［所谓越权占有人（Nicht-so-Berechtigter）］的情形也可适用所有权人与无权占有人关系规则时，才可考量基于所有权人与无权占有人关系的请求权。[4] 但当今学理对此持否定观点，因为它不仅超出了法律文义，还因

---

[1] Palandt/Grüneberg, § 278 Rn.7.
[2] Palandt/Grüneberg, § 251 Rn.10.
[3] 关于该要件请参见 MünchKomm-BGB/Baldus, vor §§ 987–1003 Rn.9.
[4] 越权占有人学说在较早的文献中有少数主张者，最近的支持者如 Zeuner, FS Felgentraeger, 1969, S.423 ff., 429 ff.附详细论证。

所有权人享有其他请求权（如契约关系请求权）而不存在进行目的论扩张的必要。[1]

(3) 基于《德国民法典》第678条的请求权

由于B欠缺管理他人事务的意思，基于《德国民法典》第678条规定的请求权与基于第667条、第681条第2句规定的费用补偿请求权也不能成立。

(4) 基于《德国民法典》第831条的请求权

M对B还可能享有基于《德国民法典》第831条规定的损害赔偿请求权。前提是，A是B的事务辅助人。事务辅助人，是指某人被他人委托处理事务，受他人的指示在一般或特定情形下有所行为，且与他人处于某种从属关系之中。[2] 因此，A作为受指示约束的书店雇员属于事务辅助人。A不法且有过错地侵害了M的所有权。

提示：因为《德国民法典》第831条规定的事务主人并非为他人而是为自己的过错负责，因此具有决定性的并非事务辅助人的过错。但若事务辅助人客观上不存在过错，该规范之保护目的即不存在。[3]

但《德国民法典》第831条第1款规定的损害赔偿请求权仍然不成立，因为A经过B的认真选择与监督，因而依《德国民法典》第831条第1款第2句的规定B不必负责。

(5) 基于《德国民法典》第823条第1款的请求权

最后，M对B还可能享有《德国民法典》第823条第1款规定的损害赔偿请求权。但B并非自己而是通过A的让与行为侵害了M的所有权。因此仅在B存在组织过错（Organisationsverschulden）时[4]，针对B的侵权请求权才能成立。可以确定的是，为了避免错售保管的书籍，B已经实施了充分的预防措施（参见边码31、39），因此不能认定存在组织义务的违反。

---

[1] 主流观点如此认为，仅需参见 Baur/Stürner, § 11 Rn.27; Prütting, Rn.531。
[2] Palandt/Sprau, § 831 Rn.5.
[3] Palandt/Sprau, § 831 Rn.8.
[4] Wandt, § 18 Rn.16.

3. 问题 2 的结论

42　　K 可依《德国民法典》第 985 条的规定请求 M 返还诗集。M 可依《德国民法典》第 816 条第 1 款第 1 句的规定请求 B 返还价金或依《德国民法典》第 280 条第 1 款的规定请求 B 进行损害赔偿。

43　　提示：于此体现了体系思维：《德国民法典》第 816 条与第 280 条规定的请求权形成请求权竞合。若 M 基于第 816 条的规定请求返还让与收益，损害即不存在，第 280 条规定的前提即不再成立。同理，若 M 决定请求 B 进行损害赔偿，B 的得利即不存在[1]，第 816 条即不再适用。仅在 B 的收益超过 M 的损害时，才可请求超出损害范围的收益。

（三）问题 3：B 对 G 享有哪些请求权？

1. 基于《德国民法典》第 985 条的请求权

（1）B 的所有权人地位

1）依《德国民法典》第 929 条第 1 句的规定，B 将书的所有权让与 G

44　　B 对 G 可能享有基于《德国民法典》第 985 条规定的请求权。前提首先是 B 仍然是《阿布鲁岑的石头花园》这本书的所有权人。但 B 可能因为 A 对 G 的让与而丧失所有权。前提是 A 对 G 的让与有效。B 本人并未对 G 作出所有权让与表示，A 也并非以 B 的名义进行让与，因此不构成《德国民法典》第 164 条第 1 款规定的代理。

2）依《德国民法典》第 929 条第 1 句、第 932 条第 1 款的规定，无权处分人 A 的所有权让与

① 物权合意与交付

45　　但 G 仍有可能因 A 的让与取得所有权。前提首先是，A 与 G 之间存在所有权让与合意。A 以赠与意思将书移转于 G，存在默示的所有权让与要约，G 接受赠与，同时构成对所有权让与的承诺。通过这一行为，《德国民

---

[1]《德国民法典》第 818 条第 3 款可适用，仅需参见 MünchKomm-BGB/Schwab, § 816 Rn. 50。

法典》第 929 条第 1 句要求的交付要件也被满足。但 A 并没有权利将书的所有权让与 G，因此应考量是否构成善意取得。

② 《德国民法典》第 932 条善意取得的前提

依《德国民法典》第 932 条第 1 款的规定，善意取得的前提首先是通过《德国民法典》第 929 条第 1 句的规定取得。本案符合此要件。此外，还要求 G 构成《德国民法典》第 932 条第 1 款第 2 句、第 2 款规定的善意。G 在取得书时既不知道也并非因重大过失而不知该书不属于 A 所有。因此 G 为善意。

③ 脱手物，《民法典》第 935 条第 1 款第 1 句

a. A 是占有辅助人

但在《德国民法典》第 935 条第 1 款第 1 句的情形下，G 可能无法善意取得。所涉情形是，标的物对所有权人而言构成脱手物。[1] B 自愿将书交于 A，于此尚无脱手情形。有可能的是，A 嗣后违反 B 的指示将书交于他人，对 B 而言构成脱手情形。前提是，B 将书交给 A 之后仍然是占有人。这取决于依《德国民法典》第 855 条规定的占有辅助制度，B 是否仍为书的占有主人。

B 为占有主人的前提是，在具有社会从属性的关系中，A 为 B 行使对物的事实管领。A 基于劳动关系服从 B 的指示，并在此关系中为 B 行使对书的事实管领。因此，A 是占有辅助人，依《德国民法典》第 855 条的规定只有 B 才是书的直接占有人。

提示：对于占有媒介人或占有辅助人的界定在案例分析中可能具有决定性，例如在占有保护请求权问题，或在《德国民法典》第 935 条规定的脱手物的判断中。占有辅助的重要案型为：保姆、雇员对被委托的物或未成年人对房屋与家具。[2]

A 将书交付 G 非基于 B 的意思。有疑问的是，占有辅助人超越权限交出物是否构成《德国民法典》第 935 条第 1 款规定的脱手。[3]

---

〔1〕 定义请参见上文边码 8。
〔2〕 Vgl. Palandt/Bassenge, § 855 Rn.7; MünchKomm-BGB/Joost, § 855 Rn.14.
〔3〕 对此争议的详细阐述请参见 Witt, AcP 201（2001），165, 172 ff.; dems., JuS 2003, 1091, 1094 ff.。

b. 占有辅助人交出占有物是否构成脱手？——争论

51　肯定观点的理由是，是否构成脱手仅取决于占有主人的意思。[1] A 交出书未经 B 的同意，因此构成脱手。

52　反对观点的其中一派认为，仅在占有辅助人对占有主人的从属性可从外部识别时，上述观点才能成立。于其他情形，占有辅助人的外部地位与直接占有人并无不同，取得人得信赖其权利外观。[2] A 并非以 B 之雇员的面目出现在 G 面前，因此按此观点不存在脱手。

53　第三种观点完全拒绝《德国民法典》第 935 条第 1 款第 1 句的适用。理由是，并无充分的理由支持区别对待占有辅助与占有媒介情形下所有权人应承受的不忠风险。因此，应适用的是《德国民法典》第 935 条第 1 款第 2 句的规定。按此观点该书对 B 而言也并非脱手物。[3]

c. 本书观点

54　仅上文第一种观点符合法条文义。《德国民法典》第 855 条仅承认有指示权的占有主人为占有人，因此应以其占有意思为断，而非无权限的占有辅助人。鉴于法条文义的明确性，需要充分正当的目的论理由，才能偏离法条文义。[4] 权利外观考量并不适宜，因为《德国民法典》第 935 条并未提供超出第 932 条范围的信赖保护。而在满足第 935 条规定的要件时，取得人即使针对直接占有人也并不受保护。[5]

55　《德国民法典》第 935 条的规范旨在于将第 932 条规定的善意取得限于所有权人造成占有人权利外观的情形（与因原则）。[6] 上文后两种观点认为，占有主人——与间接占有人一样[7]——自愿将物交于他人。但这两种

---

[1] BGH NJW 2014, 1524 Rn.9, 16; RGZ 71, 248, 253; RGZ 106, 4, 6; Palandt/Bassenge, § 935 Rn.8; Erman/Bayer, § 935 Rn.7; Hoche, JuS 1961, 73, 78 f.; R.Weber, JuS 1999, 1, 9.

[2] Staudinger/Wiegand (2011), § 935 Rn.14.

[3] MünchKomm-BGB/Oechsler, § 935 Rn.10; Ernst, Eigenbesitz und Mobiliarerwerb, 1992, S. 32 ff.; Hager, Verkehrsschutz durch redlichen Erwerb, 1990, S.250 f., 404 f.

[4] 本案中，文义是否清晰以及仅允许进行目的论限缩的程度，抑或限制性解释即为已足（区别请参见 Palandt/Sprau, Einl.Rn.49)，可以有不同观点，因为即使是目的论考量也支持第一种观点。

[5] 请参见 Soergel/Hensssler, § 935 Rn.8; Prütting, Rn.76; Witt, AcP 201 (2001), 165, 175 ff.。

[6] Vgl. dazu statt vieler MünchKomm-BGB/Oechsler, § 935 Rn.1.

[7] 于此情形，《德国民法典》第 935 条第 1 款第 2 句仅考量占有媒介人的意思。

观点并没有充分考量到，法律评价作出如下区分：被信赖的直接占有人仅负担债法上的返还义务（占有媒介人——《德国民法典》第868条），而服从占有主人指示者仅依指示实施对物的事实支配。于后者，仅在占有辅助人决定违背指示交出物时，占有主人才丧失对物事实上的影响可能，从而成立脱手。[1] 据此，依据《德国民法典》第935条第1款第1句的规定，G不能善意取得。B并未丧失书的所有权。

(2) 无权占有

G是占有人，且并无《德国民法典》第986条规定的占有本权。《德国民法典》第985条规定的要件完全满足。

(3) 小结

B对G享有基于《德国民法典》第985条规定的返还请求权。

2. 基于《德国民法典》第1007条第1款的请求权

G的占有取得为善意，B并不能基于《德国民法典》第1007条第1款的规定请求G返还书。

3. 基于《德国民法典》第1007条第2款的请求权

但B可能对G享有基于《德国民法典》第1007条第2款规定的请求权。前提是，对前占有人而言，B的占有物为脱手物。按照本书观点，占有辅助人超越权限交出书构成《德国民法典》第935条第1款规定的脱手，该要件满足。对G而言，该书此前并未从其处脱手，因此1007条第2款第1句规定的抗辩事由也不存在。G也不能主张《德国民法典》第1007条第3款规定的抗辩事由。因此，B得依《德国民法典》第1007条第2款的规定请求G返还该书。

4. 基于《德国民法典》第816条的请求权

B还可能对G享有基于《德国民法典》第816条规定的占有返还请求权。前提是，B的占有受到法律禁止的私力侵夺。A非基于B的意思剥夺了

---

[1] Vgl. dazu Soergel/Henssler, § 935 Rn.8; Witt, AcP 201 (2001), 165, 180 ff.。

B 的占有，构成《德国民法典》第 858 条规定的法律禁止的私力。前占有人得依《德国民法典》第 861 条请求瑕疵占有人返还。《德国民法典》第 858 条第 2 款第 1 句规定，以法律禁止的私力取得的占有有瑕疵。G 自身并未对 B 实施法律禁止的私力。但依《德国民法典》第 858 条第 2 款第 2 句的规定，G 可能需要承受 A 的占有瑕疵。无论最初适法的占有从何时起转变为瑕疵占有，G 均不知占有瑕疵的存在。因此，基于《德国民法典》第 861 条规定的请求权不成立。

5. 问题 3 的结论

61　　B 对 G 享有基于《德国民法典》第 985 条或第 1007 条第 2 款规定的返还请求权。

案例 3　Rolf 的问题

洛尼希

一、案情

企业主 Rainer Rolf（R）收集法国艺术家的作品。他在 Karl Kolb 拍卖行（K）的拍品列表中发现了一幅 Prechtl 的稀有石版画，遂委托他的秘书 Susi Schmidt（S）去市内参加晚上的拍卖会，让其在 5000 欧元的价格内拍下这幅画，且不透露委托人的身份。R 给了 S 5000 欧元现金，以便 S 可以当场付款取走画作并于第二天带回加工。S 以 4000 欧元的价格拍下由 Emil Eigen（E）交予拍卖的作品，当场支付后带回家中。S 将画作置于客厅的五斗柜上方作为装饰。第二天上午，执行法官按响 S 家的门铃，出示了债权人 Fritz Fränkel（F）的执行文书，之后，执行法官不顾 S 的反对扣押并带走了这幅画。六神无主的 S 立刻到 R 处向其讲述发生的事情。R 立即致电律师，咨询针对法院的扣押行为他可以采取什么措施。

很快 R 碰到了第二个问题：2014 年 3 月，R 与 Haubner 融资租赁公司（H）签订契约，根据该契约，H 从机器生产商 Zacharias Zepter（Z）处购买了一台 R 挑选的喷漆机。付款后，H 致电 Z，告知其直接将机器交付于 R。两个月后，为了担保银行 Regensburger Bank（RB）的债权，H 将该机器的所有权让与 RB，同时把对 R 的返还请求权让与 RB。不久后，另一家银行 Sparkasse Konstanz（SK）要求 H 提供更多担保，因为 H 透支了借款额度。于是，H 又将机器的所有权让与 SK，并将对 R 的返还请求权同时让与 SK。现在，RB 与 SK 均要求 R 返还机器，R 想知道，该机器究竟归谁所有，以及他是否必须向其中一家贷款机构交出机器，尽管融资租赁契约还有两年才到期。

此外，R 还碰到与办公用品经销商 Arnulf Althammer（A）的账单问题。R 常年从商人 Bodo Baumann（B）处为其企业购买打印纸。2014 年 11 月 R 致电 B 紧急订购 1000 包打印纸，因为他已没有任何储备用纸。B 在电话中告知 R，他将直接通过上级经销商交付。R 并不知道的是：B 此时也没有库存，因为他未向上级经销商支付账单，他的供货商已不再向他供货。B 接到 R 的电话后联系了另一位经销商 A，并以 R 的名义与 A 签订了 1000 包打印纸的买卖契约。之后，A 将打印纸送至 R 处，R 支付了 B 寄来的账单。一周后，R 收到 A 的账单。R 致电 A，表示拒绝支付，因为他已经向 B 支付了价款。A 则坚持要求 R 支付，否则将取回打印纸。

二、问题

请草拟一份包含上述所有事实所涉法律问题的鉴定式法律意见书。

三、思路

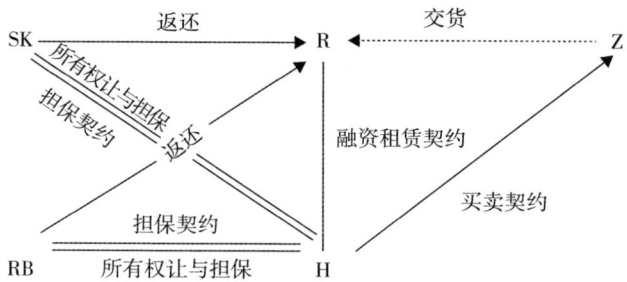

（一）问题 1：R 的第三人异议之诉

1. 可诉性 ·· 1
2. 支持理由 ·· 3
　（1）R 对石版画的所有权 ·· 4
　　1）K 接受该画取得所有权 ···································· 5
　　2）K 向 R 让与所有权 ·· 6
　　3）K 向 S 让与所有权 ·· 9
　　4）S 向 R 让与所有权 ·· 10
　　　① 合意 ·· 11

          ② 交付 ·· 13
          ③ 处分权 ··· 15
          ④ 欠缺公示 ·· 16
      问题：预期所有权让与是否需要公示？
    (2) 基于《德国民法典》第 667 条的返还请求权 ·············· 18
    (3) R 对石版画"经济上的所有权" ·························· 20
    问题：经济上的所有权与所有权让与担保的法律地位是否相同？

（二）问题 2：喷漆机

  1. 喷漆机的所有权状况 ··· 23
    (1) Z 向 H 的所有权让与 ······································ 23
      1）合意 ·· 24
      2）交付 ·· 25
      3）处分权 ··· 27
    (2) H 向 RB 的所有权让与 ····································· 28
      1）合意 ·· 28
      2）交付 ·· 29
      3）合意仍存在 ·· 32
      4）处分权 ·· 35
    (3) H 向 SK 的所有权让与 ····································· 36
      1）合意 ·· 36
      2）交付替代，《德国民法典》第 931 条 ······················ 37
    问题：假想的请求权能否作为交付替代？
      3）处分权 ·· 39
      4）善意取得，《德国民法典》第 934 条 ····················· 41
        ①《德国民法典》第 934 条第 1 种情形 ···················· 41
        ②《德国民法典》第 934 条第 2 种情形 ···················· 42
  2. 对 R 的返还请求权 ·· 43
    (1) SK ··· 43
    (2) RB ··· 44

（三）问题3：打印纸

- 1. 价金支付 ………………………………………………………… 46
- 2. 取回打印纸 ……………………………………………………… 49
  - （1）基于《德国民法典》第985条的请求权 ……………… 49
    - 1）A的所有权 ………………………………………… 50
      - ① A向R的所有权让与 ………………………… 50
      - ② B向R的所有权让与 ………………………… 53
        - a. 合意 ……………………………………… 53
        - b. A撤销物权合意的可能性 ……………… 55
        - c. 交付 ……………………………………… 57

    问题：通过"表见受指令人"的交付是否已足？
        - d. 处分权 ………………………………… 60

    问题："表见指令"是否满足权利外观要件？
        - e. 善意取得，《德国民法典》第932条 ……… 61
    - 2）小结 ………………………………………………… 66
  - （2）基于《德国民法典》第861条第1款的请求权 ………… 67
  - （3）基于《德国民法典》第1007条的请求权 ……………… 68
  - （4）基于《德国民法典》第812条第1款第1种情形的请求权（给付型不当得利）……………………………………… 69
  - （5）基于《德国民法典》第812条第1款第2种情形的请求权（非给付型不当得利）…………………………………… 71
- 3. 结论 ……………………………………………………………… 73

四、解答

（一）问题1：R的第三人异议之诉

1. 可诉性

1 依《德国民事诉讼法》第771条的规定，针对被扣押的画作，R可对F

提起第三人异议之诉，因为 R 的主张是，被扣押的画作并非其秘书 S 的责任财产，强制执行已经侵犯了他的财产。而且 R 确有提起该诉讼的保护需求，因为强制执行已经开始，且尚未完全结束。

提示：若案件事实并未显示特别的可诉性障碍，则可以简要概述，不必一一列举其要件。若案例分析要求拟定（如本案）鉴定式律师意见书，那么首先应检视实体上的法律问题，再讨论事实问题。本案之所以将该部分提前，是因为仅需一句话就可以概括第三人异议之诉的可诉性，也完全可以首先讨论石版画的所有权状况，再分析 R 如何在诉讼中实现其所有权。 2

2. 支持理由

若 R 对画作享有"阻却让与的权利"（ein die Veräußerung hinderndes Recht），且 R 也不基于其他原因负有容忍就该画作进行强制执行的义务，则上述诉讼应得到支持。阻却让与的权利是指将石版画作为执行标的物的物权，若不承认物权构成阻却让与的权利，将不存在此类权利，因为即使作为最强效的物权之所有权也有可能因善意取得而丧失，即无法阻却让与。《德国民事诉讼法》第 771 条的规定毋宁应理解为，当强制执行涉及的财产并非债务人的责任财产，且强制执行侵犯了第三人的权利时，第三人可针对执行进行防御。[1] 所涉情形是，被执行债务人自己或其执行债权人让与该标的物均将构成不法，因为侵入了第三人的权利领域。 3

（1）R 对石版画的所有权

R 对被扣押石版画的所有权构成阻却让与的权利。石版画最初为 E 所有，为了拍卖而交于 K。 4

1）K 接受该画取得所有权

E 将画交于 K 拍卖，可能使 K 取得所有权。按《德国民法典》第 929 条第 1 句之要求，E 与 K 须达成所有权让与合意。但通常拍卖人作为《德国商法典》第 383 条以下规定的代销人，系为委托人出卖画作，自己并不取得对画作的权利。本案中并未显示 E 与 K 背离该交易习惯，因此不存在有效的物权合意。 5

---

[1] MünchKomm-ZPO/Schmidt, § 771 ZPO Rn.1 und 16.

2) K 向 R 让与所有权

6　　但依《德国民法典》第 929 条第 1 句的规定，R 仍有可能通过 K 的让与取得所有权。前提是，K 与 R 之间存在物权合意。但本案中上述合意并不存在。

7　　S 与 K 之间达成了所有权让与合意。若依《德国民法典》第 164 条第 1 款的规定，S 对 R 构成有效的代理，该合意将直接对 R 发生效力。S 虽然自己作出意思表示，但是她并未显示 R 的姓名，也无法从案情中推知她为 R 行为。因此，有效的代理要件不满足。

8　　但在例外情形，不适用代理法上的显名原则。在不必显示被代理人也不违反对相对人的保护时，应对《德国民法典》第 164 条第 1 款的规定进行目的论限缩。显名原则仅服务于保护相对人。尤其是在双方即时履行的大量日常交易中，常应进行上述限缩。[1] 但以 4000 欧元的价格通过拍卖取得石版画所有权并不属于日常交易，也不能简单地认定为对 K 而言交易对方是谁并不重要，因此本案并不构成显名原则的例外。鉴于《德国民法典》第 164 条第 1 款规定的要件并未满足，K 与 S 的合意并不直接对 R 发生效力，R 无法据此取得所有权。

3) K 向 S 让与所有权

9　　但是 K 将所有权让与了 S。依《德国民法典》第 929 条第 1 句的规定，存在物权合意（请参见上文边码 7—8）。K 也将画交付 S，且 K 具有处分权。K 虽然并非所有权人，但是 E 委托 K 出卖该画，依《德国民法典》第 185 条第 1 款的规定，K 的行为经有处分权的所有权人 E 同意（请参见上文边码 5）。

4) S 向 R 让与所有权

10　　在 K 向 S 让与所有权后，R 有可能立即自 S 处取得画作所有权。在非显名（"间接"）代理中，间接代理人可以依《德国民法典》第 929 条第 1 句、第 930 条以下规定的方式对被代理人进行所有权让与，即在取得标的物之前，间接代理人即与被代理人预先达成所有权让与合意，并且（在取得之前）合意达成《德国民法典》第 868 条规定的占有媒介关系。[2] 据此，S

---

[1] MünchKomm-BGB/Schramm, § 164 Rn.42 ff.; Palandt/Ellenberger, § 164 Rn.8.
[2] Palandt/Bassenge, § 930 Rn.10; Wolf/Wellenhofer, § 7 Rn.28.

作为间接代理人，仅在法律上的一秒取得画作所有权，并立即将其让与 R。

① 合意

间接代理人，如同本案，取得特定的物，并在受委任之前已经取得费用补偿，即可认为存在上述合意。[1] 于此，委托人有应予保护的利益，在间接代理人取得物之后立即取得所有权。本案中，R 与 S 间成立应与劳动契约相区分的委任关系（《德国民法典》第 662 条），且 R 在委任当时已向 S 支付了费用，可以认为 R 与 S 间存在预期让与合意（《德国民法典》第 929 条）。

提示：若委托人与受托人间的约定并非指向特定物，而是使受托人有一定的决定空间，则向委托人的所有权让与可能通过自己代理实现（《德国民法典》第 181 条）。

② 交付

本案中并未进行现实交付。但可能存在预先的交付替代约定，即占有改定，（《德国民法典》第 930 条、第 868 条）。前提是，在 R 与 S 间存在法律关系，基于该法律关系，S 有意仅作为他主占有人，在取得占有后为 R 媒介占有，且 R 对 S 享有可执行的返还请求权。此外，还要求 S 紧接着确实成为石版画的占有人。

本案中，这两项要件均得以满足，因为 K 将画交付于 S。而且，R 与 S 间约定了委任关系。S 作为受托人明确知悉，她为履行委任而所取得的一切都应为 R 媒介占有（他主占有意思）。R 的返还请求权则源于《德国民法典》第 667 条的规定，受托人有义务将因执行受托事务而取得的一切返还于委托人。

③ 处分权

S 作为画作的所有权人有权将画作所有权让与 R。借此，R 有可能成为画作所有权人，其第三人异议之诉也可能得到支持。

④ 欠缺公示

但间接代理人向委托人让与所有权的问题在于，所有权让与不可识别，因而不符合物权法的公示要求。本案中，S 将画作置于自己家中以作装饰，并未显示对 R 的所有权让与。但《德国民法典》第 930 条规定的所有权让

---

[1] Soergel/Henssler, § 929 Rn.44 ff.; Staudinger/Wiegand (2011), Anh.zu §§ 929-931 Rn.93.

与均欠缺所有权移转的公示，因此，预期占有改定的约定于此并无特殊之处。

17　　与《德国民法典》第930条规定的所有权让与不同的是，预期占有改定由两个在时间上紧密接续的所有权让与过程组成，本案中即K对S的所有权让与、与S对R的所有权让与，第一个行为的公示必须被第二个行为的公示所消除，（与《德国民法典》第930条不同）否则就不是未经公示，而是被错误公示。因此，仍有必要以可识别的行为对外公示。据此，S仍是画作所有权人，以R的所有权为基础的第三人异议之诉无法得到支持[1]（可有不同观点，则R的诉请应予支持，因为R不必基于其他理由容忍F的强制执行）。

（2）基于《德国民法典》第667条的返还请求权

18　　依《德国民法典》第667条第2种情形的规定，R对S享有画作返还请求权，因为S是在执行委任事务过程中取得画作（请参见上文边码14）。但这种债法上的取得请求权并不能作为第三人异议之诉的依据，因为被强制执行的债务人自己或其执行债权人对画作的移转并非不法，并未侵入请求权人R的权利领域，而仍仅关涉强制执行债务人S。

19　　提示：若是受托人因执行事务而从委托人处所获得的标的物，则与此不同（《德国民法典》第667条第1种情形）。

（3）R对石版画"经济上的所有权"

20　　但R阻却让与的权利还可能基于下述原因产生：R与S间达成他益信托合意，信托物，本案中为画作，在经济上属于委托人R（"经济上的所有权"）。果如此，R针对受托人S之债权人的强制执行，即可提起《德国民事诉讼法》第771条规定的第三人异议之诉。

21　　依主流观点，此之前提是，受托人在外部关系中是权利人，在与委托人的内部关系中则受信托约定的限制，且受托人直接从委托人的财产中取得信托物（直接原则）。[2] S是画作的所有权人，即权利人。S在与R的内部关系中受到委任约定的限制，为R取得画作，应将画作所有权移转于R，并进

---

[1] Vgl. BGHZ 21, 52, 56 = NJW 1956, 1315; BGHZ 28, 16, 19 = NJW 1958, 1133; Staudinger/Wiegand (2011), Anh.zu §§ 929-931 Rn.129.

[2] Henssler, AcP 196 (1996), 37 ff., 附详细论证。

行交付。委任具有信托的特点。但 S 并非直接从 R 的财产中取得画作，而是从 E 的财产中取得画作。从 R 的财产中直接取得的只是取得信托物所必要的金钱，因此最后一个要件不满足，R 并非画作"经济上的所有权人"。依通常观点，R 无法以"经济上的所有权"为依据成功提起第三人异议之诉。

但根据更可取的反对观点，信托物取得的直接性并不具有决定性。[1] 22 受托人以直接从委托人处取得的金钱购得信托物，本案中为画作，即为已足，取得的信托物代替了上述金钱。若承认备受争议的经济上的所有权，就没有理由将其仅限于受托人从委托人处直接取得权利的情形。据此，R 的第三人异议之诉可诉且诉讼依据成立。

（二）问题 2：喷漆机

1. 喷漆机的所有权状况

（1）Z 向 H 的所有权让与

最初机器生产商 Z 是喷漆机的所有权人。融资租赁公司 H 可因机器生产商 Z 的让与而取得所有权（《德国民法典》第 929 条第 1 句）。 23

1）合意

于此，需要具备有效的物权合意（《德国民法典》第 929 条第 1 句）。该合意并不存在于买卖契约之中，因为在取得价款之前，Z 并不想让与机器的所有权。但付款后的电话联络表明了双方的合意，自此时起双方一致认为，H 应成为机器的所有权人。 24

2）交付

有效的所有权让与还需要让与人 Z 将机器交付于取得人 H。本案中，机器并非交付于取得人，而是交付于 R。由此产生的问题是，是否满足《德国民法典》第 929 条第 1 句规定的交付要件。交付的要件首先是，让与人应完全丧失占有。本案中，这一要件被满足，因为 Z 通过将机器送交 R 完全丧失了占有。第二项要件是取得人取得占有。本案中，R 取得直接占有，但 R 并非取得人。不过融资租赁公司 H 虽然并非直接占有人，但是却取得了间接占 25

---

[1] Löhnig, Treuhand, 2006, § 34.

有，因为融资租赁契约（租赁契约）在 H 与 R 间建立了《德国民法典》第 868 条规定的占有媒介关系。通过将机器交付 R，取得人也取得占有。[1] 最后一项要件，让与人促成占有丧失与取得，本案也满足，因此存在有效的交付。

26 提示：在很多案例设计中并不涉及交付问题，那就没有必要列举交付的要件。但在本案这样的复杂案例中，必须仔细检讨交付问题，若要将案件事实涵摄于这三个要件之下，就必须了解这些要件。

3）处分权

27 机器生产商 Z 也有权处分其享有所有权的机器，使融资租赁公司 H 取得所有权。

（2）H 向 RB 的所有权让与

1）合意

28 在融资租赁公司 H 为了担保而将机器让与 RB 之后，H 有可能丧失所有权。H 与 RB 达成《德国民法典》第 929 条规定的所有权让与合意。

2）交付

29 但是欠缺《德国民法典》第 929 条第 1 句规定的交付，占有仍在 R 处。不过仍须考量《德国民法典》第 931 条规定的交付替代。前提是，第三人占有应让与的物，让与人将对第三人的返还请求权让与取得人。

30 机器在第三人 R 的直接占有之下。有疑问的是，H 应向 RB 让与的针对 R 的返还请求权具体是什么。不必考虑《德国民法典》第 985 条规定的返还请求权，因为它从属于所有权，属于新的所有权人。因此，它仅是所有权让与的后果，而非所有权让与的要件。

31 但基于契约的返还请求权不同。融资租赁在很大程度上适用租赁规则；因此 H 对 R 享有基于《德国民法典》第 546 条第 1 款规定的请求权。但问题在于，该请求权仅在租赁关系终止时才可实现，而融资租赁契约的租期长达数年。不过依《德国民法典》第 398 条的规定，将来请求权的让与仍为可能，同样满足第 931 条规定的让与要件。《德国民法典》第 546 条规定的请求权自租赁契约订立时即产生，只是于租赁关系结束时始届期。融资租赁公司有权让与该请求权，成立《德国民法典》第 931 条规定的交付替代。

---

[1] Vgl. Schreiber, Rn.156; Wolf/Wellenhofer, § 7 Rn.8 ff.

3) 合意仍存在

需要具备的还有,《德国民法典》第 929 条规定之可自由撤回的物权合意在交付或交付替代完成时仍存在。若所涉为将来请求权的让与,则双方在返还请求权产生时仍须具备所有权让与合意。[1] 本案中需要考量的是,H 嗣后为了担保将机器让与 SK,是否构成(对 RB 之物权让与合意的)撤回。不过,《德国民法典》第 546 条规定的返还请求权并非将来请求权,因此该请求权让与当时,所有权即移转于 RB。

主流观点还要求,为了法律安全撤回必须针对取得人作出,至少对取得人而言须可识别。[2] 本案也不符合这一要求。

提示:合意仍存在通常只是"提示条",在案例分析中,仅在出现问题时(如本案)才需要检视。

4) 处分权

H 作为所有权人有权处分机器,因此,RB 取得机器所有权。

(3) H 向 SK 的所有权让与

1) 合意

因融资租赁公司向 SK 让与机器所有权,RB 有可能丧失所有权(《德国民法典》第 929 条)。SK 与 H 之间存在所有权让与合意。

2) 交付替代,《德国民法典》第 931 条

有疑问的是,《德国民法典》第 931 条规定的要件是否满足。(如上文边码 29 以下)作为交付替代,融资租赁公司应将其对 R 享有的《德国民法典》第 546 条规定之返还请求权让与 SK(《德国民法典》第 398 条)。虽然 SK 与 H 之间已达成返还请求权让与的合意,但是 H 却不再是请求权人,无权处分该请求权。而《德国民法典》第 985 条规定的返还请求权不得脱离所有权单独移转,而是在每个所有权人处重新产生。因此,H 并无可让与的请求权。

据此,所有权让与似乎无法实现。但假想的请求权之让与即可满足《德国民法典》第 931 条规定的要件,即仅具所有权让与合意即可。[3] 原因在于,若非如此《德国民法典》第 934 条第 2 种情形的规定善意取得即被架空。

---

[1] RGZ 135, 366, 367 = JW 1932, 3814; Soergel/Henssler, § 931 Rn.9.

[2] BGH NJW 1979, 213, 214; Soergel/Henssler, § 929 Rn.38; Prütting, Rn.373.

[3] Medicus/Petersen, Bürgerliches Recht, Rn.445; Wolf/Wellenhofer, § 7 Rn.38.

3) 处分权

39　H 既非所有权人，亦非有处分权的非所有权人，因此处分权要件不满足。

40　提示：所有权与处分权通常同时存在。但应牢记也有例外：如《德国民法典》第 2205 条规定的遗嘱执行或《德国破产条例》第 80 条规定的破产程序的开始，所有权人并无处分权，有处分权的是遗嘱执行人或破产管理人。此外，（如上文边码 9）所有权人也可能授予非所有权人处分权（《德国民法典》第 185 条）。

4) 善意取得，《德国民法典》第 934 条

① 《德国民法典》第 934 条第 1 种情形

41　《德国民法典》第 934 条第 1 种情形规定的善意取得之前提是，H 作为让与人是机器的间接占有人，尤其是应享有对占有人 R 的返还请求权。但在 H 向 RB 让与《德国民法典》第 546 条规定的请求权之后，该要件无法再被满足。

② 《德国民法典》第 934 条第 2 种情形

42　因此，应检视《德国民法典》第 934 条第 2 种情形：若让与人因无返还请求权而不享有间接占有，则善意取得的前提是，取得人须取得让与物的占有。但 SK 并未取得机器的占有。因此，SK 无法善意取得机器所有权。

2. 对 R 的返还请求权

(1) SK

43　R 还想知道，SK 或 RB 是否对其享有返还请求权。SK 并不享有《德国民法典》第 546 条规定的请求权，因为他并未有效受让融资租赁公司 H 对 R 的返还请求权。SK 也不享有《德国民法典》第 985 条规定的请求权，因为 SK 并非机器的所有权人（请参见上文边码 42）。

44　RB 有可能享有《德国民法典》第 546 条规定的返还请求权。因为 H 将该请求权让与了 RB。但在两年的融资租赁期间届满后该请求权才可以行使。R 可根据《德国民法典》第 404 的规定对 RB（正如针对此前的 H）主张履行期未届满的抗辩。

（2）RB

RB 可能对 R 享有《德国民法典》第 985 条规定的返还请求权。受让《德国民法典》第 546 条规定的请求权之后，RB 成为机器的所有权人，R 为机器占有人。有疑问的只是，相对 RB 而言，R 是否享有占有本权。于此，《德国民法典》第 986 第 2 款的规定为占有人提供了可能，占有人得以对抗被让与的请求权的抗辩（本案中即《德国民法典》第 546 条第 1 款的请求权），对抗《德国民法典》第 985 条规定的返还请求权。本案中，R 得以请求权未届期进行抗辩。据此，只要融资租赁关系存在，RB 对 R 即不享有返还请求权。

（三）问题 3：打印纸

1. 价金支付

A 对 R 可能享有价金支付请求权（《德国民法典》第 433 条第 2 款）。前提是，A 与 R 之间存在关于 1000 包打印纸的有效买卖契约。但 R 与 A 并未达成买卖合意。

但若 B 的行为对 R 构成有效的代理，B 与 A 的合意则可能直接对 R 发生效力（《德国民法典》第 164 条第 1 款）。B 虽然以 R 的名义自行作出意思表示，但是 R 并未授予 B 代理权，而且也不具备表见代理权要件，B 为无权代理，买卖契约效力待定。

R 仍有可能依《德国民法典》第 177 条第 1 款的规定进行追认，但由于 R 拒绝付款，即拒绝追认买卖契约，R 与 A 之间并无有效的买卖契约。据此，A 并无价金支付请求权。

2. 取回打印纸

（1）基于《德国民法典》第 985 条的请求权

A 可能有权取回打印纸。前提是，A 是所有权人，R 相对于 A 为无权占有人。

1）A 的所有权

① A 向 R 的所有权让与

最初，A 是打印纸的所有权人。但将打印纸送交 R 之后，A 有可能丧失所有权。前提首先是，存在《德国民法典》第929条第1句规定的所有权让与合意。A作出了相应的意思表示。A认为，经R的代理人B，其与R之间订立了买卖契约，并愿意履行该契约项下的义务。

51　　但从R的视角考量，A的意思表示并非如此。在R看来，B是契约相对方，A只是遵照B的指令行事，即A只是B的意思表示传达人。据此，R与A之间并无有效的物权合意，A仍是打印纸的所有权人。

52　　提示：不仅对于意思表示内容的查明取决于"受领人视角"，对于意思表示作出者的判断，亦是如此（《德国民法典》第157条）。[1]

②B向R的所有权让与

a. 合意

53　　A仍有可能因为B向R的所有权让与而丧失所有权。前提首先是，B与R间存在有效的物权合意。该合意可能通过打印纸的送交体现。此时R认为，A送交打印纸是执行B的指令，是为了履行B与R之间买卖契约项下的义务。因此自R的视角观察，送交打印纸是B的所有权让与要约，A是B的意思表示传达人。

54　　R受领打印纸，构成对上述要约的承诺。意思表示到达B并不必要（《德国民法典》第151条）。据此，B与R间存在有效的物权让与合意。

b. A撤销物权合意的可能性

55　　A有可能撤销B与R的物权合意，因为他的意思是自己作出让与打印纸所有权的要约，但实际上他却被R视为是B之意思表示的传达人。于此，必须具备撤销原因。但《德国民法典》第119条以下规定的撤销原因所涉情形，均为自受领人视角观察，撤销人作出一项意思表示，但撤销人根本无意作出该意思表示或意在作出其他内容的意思表示。

56　　相反，本案中自受领人视角观察，A未作出任何意思表示，尽管他希望作出意思表示。因此，可以考虑的仅是《德国民法典》第119条第1款或第123条规定的类推适用。为了实现A的目标，他必须消除（R认为）他所传达的要约，并以自己的要约取代之。但撤销原因的类推无法扩张至如此宽泛的范围，以至于传达人可以消除被误认传达的他人之意思表示。因此，A不

---

〔1〕 Palandt/Ellenberger, § 133 Rn.3 f.und § 157 Rn.1.

享有撤销权。

c. 交付

《德国民法典》第 929 条第 1 句还要求打印纸的交付。交付要求让与方完全丧失占有，取得方取得占有，且上述占有丧失与取得均由让与人促成（请参见边码 25）。

有疑问的是，B 是否丧失了对打印纸的占有，因为他从未成为占有人。A 也并非 B 的占有辅助人（《德国民法典》第 855 条），因为他与 B 之间并无社会从属关系。但在占有人为第三人且基于让与人的指令而为交付时，让与方通过"受指令人"（Geheißperson）丧失占有，同样满足占有丧失要件。[1] 其他要件同样满足：取得方 R 取得占有。交付由让与人 B 促成。因此存在交付。

但尚未考量的是，A 并非真的受 B 指令。因为 A 从未承认 B 的指令权，所发生的只是，看似 A 受 B 的指令，但实际上 B 欺骗了 A，A 认为自己是在履行自己的买卖契约义务。由此产生的问题是，这种"表见指令"的存在是否足以认定 B 向 R 进行了《德国民法典》第 929 条规定的交付。依正确的观点，表见受指令人（本案为 A）的行为由让与人（本案为 B）促成，且让与人有意追求所有权移转的目的即可成立交付，因为表见受指令人的地位使其有可能澄清误解。[2] 据此，交付要件得以满足。

d. 处分权

不过，B 欠缺处分权，因为 B 既非所有权人，也未因其他原因取得处分权。

e. 善意取得，《德国民法典》第 932 条

R 仍有可能善意取得打印纸的所有权（《德国民法典》第 932 条）。前提首先是，存在取得人 R 可善意信赖的让与人 B 之所有权权利外观。《德国民法典》第 932 条规定的权利外观是让与人对物的占有。但让与人 B 却从未取得对打印纸的占有，因此不存在相应的权利外观。

不过根据正确的观点，让与人成功地支配占有（代替占有的权利外观功

---

[1] BGHZ 36, 56, 60=NJW 1962, 299; Wolf/Wellenhofer, § 7 Rn.15.
[2] Soergel/Henssler, § 932 Rn. 14; MünchKomm-BGB/Oechsler, § 932 Rn. 16 ff.; Wolf/Wellenhofer, § 8 Rn.7.

能），即有权限使取得人取得占有，即为已足。[1] 该权限可构成与占有相当的权利外观，因为《德国民法典》第 934 条第 2 种情形即将占有取得权限作为善意取得的充分基础。

63   有疑问的是，本案中 B 之所以成功使 R 取得占有，是基于对 A 的欺诈。由此产生的问题是，"表见受指令人"是否满足充分的权利外观要件，从而可支持善意取得。反对理由认为，虽然于此同样存在权利外观，但是《德国民法典》第 932 条的规定仅保护对事实上存在的权利外观的善意信赖，该保护并不及于对事实上并不存在的权利外观的善意信赖。但 A 对 R 的交付事实上确由 B 促成。自受领人视角观察，B 对 A 之占有的支配是骗取的抑或适法的，并无区别。再者，占有人 A 在送交打印纸当时比取得人更有机会澄清，他是自己进行所有权让与，而非执行 B 的指令。[2] 据此，《德国民法典》第 932 条规定的权利外观要件得到满足。

64   应认为 R 为善意，因为依《德国民法典》第 932 条第 2 款规定推定取得人为善意（除非……），且无任何显见的事实足以证明 R 至少存在不知 B 并非打印纸所有权人的重大过失。

65   打印纸也并非脱手物，R 的善意取得不会因物为脱手物而被排除（《民法典》第 935 条）。因为脱手物是非基于直接占有人意思丧失之物。[3] A 虽受到 B 的欺诈，但仍是自愿交出占有。

2）小结

66   打印纸的所有权人是 R。A 并不享有基于《德国民法典》第 985 条规定的返还请求权。

（2）基于《德国民法典》第 861 条第 1 款的请求权

67   《德国民法典》第 861 条第 1 款规定的请求权不成立，因为 A 虽然丧失了对打印纸的直接占有，但是并非因法律禁止的私力，即并不属于非基于占有人意思的占有丧失（《德国民法典》第 858 条第 1 款），因为 A 虽然受欺诈，但是仍为自愿放弃占有。

---

[1] Soergel/Henssler, § 932 Rn.13.
[2] Schreiber, Rn.168; Wolf/Wellenhofer, § 8 Rn.7.
[3] BGHZ 4, 10, 33 = NJW 1952, 738.

(3）基于《德国民法典》第 1007 条的请求权

《德国民法典》第 1007 条第 1 款规定的请求权不成立，R 并非恶意无权占有人，而是有权占有人，因为他取得了打印纸的所有权。基于《德国民法典》第 1007 条第 2 款的请求权也不成立，因为打印纸并非脱手物（请参见上文边码 65）。

(4）基于《德国民法典》第 812 条第 1 款第 1 种情形的请求权（给付型不当得利）

可能成立给付型不当得利请求权。R 取得打印纸的所有权与占有，还以基于 A 的给付而取得为前提。给付是指有意识、有目的地使他人财产有所增益的行为。A 希望履行他所误认的与 R 的买卖契约义务，在他看来，存在对 R 的给付。但自 R 的视角观察，打印纸的交付是契约相对方 B 经由 A 的给付，而非 A 的给付。

由此产生的问题是，应以何者视角为断。依正确观点，应取决于受领人视角。给付是否同时具有法律行为性质的清偿目的均不生影响，而是应与意思表示解释一样（《德国民法典》第 133 条、第 157 条），以受领人视角为断，因为于此应保护受领人的信赖。此外，A 仍更有机会进行澄清。因此，并不存在 A 的给付，给付型不当得利请求权不成立。

(5）基于《德国民法典》第 812 条第 1 款第 2 种情形的请求权（非给付型不当得利）

R 仍有可能以给付之外的方式取得所有权与占有。"其他方式"的构成要件要素指示了给付型不当得利相对于非给付型不当得利的优先性。[1] 只要受领人基于某种形式的给付取得利益，第三人（本案中为 A）的不当得利请求权即被排除。如上文所述，自具决定性的 R 的视角观察，存在 B 向 R 的给付，而基于给付型不当得利的优先性，A 的不当得利请求权被排除。[2]

A 还可能撤销其误认为存在的清偿目的。前提是，A 必须撤销自受领人视角观察经 A 传达的 B 的意思表示。但存在与上文边码 55 相同的反对理由。

---

[1] Wandt, § 10 Rn.18 ff.
[2] 关于给付型不当得利的优先性请参见 BGHZ 40, 272, 278 = NJW 1964, 399; BGH NJW 2005, 60; Brox/Walker, Besonderes Schuldrecht, § 37 Rn.1。

因此，非给付型不当得利请求权也被排除，并不存在突破给付关系优先性的理由。

3. 结论

73　A 既不能请求 R 支付价金，也不能请求 R 返还打印纸的占有或移转打印纸所有权。A 只能向 B 主张权利。

案例 4　流行地带

洛尼希

一、案情

David Doppler（D）于 1995 年承租（用益租赁）了城市剧院有限责任公司（S）的戏剧咖啡馆，顾客多为 60 岁以上的老年人。咖啡馆不以任何商业方式运营，但源自 80 年代的淡雅色布置早已失去光泽，老顾客也逐渐流失。既然必须有所改变，D 决定索性接受女儿 Marie（M）的建议，将戏剧咖啡馆打造成"流行地带"，并彻底更换废旧陈设。如今，位于咖啡馆中心位置的是一个巨型吧台，D 从旧货商 Abel（A）处购得它，并委托修复商 Konrad Kruel（K）彻底翻新。K 经营一家 60 年代创立的意大利工厂，受到当时很多著名的咖啡馆与酒吧的青睐。

修复工作花费 5 万欧元，包括重新购置缺损部件。但因咖啡馆的营业额显著下滑，修复费用令 D 感到为难。2013 年 3 月 20 日，D 与 K 达成以下书面协议：（为担保 K 的债权）K 自即日起成为吧台所有权人，D 应于 1 年以后支付 5 万欧元，D 付款的同时，K 应将吧台所有权返还。在此 1 年期间 K 可以随时来咖啡馆免费用餐或畅饮，以作为吧台租金。若 D 到期未付款，则应将吧台交付于 K。协议达成两天之后，K 将翻新后的吧台送至咖啡馆。

为购置包括一台极其昂贵的意大利咖啡机在内的更多设施，2013 年 3 月 27 日，D 从 Creditcasse（C）处借款 7 万欧元，并将吧台所有权移转于 C 以作担保，同时双方约定，D 可继续"借用"吧台。关于吧台的所有权让与，D 此前已经取得 S 的同意。以 S 的同意为前提，C 支付了借款。但 D 向 S 和 C 隐瞒了与 K 的约定。

2014 年 1 月 3 日，D 因飞机失事死亡。D 的继承人 M 不想继续经营咖啡馆，因此将其返还于 S。在 2014 年 1 月的"用益租赁终止契约"中，S 的经理Gred Gröhl（G）与M约定，M将其父亲置办的设施全部留在咖啡馆中，S承受"借款契约"。但S并未依约还款。2014年2月23日，C声明借款到期，并要求M偿还剩余款项54000欧元。M拒绝偿还，一是因为她已与借款无关，二是因为她是身无分文的大学生。

2014年4月，K仍在等待他的5万欧元，得知咖啡馆经营方的变动后，不免有些担心，遂于2014年5月2日将他与D的约定告知自行经营咖啡馆的S，并要求S支付。S因对D与K的约定并不知情，拒绝支付。2014年7月22日，K对S提起诉讼，要求S返还吧台，并支付自2014年4月1日起的租金，每月500欧元。

二、问题

请以鉴定形式解答以下问题：

1. C可向谁请求还款？
2. K得否向S请求
   （1）返还吧台
   （2）支付租金？

提示：用益租赁契约第5条内容如下："承租人以评估价取得财产，租约终止后，以评估价将其返还出租人。"

三、思路

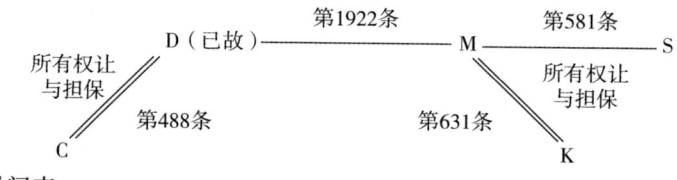

时间表：

自1995年　　　D与S间的用益租赁契约
2013年3月　　　修复吧台

2013.03.20	D 与 K 的约定
2013.03.22	吧台送至戏剧咖啡馆
2013.03.27	D 与 C 的借款与所有权让与担保
2014.01.03	D 死亡，M 为继承人
2014 年 1 月	M 与 S 约定终止用益租赁契约
2014.02.23	C 声明借款到期
2014.05.02	K 提出返还请求
2014.07.22	K 对 S 提起诉讼

（一）问题 1：C 得向谁请求还款？

1. C 对 M 基于《德国民法典》第 488 条第 1 款第 2 句的请求权 …… 1
   - （1）请求权产生于 C 与 D 的关系 ………………………… 2
   - （2）债务由 M 承受，《德国民法典》第 1922 条第 1 款、第 1967 条第 1 款 …………………………………… 3
   - （3）未因 M 与 S 的债务承担而消灭，《德国民法典》第 415 条第 1 款 ………………………………………………………… 5
   - （4）因部分清偿而消灭，《德国民法典》第 362 条第 1 款 …… 7
2. C 对 S 基于《德国民法典》第 488 条第 1 款第 2 句的请求权 …… 8
   - （1）借贷契约，《德国民法典》第 488 条第 1 款第 2 句 …… 8
   - （2）债务承担，《德国民法典》第 415 条第 1 款 …………… 9

（二）问题 2a：K 对 S 的返还请求权

1. 基于担保约定的请求权，《德国民法典》第 311 条第 1 款 ………… 11
2. 基于《德国民法典》第 985 条的请求权 ……………………………… 12
   - （1）K 的所有权人地位 …………………………………………… 12
     1）最初的所有权状况 ………………………………………… 12
     2）加工，《德国民法典》第 950 条第 1 款 ………………… 13
     3）K 与 D 的共有，《德国民法典》第 947 条第 1 款 …… 14
     4）D 对 K 的"典型"所有权让与担保，《德国民法典》第 929 条第 1 句、第 930 条 ……………………………… 15

5）D 对 K 基于《德国民法典》第 929 条第 2 句的所有权让
与担保 ………………………………………………………… 16
6）K 通过交付吧台向 D（返还）让与 ……………………… 17
7）因将吧台安装于咖啡馆使 K 丧失所有权，归属于 S …… 18
　① 基于《德国民法典》第 582a 条第 2 款第 2 句的所有权
　　丧失 ………………………………………………………… 18
　② 基于《德国民法典》第 946 条的所有权丧失 ………… 20
8）D 对 C 的所有权让与担保，《德国民法典》第 929 条第 1 句、
　第 930 条 ……………………………………………………… 22
　① D 与 C 的合意 …………………………………………… 23
　② 交付替代，《德国民法典》第 930 条、第 868 条 …… 24
问题：借用是否属于"类似的关系"？
　　　a. D 的直接他主占有 ……………………………………… 26
　　　b. C 的返还请求权，《德国民法典》第 604 条第 1 款 …… 27
　③ D 的处分权 ……………………………………………… 28
问题：S 能否作出有效的同意？
　④ C 的善意取得，《德国民法典》第 933 条 …………… 30
　⑤ C 的善意取得，《德国商法典》第 366 条 …………… 33
9）M 向 S 基于《德国民法典》第 929 条第 1 句的所有权让与 … 34
（2）S 的占有 ……………………………………………………… 35
（3）无占有本权，《德国民法典》第 986 条 …………………… 36
　1）租赁契约 …………………………………………………… 36
　2）期待权 …………………………………………………… 38
　　① 期待权得否作为占有本权？ ……………………………… 38
　　② 期待权的成立 ……………………………………………… 39
3. 基于《德国民法典》第 861 条第 1 款的请求权 ……………… 41
（1）占有状况 ……………………………………………………… 41
（2）法律禁止的私力，《德国民法典》第 858 条 ……………… 42
　1）直接占有 …………………………………………………… 42
　2）间接占有 …………………………………………………… 43

4. 基于《德国民法典》第 1007 条第 1 款的请求权 ·············· 46
5. 基于《德国民法典》第 1007 条第 2 款的请求权 ·············· 48
6. 结论 ··· 49

（三）问题 2b：K 得否请求 S 支付租金？

1. 基于租赁契约的请求权，《德国民法典》第 535 条第 2 款 ············ 51
2. 用益补偿请求权，《德国民法典》第 987 条第 1 款 ·············· 52
   （1）用益，《德国民法典》第 100 条 ································ 53
   （2）用益收取时的所有物返还请求权 ······························ 54
   （3）诉讼系属 ·· 56
3. 用益补偿请求权，《德国民法典》第 990 条第 1 款、第 987 条
   第 1 款 ··· 57
   （1）用益，用益收取时的所有物返还请求权 ······················ 57
   （2）S 的恶意 ·· 58
     1）占有取得时，《德国民法典》第 990 条第 1 款第 1 句 ·········· 60
     2）嗣后的时间点，《德国民法典》第 990 条第 1 款第 2 句 ········ 61
4. 用益补偿请求权，《德国民法典》第 988 条 ······················ 62
   （1）用益，用益收取时的所有物返还请求权 ······················ 62
   （2）无偿占有取得 ·· 63
5. 用益补偿请求权，类推《德国民法典》第 988 条 ··············· 64
   问题：无法律上原因的占有取得能否与无偿的占有取得相类比？
6. 基于《德国民法典》第 812 条第 1 款第 1 句第 1 种情形的请求权
   （给付型不当得利）··· 66
   （1）适用可能 ·· 66
   问题：例外情形下，得否在适用所有权人与无权占有人关系
     规则的同时适用不当得利规则？
   （2）其他要件 ·· 68
7. 基于《德国民法典》第 812 条第 1 款第 1 句第 2 种情形的请求权
   （非给付型不当得利）·· 69
8. 结论 ··· 70

四、解答

(一) 问题 1：C 得向谁请求还款？

1. C 对 M 基于《德国民法典》第 488 条第 1 款第 2 句的请求权

1　基于《德国民法典》第 488 条第 1 款第 2 句，C 对 M 可能享有还款请求权。前提是，C 与 D 之间的关系产生了还款请求权，且该债务移转于 M。

(1) 请求权产生于 C 与 D 的关系

2　C 与 D 之间订立了数额为 7 万欧元的有效借款契约。C 已经向 D 提供借款。2014 年 2 月 23 日，C 声明借款到期。据此，C 对 D 享有还款请求权的前提得以满足。

(2) 债务由 M 承受，《德国民法典》第 1922 条第 1 款、第 1967 条第 1 款

3　还须 M 承受 D 的借款人地位。M 是其父 D 的唯一继承人，因此承受其父亲的一切法律地位（概括承受）（《德国民法典》第 1922 条第 1 款），尤其是承受包括被继承人债务在内的所有遗产债务（《德国民法典》第 1967 条第 1 款）。

4　但是还款请求权在 D 死亡时尚未到期，因此在继承开始时，尚未产生遗产债务。但继承人也承受被继承人所有待定的与形成中的法律地位，这些法律地位在继承人处发生，就如同发生于被继承人处。[1] 据此，M 作为 D 的继承人有义务向 C 还款。

(3) 未因 M 与 S 的债务承担而消灭，《德国民法典》第 415 条第 1 款

5　但是还应考虑，G（S 的经理人、代理人，《德国有限责任公司法》第 35 条第 1 款）与 M 因用益租赁契约的通知终止而约定，M 将既有设施全部留在咖啡馆中，作为对价 S 应承受还款义务。该约定可能构成新旧债务人间的债务承担（《德国民法典》第 415 条第 1 款）。

6　但此类债务承担的有效须以债权人同意为前提，不能强迫债权人接受新

---

[1] Frieser/Löhnig, Fachanwaltskommentar Erbrecht, 4.Aufl., 2013, § 1967 Rn.2.

的债务人（《德国民法典》第415条第1款、第185条第2款第1句）。本案中，债权人C并未作出追认表示，该债务承担仍为效力待定，M仍是借款债务人。她仅得在内部关系中要求S为履行承担（《民法典》第415条第3款）。

（4）因部分清偿而消灭，《德国民法典》第362条第1款

因部分清偿，借款债务已经由7万欧元减少至54000欧元（《德国民法典》第362条第1款）。至于M仍是学生没有收入的抗辩则不能成立，因为债务人应当筹措资金（置办义务，《德国民法典》第276条第1款第1句末）。因此，C仅得请求M偿还54000欧元。

2. C对S基于《德国民法典》第488条第1款第2句的请求权

（1）借贷契约，《德国民法典》第488条第1款第2句

C可能还有权请求S还款。但C与S之间并无借款契约。

（2）债务承担，《德国民法典》第415条第1款

如上文所述（边码6），M与S间的债务承担契约因欠缺C的追认而效力待定，因此C对S的请求权未成立。但C有权追认，从而使S成为其债务人。C对S的偿还要求即包含了默示的追认，借此C明确了其意图，即将S视为自己的债务人。债务额同样是54000欧元，因为S仅须承担现存债务。

提示：返还与支付请求权中总是包含默示追认，不仅在债务承担情形是这样，未生效的无权处分情形亦是如此，后者经处分权人追认而生效，且获得《德国民法典》第816条第1款第1句规定的针对无权处分人的利益补偿请求权。

（二）问题2a：K对S的返还请求权

1. 基于担保约定的请求权，《德国民法典》第311条第1款

基于《德国民法典》第311条第1款的债权性担保约定的返还请求权并不成立，因为担保约定成立于K与D之间，而依《德国民法典》第1922条第1款的规定、第1967条第1款，承受D在担保约定中的法律地位的是M而非S。

2. 基于《德国民法典》第 985 条的请求权

（1）K 的所有权人地位

1）最初的所有权状况

12　K 可能享有《德国民法典》第 985 条规定的返还请求权。前提是，K 是吧台的所有权人，而 S 是无权占有人。吧台的最初所有权人为 A，依据《德国民法典》第 1006 条第 1 款第 1 句的规定推定其为所有权人。D 自 A 处取得吧台所有权（《德国民法典》第 929 条第 1 句）。

2）加工，《德国民法典》第 950 条第 1 款

13　D 可能因 K 对吧台的加工或改造而丧失所有权（《德国民法典》第 950 条第 1 款），因为 K 翻新了吧台并置换了缺损部件。加工是有目的地将原材料加工为产品，而非添置部分新部件后的翻新。改造则是将既有的旧物制造为新物。[1] 而是否产生新物取决于交易观念。[2] 判断标准在于，新物在名称、外观与功能等方面均有别于旧物。本案中，吧台并未因翻新而成为新物。而且翻新的目的恰恰不是将一物转变为另一物，而是在维护旧物属性的前提下对其予以改善，即使添置了缺损部件，亦是如此。因此，《德国民法典》第 950 条第 1 款规定的要件并未满足，D 仍是吧台的所有权人。

3）K 与 D 的共有，《德国民法典》第 947 条第 1 款

14　因为翻新，K 可能与 D 共有吧台的所有权，因为 K 添置了缺损部件，而这些部件附合于吧台。但因其价值与功能，翻新前的吧台应被视为《德国民法典》第 947 条第 2 款规定的主物，即使翻新后它也构成吧台的核心部分。[3] 据此，即使在翻新后，D 也仍是吧台的单独所有权人。

4）D 对 K 的"典型"所有权让与担保，《德国民法典》第 929 条第 1 句、第 930 条

15　D 为了担保 K 的 5 万欧元承揽报酬债权，将吧台的所有权让与 K，D 可能因此丧失吧台的所有权。此类所有权让与担保的前提是，当事人间存在物权合意，本案中该要件满足。此外，还要求存在代替交付的占有改定约定

---

[1] MünchKomm-BGB/Füller, § 950 Rn.5; Staudinger/Wiegand (2011), § 950 Rn.8.
[2] Soergel/Henssler, § 950 Rn.13.
[3] Baur/Stürner, § 53 Rn.9; Prütting, Rn.81; Wolf/Wellenhofer, § 9 Rn.24 f.

(《德国民法典》第930条、第868条）。但本案中，D与K并未约定占有媒介关系，双方达成物权合意时，吧台在K的工作地点，K是直接占有人。因此，《德国民法典》第929条第1句、第930条规定的典型所有权让与担保并不成立。

5）D对K基于《德国民法典》第929条第2句的所有权让与担保

但是仍可成立《德国民法典》第929条第2句规定的非典型所有权让与担保：D与K间达成了吧台所有权让与合意（《德国民法典》第929条第1句）。取得人K在此刻已经是吧台的占有人（《德国民法典》第929条第2句）。D作为所有权人有权处分吧台。因此，K取得了吧台的所有权。

6）K通过交付吧台向D（返还）让与

K可能因交付吧台而将所有权返还让与D。但因担保目的（担保承揽报酬债权）此时仍存在，依《德国民法典》第133条、第157条的规定，自受领人视角观察，不能认为K的交付构成让与吧台所有权的要约。K只是在工作完成后将吧台交还定作人，并履行其在两天前订立的吧台租赁契约项下的义务，即将吧台提供给承租人使用（《德国民法典》第535条第1款）。

7）因将吧台安装于咖啡馆使K丧失所有权，归属于S

① 基于《德国民法典》第582a条第2款第2句的所有权丧失

K可能因将吧台安装于咖啡馆而丧失所有权。依《德国民法典》第582a条第2款第2句的规定，用益承租人置办的物件在并入承租财产时，其所有权归属于用益出租人。前提首先是，约定用益承租人以评估价接受承租财产，且于租赁终止后以评估价返还承租财产（《德国民法典》第582a条第1款）。本案用益租赁契约第5条包含了上述约定。

此外，吧台还应并入承租财产，即咖啡馆。D将吧台持续置于咖啡馆中，满足该要件。最后还要求吧台由用益承租人（本案为D）置办。D自旧货商处取得吧台所有权。有疑问的是，该情形是否满足《德国民法典》第582a条第2款规定的"置办"。本案中，吧台所有权人为K。若该情形满足《德国民法典》第582a条第2款的规定，就意味着用益租赁契约可排除第三人的所有权。但此类债法规范，依其在契约法中的体系位置，不应有此效力。《德国民法典》第582a条第2款的规定仅关涉用益出租人与用益承租人的法律关系，因此仅意味着，用益承租人取得所有权之物因并入（承租财产）而归属于用益出租人。[1]"置办"意味着用益承租人须满足所有权取得要件，而本案中该要件并不满足。

② 基于《德国民法典》第946条的所有权丧失

20 依《德国民法典》第946条的规定S仍可能因吧台安装于咖啡馆而取得所有权。前提是，吧台为重要成分。[2]但吧台并非以《德国民法典》第93条规定的方式与另一物相结合，即不毁坏或从本质上改变就不能彼此分离。而且吧台也并未定着于土地或地面（《德国民法典》第94条第1款）。

21 但吧台仍可能是为了建造建筑物而附合的物（《德国民法典》第94条第2款）。本案可能属于此情形，因为"流行"咖啡馆应设有吧台。《德国民法典》第94条第2款规定的重要成分应当与《德国民法典》第97条规定的从物相区分。从物服务于主物的经济目的，本案的主物为咖啡馆。由此可知，为建造建筑物而附合的物仅限于为建造建筑物而抽象需要的物，如门或窗，而非仅为目的实现所必须之物。[3]据此，本案的吧台并非《德国民法典》第94条第2款规定的重要成分，S无法依《德国民法典》第946条的规定取得所有权。

8）D对C的所有权让与担保，《德国民法典》第929条第1句、第930条

22 D为担保C的7万欧元债权，将吧台所有权让与C（《德国民法典》第929条第1句、第930条），K可能因此丧失所有权。

① D与C的合意

23 D与C间达成吧台所有权让与合意（《德国民法典》第929条第1句）。

② 交付替代，《德国民法典》第930条、第868条

24 为了代替交付，D与C还应达成《德国民法典》第868条规定的占有媒介关系约定。《德国民法典》第868条列举了一些契约类型，但列举中未涉及借用，而D与C约定的是借用关系，D为借用人，C为出借人。不过借用仍有可能属于《德国民法典》第868条规定的所谓"类似的关系"，于此必

---

[1] Palandt/Weidenkaff, § 582 a Rn.9.
[2] 详细论证请参见 Löhnig/Becker, JA 2011, 650。
[3] Soergel/Mühl, § 946 Rn.6; Schreiber, Rn.180; Wolf/Wellenhofer, § 9 Rn.16 f.

须满足下列两项要件。[1]

> 提示：请务必了解 a 与 b 检视的两项要件，因为在案例分析中，通常并不直接出现《德国民法典》第 868 条列举的占有媒介情形，更常出现的是借用或担保约定等情形。

a. D 的直接他主占有

D 须根据约定成为吧台的直接他主占有人，为 C 媒介占有，C 为间接自主占有人（《德国民法典》第 872 条）。出借人（所有权人）与借用人间恰存在此之占有关系，因为借用人承认出借人为其上级占有人。

b. C 的返还请求权，《德国民法典》第 604 条第 1 款

C 还应对 D 享有返还请求权。出借人对借用人的返还请求权，规定于《德国民法典》第 604 条第 1 款。虽然仅在借用契约终止后，出借人才能向借用人请求返还，但是正如《德国民法典》第 868 条所明确提及的使用租赁，这种未来的返还请求权为已足，出租人与承租人的关系与此处的借用类似。

③ D 的处分权

最后，还要求 D 对吧台有处分权。但 D 并非吧台的所有权人。但 D 仍有可能是有处分权的非所有权人。前提是，处分权人同意处分。S 作出了让与同意表示（《德国民法典》第 185 条第 1 款）。但 S 本人既非所有权人，亦非有处分权的非所有权人，因此，其同意并不足以使 D 取得所有权。据此，D 对吧台无处分权。

> 提示：S 之所以作出同意表示，是因为其认为根据《德国民法典》第 582a 条第 2 款第 2 句的规定自己此时是吧台的所有权人，对于 K 与 D 的担保约定，S 并不知情。

④ C 的善意取得，《德国民法典》第 933 条

C 可能依《德国民法典》第 933 条的规定善意取得。因为存在交易行为性质的法律行为，出让人 D 具有动产所有权的权利外观，取得人 C 善意信赖了让与人的权利外观。

---

[1] Palandt/Bassenge, § 868 Rn.6; Staudinger/Bund (2007), § 868 Rn.16; MünchKomm-BGB/Joost, § 868 Rn.11; Schreiber, Rn.293; Wolf/Wellenhofer, § 4 Rn.27 und § 7 Rn.31.

31 《德国民法典》第 933 条规定的善意取得还要求（类比《德国民法典》第 929 条、第 932 条规定的善意取得）让与人完全放弃占有，且取得人以可归因于让与人的方式取得让与物的占有。但该要件本案并不满足，因为吧台仍位于咖啡馆中。

32 提示：依《德国民法典》第 932 条第 2 款表述的"除非"，取得人的善意为常态，除非案例中特别提示了其恶意。

⑤ C 的善意取得，《德国商法典》第 366 条

33 但 C 仍可能依《德国商法典》第 366 条的规定善意取得，前提是 D 是商人（《德国商法典》第 1 条第 1 款）。但本案中此要件并不满足，因为咖啡馆并非以商业方式运营（《德国商法典》第 1 条第 2 款），因此，《德国商法典》第 366 条规定的善意取得也被排除。

9）M 向 S 基于《德国民法典》第 929 条第 1 句的所有权让与

34 M 与 S 在终止用益租赁契约时约定，所有设施均留在咖啡馆中，S 有可能据此取得吧台的所有权。但双方并不存在吧台所有权让与合意。在 S 看来，因为其同意 D 与 C 之（失败的）所有权让与担保，C 已经成为吧台的所有权人，据此，M 与 S 的约定中并不包含吧台所有权让与合意。因而，K 仍为吧台的所有权人。

（2）S 的占有

35 S 是吧台的占有人（《德国民法典》第 854 条第 1 款），吧台位于其经营的咖啡馆中。S 通过经理 G 为占有。

（3）无占有本权，《德国民法典》第 986 条

1）租赁契约

36 基于租赁契约，仅契约相对方 D，及 D 去世后承继其法律地位的继承人 M（《德国民法典》第 1922 条第 1 款），才对 K 享有占有本权。

37 如果 M 将其基于租赁契约的权利让与 S，情况则有可能不同。但将咖啡馆返还于 S 并不发生上述权利让与效果，因为 M 向 S 隐瞒了 K 与 D 之间的约定，双方并未达成《德国民法典》第 398 条规定的权利让与合意。而且担保权实现的条件已实现，K 基于《德国民法典》第 631 条第 1 款规定的承揽报酬债权已于 2014 年 3 月 20 日到期，K 有权通知终止租赁契约。即使 M 对 K 也不再享有基于租赁契约的占有本权。

2) 期待权

① 期待权得否作为占有本权？

不过，S 对吧台的期待权仍有可能成立占有本权。期待权得否成为占有本权，存有争议。肯定观点的理由是下述常见观点：期待权是与所有权"本质相同但有所弱化"的权利[1]，为可针对任何人（包括所有权人）的占有本权。反对观点的理由则是，该弱化权利恰在针对所有权人这一效力更强的物权享有者时，不享有占有本权。[2]

② 期待权的成立

但本案不必对此争议作出决断，因为 K 与 D 的合意并未附解除条件（《德国民法典》第 158 条第 2 款）。K 与 D 的合意内容是，在 D 支付承揽报酬后，K 将所有权返还让与 D。在未附条件的所有权让与担保中，让与人并不享有期待权。因此，D 与 M（《德国民法典》第 1922 条第 1 款）从未取得吧台的期待权，也就无从依《德国民法典》第 582a 条第 2 款第 2 句或类推《德国民法典》第 929 条的规定将吧台让与 S。据此，S 不享有占有本权。K 得请求 S 返还吧台（《德国民法典》第 985 条）。

提示：重要的是，于此所涉同样是通常——例外关系。通常情形是让与合意不附条件；若合意附条件，则应进行特约，并体现于案情中。《德国民法典》第 929 条第 1 句规定的物权合意同样如此。因此，在本案中不应认为存在期待权。

3. 基于《德国民法典》第 861 条第 1 款的请求权

(1) 占有状况

K 对 S 还可能享有《德国民法典》第 861 条规定的请求权。K 作为请求权人为吧台的前占有人，S 作为相对人为吧台的现占有人。

(2) 法律禁止的私力，《德国民法典》第 858 条

---

[1] 如 BGHZ 28, 16, 21 = NJW 1958, 1113。
[2] 如 MünchKomm-BGB/Baldus, § 986 Rn.9; RGRK/Pikart, § 868 Rn.9; anders Palandt/Bassenge, § 929 Rn.41; Soergel/Mühl, § 986 Rn.3; Baur/Stürner, § 59 Rn.47; Prütting, Rn.398。

1) 直接占有

42　此外，还要求 K 的占有是因法律禁止的私力（即非基于其意思）而丧失（《德国民法典》第 858 条第 1 款）。但本案中，K 将吧台送至咖啡馆，系自愿将直接占有移转于 D。

2) 间接占有

43　但 K 仍有可能非基于自己的意思而丧失间接占有。这同样满足《德国民法典》第 861 条规定的要件，因为《德国民法典》第 861 条、第 862 条也赋予间接占有人以占有保护（《德国民法典》第 869 条第 1 句）。

44　K 作为出租人是吧台的间接占有人（《德国民法典》第 868 条），而 D（去世后为其继承人 M，《德国民法典》第 857 条）为直接占有人。（失败的）所有权让与担保改变了占有状态，D 开始为 C 媒介占有。

45　M 将吧台交付于 S 也并未改变这一状况，因为 S 并非为 K 媒介占有，而是为其所认为的所有权让与担保权人 C 媒介占有。《德国民法典》第 869 条规定的间接占有保护仅限于直接占有被法律禁止的私力侵夺的情形。[1] 但本案并不存在这一情形，因为直接占有人 M 系自愿放弃对吧台的占有。

4. 基于《德国民法典》第 1007 条第 1 款的请求权

46　K 对 S 可能享有《德国民法典》第 1007 条第 1 款规定的返还请求权。前提是，S 在取得占有时对自己无占有本权为恶意。若其经理 G 明知或因重大过失而不知 S 对 K 无占有本权（类推《德国民法典》第 932 条），即满足此前提。

47　但从 G 对（失败的）所有权让与担保的同意表示中可以推知，G 认为吧台的所有权人是 C，而 S 承受了 D/M 的契约权利与义务。契约中约定借款人可借用吧台。因而，无法认定 S 为恶意。

5. 基于《德国民法典》第 1007 条第 2 款的请求权

48　对 K 而言吧台既非失窃，也不构成其他脱手情形（参见上文边码 42），《德国民法典》第 1007 条第 2 款规定的请求权也不成立。

---

[1] Soergel/Stadler, § 858 Rn.3.

6. 结论

K 对 S 享有基于《德国民法典》第 985 条的返还请求权。

提示：除了《德国民法典》第 985 条这一核心的返还请求权以外，还应检视以下返还请求权：

基于本权的占有保护，《德国民法典》第 1007 条第 1 款与第 1007 条第 2 款，

基于占有的占有保护，《德国民法典》第 861 条第 1 款，以及，

存在相应事实时，侵权法上的所有权或占有保护（《德国民法典》第 823 条第 1 款、第 249 条第 1 款），因为"回复原状"的法律后果也包括返还。

（三）问题 2b：K 得否请求 S 支付租金？

1. 基于租赁契约的请求权，《德国民法典》第 535 条第 2 款

《德国民法典》第 535 条第 2 款规定的请求权的适用前提是，S 与 K 间存在有效的租赁契约。但与 K 缔结契约的是 D，基于该契约的权利义务关系，因 D 去世而由 M 承受（《德国民法典》第 1922 条第 1 款）。S 也不因（与 M 的）用益租赁终止契约而承受 K 与 M 的契约，因为作为 S 的经理的 G，对 D 与 K 的约定根本不知情。

2. 用益补偿请求权，《德国民法典》第 987 条第 1 款

但 K 对 S 可能享有《德国民法典》第 987 条第 1 款规定的用益补偿请求权。前提是，S 收取用益时 K 享有所有物返还请求权，以及返还请求之诉讼系属发生后 S 收取了用益。

（1）用益，《德国民法典》第 100 条

首先应检视，S 是否收取了用益（《德国民法典》第 987 条第 1 款）。《德国民法典》第 100 条将用益界定为物或权利的孳息以及因使用物或权利而取得的利益。本案中，S 使用吧台的丰富功能经营咖啡馆，取得了用益。

（2）用益收取时的所有物返还请求权

54　2014年4月1日S开始使用吧台时，K是吧台的所有权人，S为吧台的占有人。2014年3月20日担保权实现情形发生后，D、M与S均为无权占有人。

55　提示：重要的是，对于（所有物返还请求权之）指向损害赔偿、用益补偿与费用补偿的附属请求权，要检视的不是简单的"所有物返还请求权的存在"，而是在损害事件发生时、用益收取期间、费用支出时，所有物返还请求权是否存在。

（3）诉讼系属

56　最后，还要求S在诉讼系属发生后收取用益。诉讼系属在2014年7月22日K向S提起诉讼后才发生（《德国民事诉讼法》第261条第1款、第253条第1款）。因此，《德国民法典》第987条规定的请求权仅限于该时点之后收取的用益。

3. 用益补偿请求权，《德国民法典》第990条第1款、第987条第1款

（1）用益，用益收取时的所有物返还请求权

57　《德国民法典》第990条第1款、第987条第1款也规定了用益补偿请求权。关于用益的存在以及用益收取时存在所有物返还请求权请参见上文边码54。

（2）S的恶意

58　基于《德国民法典》第990条对第987条的指示参照，占有人对自己无占有本权的恶意与诉讼系属的发生，应同等对待。

59　提示：当检视善意或恶意时，应首先指明善意或恶意信赖的对象：《德国民法典》第932条以下规定的是对让与人之（错误的）所有权，《德国民法典》第1007条与第990条规定的是对自己的（错误的）占有本权。

1）占有取得时，《德国民法典》第990条第1款第1句

60　《德国民法典》第990条第1款第1句规定，占有人取得占有时，若满足《德国民法典》第932条规定的恶意标准，则须用益补偿。但本案并不存在这一情形，经理G（知与不知的效果归属于S，《德国民法典》第166条第1款）毋宁认为，吧台的所有权人是C，S承受了D和M的契约权利与义务。而契约中约定，借款人有权借用吧台。

2) 嗣后的时间点，《德国民法典》第 990 条第 1 款第 2 句

占有取得之后，也可能出现恶意，只要占有人明知自己欠缺占有本权（《德国民法典》第 990 条第 1 款第 2 句）。2014 年 5 月 2 日，K 在揭示所有权让与担保的同时提出返还请求，S 自此时起知道自己无占有本权。因此，《德国民法典》第 990 条第 1 款和第 987 条第 1 款规定的请求权成立，但仅限请求补偿该时点之后取得的用益。

4. 用益补偿请求权，《德国民法典》第 988 条

（1）用益，用益收取时的所有物返还请求权

《德国民法典》第 988 条也规定了用益补偿请求权。关于用益的存在以及用益收取时存在所有物返还请求权请参见上文边码 54。

（2）无偿占有取得

《德国民法典》第 988 条的适用前提是占有人无偿取得占有物。S 并非无偿取得占有物，而是基于与 M 的契约取得，对待给付是承受还款义务。因此，《德国民法典》第 988 条规定的请求权不成立。

5. 用益补偿请求权，类推《德国民法典》第 988 条

类推《德国民法典》第 988 条，K 仍可能自 2014 年 4 月 1 日起产生用益补偿请求权。前提是可以将无法律上原因的占有取得与《德国民法典》第 988 条规定之无偿占有取得等同视之。[1] 肯定观点的理由是，无法律上原因的占有取得人也不必负担对待给付或至少可基于不当得利请求返还该对待给付。

反对观点则正确地指出，在多人关系中（如本案）类推适用《德国民法典》第 988 条，可能引发不公后果，与不当得利法对多人关系的价值衡量不一致。[2] 给付型不当得利的优先性与不当得利法的风险分配结构不应被虚置。不当得利法是无法律上原因而得利之返还清算关系的封闭规则，在如本案这样的情形中，所有权人与无权占有人关系规范也不能排除不当得利的

---

［1］ BGHZ 32, 76, 94 = NJW 1960, 1105.
［2］ Soergel/Stadler, Vorbem. zu § 987 Rn. 27; Staudinger/Gursky（2006），Vorbem. zu §§ 987 - 993 Rn. 40 und 49; Baur/Stürner, § 11 Rn. 38; Medicus/Petersen, Bürgerliches Recht, Rn. 600; Prütting, Rn. 534, 568.

适用。本案中不必就此争议作出决断，因为 S 并非无法律上原因取得占有，而是基于用益租赁终止契约中的约定而取得占有。

6. 基于《德国民法典》第 812 条第 1 款第 1 句第 1 种情形的请求权（给付型不当得利）

（1）适用可能

66　　例外情形下，《德国民法典》第 812 条以下可与所有权人与无权占有人关系规范同时适用（参见上文边码 65）。

67　　提示：通常情形，在存在所有物返还请求权的前提下，《德国民法典》第 812 条以下的适用会被排除。但也必须了解下述例外：

物之让与——《德国民法典》第 816 条第 1 款第 1 句的适用；

物之使用、非给付型不当得利——《德国民法典》第 812 条第 1 款第 1 句第 2 种情形规定的权益侵害型不当得利不被排除；

加工、附合、混合等——《德国民法典》第 946 条以下、第 951 条可以适用，因为所有权人与无权占有人关系规范未调整这些情形。

（2）其他要件

68　　S 取得吧台的使用可能，但并非通过 K 有意识、有目的地使他人财产有所增益的行为（给付），因此给付型不当得利请求权不成立。

7. 基于《德国民法典》第 812 条第 1 款第 1 句第 2 种情形的请求权（非给付型不当得利）

69　　S 可能以其他方式取得吧台的使用可能，既非通过请求权人的给付，也非通过第三人的给付（给付关系在不当得利中的优先性）。[1] S 是基于 M 的给付而取得吧台的占有与使用可能，M 借此履行了用益租赁终止契约项下的义务。因此，不当得利法上的返还清算关系仍限于给付型不当得利。

8. 结论

70　　K 仅就 2014 年 5 月 2 日以后的用益对 S 享有补偿请求权。

---

〔1〕 有关论述请参见 Palandt/Sprau, § 818 Rn.48。

案例 5　意想不到的后果

洛尼希

一、案情

A Andrea Arnold（A）购买科隆附近一个旧农庄后萌生将其翻新的想法。A 在已建好的谷仓内开了一家咖啡馆。为了继续修缮农庄，A 需要更多资金。为此，A 自 Creditcasse（C）处借款 10 万欧元，并在农庄土地上为 C 设立土地债务以作担保，于 2013 年 4 月登记。

木工 Klaus Krammer（K）负责建造咖啡馆的全部工作。A 无法立即向其支付报酬，遂于 2013 年 7 月将咖啡馆的制酒设备"作为质物"让与 K，担保 K 的 6000 欧元债权。A 与 K 约定：A 可继续使用制酒设备，但为了保持制酒设备的价值应承担相应的注意义务，K 则应在 A 偿还债务之后将制酒设备所有权返还让与 A。若 2014 年 7 月 A 仍未偿还借款，则 K 可以变价为目的要求 A 交出制酒设备。2013 年 12 月 K 得知侄女 Felicitas Fröhlich（F）已从厨师学校毕业，打算开一家酒馆。于是 K 将制酒设备赠与侄女，并在谈及 A 时说道，她"反正也付不出钱"。K 与 F 对土地债务均不知情。F 有能力妥善使用制酒设备，希望尽快得到它，无论如何都要取得所有权。

另外，A 也未支付生活用品商 Erwin Ehrenreich（E）的到期账单。E 担心其债权无法实现，要求 A 提供担保。因为 A 到冬季才需要用到厨房中的蒸汽设备，遂于 2013 年 8 月将其出质于 E，并与 E 约定将债权偿还期推迟至 2013 年 10 月 15 日。蒸汽设备有技术瑕疵，无法实现所有功能，但因 A 并不需要这些功能，所以购得该无法修复之器械的价格较便宜。外行无法鉴别此类瑕疵，A "出于公道"将此瑕疵告知了 E。2013 年 10 月 1 日，E 将蒸汽设备交由法院公开拍卖，时间与地点的公示均符合要求。但为了卖出好价钱，E 并未告知执行法官蒸汽设备的瑕疵。旅馆主 Hans Holzer（H）误以为该设备功能齐全，遂以 2000 欧元的价格拍下。现 H 希望退出设备买卖契约。

二、问题

1. 若咖啡馆运营良好，A 准时向 K 支付，A 对 K 享有哪些请求权？
2. 谁是蒸汽设备的所有权人？

三、思路

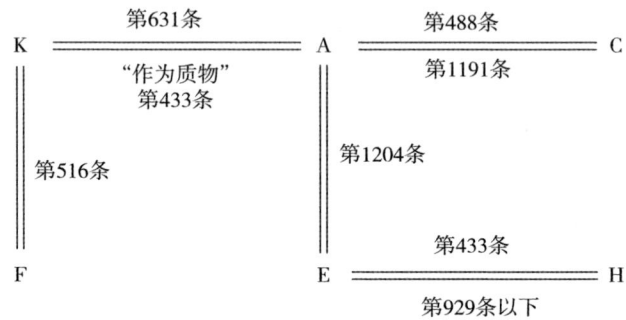

（一）问题 1：A 对 K 基于《德国民法典》第 311 条第 1 款的请求权 ················· 1

1. 请求权产生的前提 ················· 1
   （1）担保约定 ················· 1
   （2）A 对 K 的所有权让与担保 ················· 2
     1）合意 ················· 2
     问题：合意的内容是什么？
     2）交付替代 ················· 4
     3）处分权 ················· 5
     问题：《德国民事诉讼法》规定的扣押禁止于此是否适用？
2. 因给付不能而消灭，《德国民法典》第 275 条第 1 款 ················· 7
   （1）合意 ················· 8
   （2）交付替代 ················· 9

（3）处分权 ·· 11
　　（4）结论 ·· 12

（二）问题 2：蒸汽设备的所有权人

　1. C 的所有权取得 ··· 14
　2. E 的所有权取得 ··· 15
　3. H 的所有权取得 ··· 17
　4. E 或 A 的所有权取得 ·· 20
　　（1）解除 ·· 21
　　　1）买卖标的物的瑕疵 ······································ 21
　　　2）补正履行的优先性 ······································ 22
　　问题：特定物出卖人是否有义务再行交付（无瑕疵之物）？
　　　3）责任排除 ·· 24
　　　4）其他要件 ·· 26
　　（2）解除对所有权状况的影响 ································· 27
　　问题：无权处分人得否因解除而取得所有权？ ················· 27

四、解答

（一）问题 1：A 对 K 基于《德国民法典》第 311 条第 1 款的请求权

1. 请求权产生的前提

（1）担保约定

　　基于担保约定，A 可能对 K 享有制酒设备返还让与请求权（《德国民法典》第 311 条第 1 款）。A 与 K 的担保约定有效成立。依《德国民法典》第 362 条第 1 款的规定，A 的清偿导致担保不再必要。　　1

（2）A 对 K 的所有权让与担保

1）合意

　　A 对 K 的返还让与请求权还以 A 已将制酒设备所有权让与 K 为前提。A 与 K 达成合意，将制酒设备"作为质物"让与 K。该合意的内容似乎自相矛　　2

盾，因为，只能或依《德国民法典》第929条以下的规定让与制酒设备的所有权，或依《德国民法典》第1204条以下的规定以制酒设备出质。因此，应依《德国民法典》第133条、第157条的规定解释当事人的合意内容。A与K约定，制酒设备一方面作为担保手段（"质物"），另一方面仍可由A进行使用。上述构造只能通过所有权让与担保的方式实现（《德国民法典》第929条、第930条）。依《德国民法典》第1205条的规定，质物的交付不能以《德国民法典》第930条规定的交付替代实现[1]，因为质权对他人而言应可识别（公示原则）。[2]

3　　　提示：若案情中有些表述出现在引号中，如本案的"作为质物"，通常意味着应对该语词进行解释。

2）交付替代

4　　　所有权让与担保中，代替《德国民法典》第929条第1句规定之交付的是《德国民法典》第930条规定的占有改定约定。担保约定可被视作《德国民法典》第868条规定的"类似关系"。为此，应满足以下两项要件[3]：其一，基于担保约定，A是制酒设备的直接他主占有人，并为K媒介占有，K为制酒设备的间接自主占有人。本案中，A与K的关系恰是如此，A已经表示为所有权人K的利益行事，且负担相应的注意义务。其二，K还应对A享有返还请求权。本案中，基于担保约定可产生此类返还请求权。但K仅在A未支付报酬时才得请求返还制酒设备。不过，此类附条件的返还请求权即为已足。[4]

3）处分权

5　　　有疑问的是，A是否有权让与制酒设备的所有权。A之前已经在自己的土地上为C设立了担保性土地债务。依《德国民法典》第1192条第1款、第1120条的规定，从物（《德国民法典》第97条、第98条第1项第2项）

---

[1] Palandt/Bassenge, § 1205 Rn.4; Staudinger/Wiegand (2009), § 1205 Rn.19; Baur/Stürner, § 55 Rn.6; Brehm/Berger, § 34 Rn.3.

[2] Wolf/Wellenhofer, § 16 Rn.13.

[3] Palandt/Bassenge, § 868 Rn.6; MünchKomm-BGB/Joost, § 868 Rn.11; Schreiber, Rn.293; Wolf/Wellenhofer, § 4 Rn.23 ff.

[4] MünchKomm-BGB/Joost, § 868 Rn.16; Soergel/Stadler, § 868 Rn.10.

也属于土地债务的责任财产范围。不过依《德国民法典》第1192条第1款、第1121条第1款的规定，只要尚未进入担保实现程序，A就是有处分权的所有权人。[1]因此，制酒设备作为从物仍可被让与。

《德国民事诉讼法》第865条第2款第1句与第811条第1款第4项规定的扣押禁止也并未排除本案中的所有权让与担保。[2] 以所有权让与担保形式成立的不移转占有的民法担保是当事人的私法自治行为，而扣押作为强制执行措施由执行法官为之。[3] 《德国民事诉讼法》的规范目的在于保护特定人，基于私法自治参与法律交易处分其物之人不需要此种保护。因此，A已有效地将制酒设备所有权让与K。

2. 因给付不能而消灭，《德国民法典》第275条第1款

但若K将制酒设备所有权让与想极力取得它的F（《德国民法典》第929条以下），则A对K的返还让与请求权可能消灭，构成法律上的给付不能（《德国民法典》第275条第1款）。

（1）合意

K与F达成制酒设备所有权让与合意（《德国民法典》第929条第1句）。但《德国民法典》第161条可能排除该合意的效力。若A与K的所有权让与附解除条件，则所有权可能返还让与A，K与F的合意可能无法生效。解除条件成就，则所有权复归于A，K与F的所有权让与合意效力待定。但本案中的担保约定并无类似的解除条件条款。因此，K与F的合意效力不因《德国民法典》第161条第1款第1句、第2款的规定而受影响。

（2）交付替代

制酒设备并未交付于F，K是A的间接占有人。但K与F可能约定了返还请求权让与（以代交付）（《德国民法典》第931条）。此种返还请求权并非《德国民法典》第985条所规定的每个所有权人均享有的所有物返还请求权。本案中存在基于担保约定的返还请求权。

K（对A）享有返还请求权。可以认为，K与F合意让与该返还请求权

---

[1] Vgl. Baur/Stürner, § 39 I 2; Brehm/Berger, § 17 Rn.50 und 56.
[2] Vgl. MünchKomm-BGB/Damrau, § 1204 Rn.3; Staudinger/Wiegand (2002), § 1204 Rn.47.
[3] Staudinger/Wiegand (2009), § 1204 Rn.47.

（《德国民法典》第 398 条）。K 作为请求权人也有权让与该请求权。

10a 即使该请求权附条件也不影响让与效力，附条件的请求权让与也满足《德国民法典》第 931 条规定的交付替代要求。[1]

（3）处分权

11 K 有权处分制酒设备。K 的处分虽违反了与 A 的担保约定，但处分效力不受影响。

（4）结论

12 F 因此成为制酒设备的所有权人，F 若想取得设备，A 对 K 的（所有权返还让与）请求权即可能因《德国民法典》第 275 条第 1 款的规定而被排除。有疑问的是，F 是否因取得所有权而可就制酒设备为使用收益。于此，F 须有权向 A 请求制酒设备的返还。K 向 F 让与的附条件的返还请求权尚有未足，因为 A 完全及时地履行了对 K 的债务，因此担保实现情形（即条件）不再可能出现。《德国民法典》第 985 条规定的返还请求权以所有物返还关系为前提。虽然 F 是所有权人，A 是占有人，但是 A 对 F 享有制酒设备的占有本权：只要担保实现情形不出现，A 对 K 就享有占有本权（《德国民法典》第 986 条第 1 款），该权利源自担保约定。A 对 F 也可主张该占有本权（《德国民法典》第 986 条第 2 款），因为制酒设备以《德国民法典》第 929 条第 1 句、第 931 条规定的方式移转于 F。鉴于并不存在其他请求权，（F 的）所有权与（A 的）占有将一直分离。

13 为避免所有权被掏空，基于《德国民法典》第 886 条、第 1169 条、第 1254 条的法律思想，A 对 F 享有制酒设备的所有权让与请求权。[2] 因此，若 F 意欲阻止 K 向 A 的所有权返还让与则有违诚信（《德国民法典》第 242 条）。据此，A 对 K 的返还请求权并未因《德国民法典》第 275 条第 1 款的规定而灭失。

---

[1] Erman/Michalski, § 931 Rn. 3 und 7; MünchKomm – BGB/Oechsler, § 931 Rn. 15 f.; Staudinger/Busche (2005), § 398 Rn 63.

[2] Reinicke/Tiedtke, Kreditsicherung, 5.Aufl., 2006, Rn.705, 附详细论证。

(二)问题2：蒸汽设备的所有权人

1. C 的所有权取得

蒸汽设备最初的所有权人是 A。为了 C 的利益，A 在自己的土地上为 C 设立了土地债务（《德国民法典》第 1191 条），A 可能因此丧失蒸汽设备所有权。虽然蒸汽设备作为土地的从物，即使暂时分离，也仍属于责任财产范围（《德国民法典》第 1192 条第 1 款、第 1120 条、第 97 条第 2 款第 1 句、第 98 条第 1 项与第 2 项），但是这并不能改变所有权状况（也可参见上文边码 5）。[1]

2. E 的所有权取得

A 可能因将蒸汽设备出质于 E 而丧失所有权。双方达成了质权设立合意（《德国民法典》第 1204 条第 1 款）。A 将蒸汽设备交付于 E（《德国民法典》第 1205 条），而且 A 对蒸汽设备有处分权。尤应注意，蒸汽设备属于土地债务责任财产范围这一点并不影响其处分权。被担保的主债权存在，为 E 对 A 的支付请求权（质权的从属性）。但 E 通过质权取得的只是第二顺位的受偿权，并不影响所有权归属。

提示：一物之上的多个担保权有其顺位。土地债务的顺位取决于登记簿记载的顺序（《德国民法典》第 879 条第 1 款），动产担保的顺位取决于担保权的产生时间。若本案中的蒸汽设备被变价，所得价款应首先满足第一顺位担保权人 C（土地债务），然后才是第二顺位担保权人 E（质权）。

3. H 的所有权取得

H 可能因拍卖而取得蒸汽设备的所有权。E 的质权是私法质权，所有权取得以《德国民法典》第 929 条为之。E 作为质权人，通过执行法官的代理（《德国民法典》第 164 条）与 H 达成所有权让与合意。E（本案中作为间接占有人）通过执行法官向 H 为交付。

---

[1] MünchKomm-BGB/Damrau, § 1204 Rn.5.

18　有疑问的是，E 是否有处分权。E 虽然并非蒸汽设备的所有权人，但是作为质权人（请参见边码 15）属于有处分权的非所有权人，因为质权是有处分权限的限制物权。《德国民事诉讼法》第 865 条第 2 款第 1 句与第 811 条第 1 款第 4 项规定的扣押禁止不构成对 E 的处分权的限制。土地债务也不影响 E 的处分权（如上文边码 5 所述）。E 应事先向出质人警告质物的拍卖（《德国民法典》第 1220 条），并遵守相应的等待期限（《德国民法典》第 1234 条）。但 E 并未这么做。不过，这并不影响 E 的处分权（《德国民法典》第 1243 条第 1 款）。此外，还须满足担保变价条件成熟这一要件。质权担保的主债权在拍卖时应到期（《德国民法典》第 1228 条第 2 款第 1 句）。本案中，拍卖发生于 2013 年 10 月 1 日，而主债权 10 月 15 日才到期，因此担保变价条件并不成熟。E 系无权处分。

19　H 可能善意取得蒸汽设备的所有权（《德国民法典》第 1244 条）。本案中，存在交易性的法律行为。于此，是在《德国民法典》第 1204 条以下规定的范围内准用善意取得规则。因此，H 对出让人之占有的善意信赖并非指向 E 的所有权地位，而是其变价权。[1] 取得人善意为通常情形。案情中没有显示 H 因重大过失而不知 E 对《德国民法典》第 1288 条规定的违反。因而，应认定 H 为善意，可以依《德国民法典》第 1244 条、第 932 条第 2 款的规定善意取得蒸汽设备的所有权。

4. E 或 A 的所有权取得

20　E 或其前所有权人 A 可能因 H 解除与 E 的买卖契约而取得蒸汽设备的所有权。有效的解除将使契约转变为返还清算之债，双方负担返还已受领给付的义务。上述义务产生的前提是，H 享有且有效地行使了解除权。

（1）解除

1）买卖标的物的瑕疵

21　K 可能依《德国民法典》第 433 条、第 437 条第 2 项、第 326 条第 5 款的规定而享有解除权。E 与 H 通过拍卖订立了有效的买卖契约（《德国民法典》第 433 条）。意定质权之质物的出卖以私法上的出卖实现（《德国民法

---

〔1〕 Staudinger/Wiegand（2009），§ 1244 Rn.4.

典》第 1233 条）。此外还要求，买卖标的物在风险移转时（交付时，《德国民法典》第 446 条第 1 句）即存在瑕疵（《德国民法典》第 434 条）。蒸汽设备无法实现所有功能，并不适于通常的使用，具有瑕疵（《德国民法典》第 434 条第 1 款第 2 句第 2 项）。

2) 补正履行的优先性

原则上，补正履行（《德国民法典》第 437 条第 1 项、第 439 条）优先于其他瑕疵担保权（参照《德国民法典》第 281 条第 1 款、第 323 条第 1 款指定期间的要求）。[1] 但本案中瑕疵补正无法实现，因为蒸汽设备无法修复（《德国民法典》第 275 条第 1 款）。据此，H 无须指定期间（《德国民法典》第 326 条第 5 款）。

不过，仍须考量交付另一没有瑕疵的物作为补正履行的可能。肯定观点的理由是，特定买卖也有可能适用补正履行，因为《德国民法典》第 439 条规定的另行给付请求权并不限于种类买卖。反对观点的理由则是，果如此，特定买卖的出卖人就负担了置办风险，而根据债之关系，仅种类买卖出卖人才负担该风险。[2] 本案中，H 与 E 的给付标的物限定于被拍卖的蒸汽设备。买卖契约的标的物只能是该特定的蒸汽设备，而不能是其他，属于真正的特定买卖，依通说无另行给付的可能。[3] 据此，H 享有解除权。

3) 责任排除

依《德国民法典》第 445 条的规定，出卖人 E 的瑕疵担保责任可能被排除，因为蒸汽设备是以公开拍卖的方式被出卖。原则上，出卖人不必为拍卖物的瑕疵负责，除非他恶意不告知瑕疵。E 并非自己进行出卖，恶意的判断取决于其代理人执行法官类推《德国民法典》第 166 条第 1 款。

但在被代理人对代理人作出指示时，不适用上述规则（《德国民法典》第 166 条第 2 款）。E 并未对执行法官为指示，而是向其隐瞒了瑕疵。基于《德国民法典》第 166 条第 2 款的扩张适用，只要被代理人可以控制代理行

---

[1] Palandt/Weidenkaff, § 439 Rn.1.
[2] 支持特定之债得为另行给付的观点：BGH NJW 2008, 2839; Staudinger/Matusche-Beckmann, (2004) § 439 Rn.29 ff.; MünchKomm-BGB/Westermann, § 439 Rn.11 f.; 反对观点：Faust, ZGS 2004, 252; Tiedtke/Schmitt, JuS 2005, 583。
[3] BGHZ 168, 64 = NJW 2008, 2839; vgl. Palandt/Weidenkaff, § 439 Rn.15.

为，那么知情与恶意即以被代理人为断。[1] 对重要情事的隐瞒亦然。因此，本案并不适用《德国民法典》第 445 条规定的责任排除。

4）其他要件

26　　蒸汽设备的瑕疵为显著瑕疵，因为蒸汽设备的使用功能并非仅受到微弱限制（《德国民法典》第 323 条第 5 款第 2 句），H 享有解除权，得通过向契约相对人 E 为解除表示的方式行使该权利（《德国民法典》第 349 条）。

（2）解除对所有权状况的影响

27　　契约解除之后，双方应返还所受领的给付（《德国民法典》第 346 条第 1 款）。H 自 E 处取得所有权与占有，应向 E 让与所有权并交付。借此，E 取得蒸汽设备的所有权，而此前蒸汽设备的所有权人并非 E。部分观点认为这一结果可以接受。[2] 部分观点则认为这一结果不可取，因为无权处分人以此方式剥夺了原所有权人的权利，导致其无法取得自己的所有权。[3]

28　　两种观点的不同在于，第一种观点之下，前所有权人 A 须负担 E 的破产风险，而第二种观点之下则不必。第一种观点之下，由于 E 违反担保约定项下的义务，A 对 E 享有请求权（《德国民法典》第 280 条第 1 款）。E 有义务使 A 恢复到若非其不法出卖质物，A 原本应处的法律地位（《民法典》第 249 条第 1 款），即应向 A 让与依《德国民法典》第 346 条的规定自 H 处取得的所有权。而第二种观点之下，A 直接自 H 处取得所有权，所有权不在 E 处"停留"。

29　　A 直接自 H 处取得所有权，在法教义学上很难成立。首先，H 之所以对 E 负担所有权让与义务，是因为若非如此他就无法主张价金返还请求权（《德国民法典》第 348 条）。因 H 履行《德国民法典》第 346 条规定的返还义务，E 成为蒸汽设备的所有权人。而且，由 A 承受其契约相对方 E 的破产风险并无不公。因此，E 为蒸汽设备的所有权人。[也可以持反对观点，理由如下：在宪法意义上被保护的所有权人（本案为 A）受到侵犯（《德国基本法》第 14 条第 1 款），为了交易安全，在比例原则之下应限制此情形。善意取得人（本案为 H）若有效地归还所得，也就丧失其保护必要性，不应再从善意取得中导出对原所有权人（本案为 A）不利的法律后果。]

---

[1] Palandt/Ellenberger, § 166 Rn.11.
[2] Oertmann, JR 1930, 169.
[3] MünchKomm-BGB/Damrau, § 1242 Rn.6; Staudinger/Wiegand (2009), § 1242 Rn.4.

案例 6　丧失兴趣的骑车人

科　赫

一、案情与问题

2004 年夏，Othmar Ohnesorg（O）将山地车借给其侄子 Nestor Nibulski（N），未设定借用期限。直至 2007 年春，O 仍未请求 N 返还，N 遂认为他可以终身保有山地车。但 N 自己也丧失了骑车的兴趣，于是他决定以自己的名义将其出卖给 Kurt Katanek（K），因为 K 曾屡次向他表示过购买意向。N 询问 K 后，K 基于 N 是所有权人的理解，表示愿以 800 欧元的价格购买该山地车，但希望可以分期支付，每个月支付 200 欧元。N 表示仅在所有权保留的前提下可以如此。K 同意后，N 即向 K 交付山地车，同日，K 转账支付了第一期价款。第二期与第三期价款，分别于 2007 年 5 月 15 日与同年 6 月 15 日支付完成。

第三期价款支付后数日，K 在骑山地车时严重摔伤。K 将轻微受损的车送到 Ulf Unrat（U）的车间修理。因为此次事故，K 对骑车也丧失了兴趣。在 K 拜访朋友 Ferdinand Fischer（F）时，后者表达了对该山地车的兴趣，双方合意将山地车让与 F。K 表示，将山地车让与 F，并同时将对 N 与 U 的请求权一并让与。F 则承诺，对 K 与 N 的协议完全知情，并承诺向 K 支付 400 欧元，向 N 转账支付剩余的 200 欧元价款。

因原本距离转账期限还有一段时间，F 疏忽错过了截止日期 2007 年 7 月 15 日。而这恰为 N 带来了机会。在此期间，N 的叔叔 O 请求返还山地车。因 O 很富有，N 抱有继承其遗产的期待，因此不愿令其丧失对自己的好感，并未将与 K 的买卖告知 O。N 写信通知 K，因价款支付迟延，他决定立即解除契约。紧接着，N 开车前往好友 U 的车间告知 U，他与 K 已商定，由他取回修好的山地车。U 将山地车交给 N 后，N 立即将其返还于 O。若 F 向 N 支付了最后一期价款，得否请求 O 返还山地车？

案情变化：若 K 在取得山地车时，知道 N 并无所有权，法律关系有何不同？

二、思路

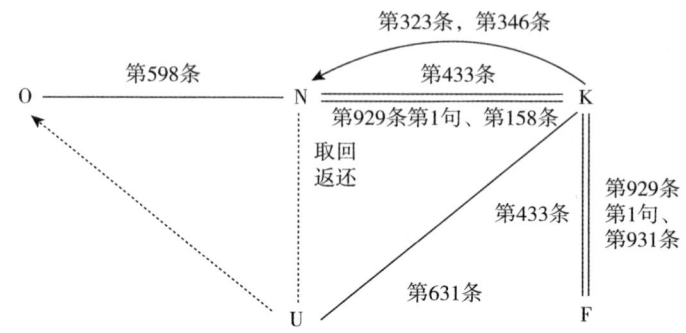

时间表：

O 将山地车借给 N

之后：N 以所有权保留为条件，将山地车让与善意的 K

之后：K 将山地车送至 U 处修理

之后：K 将仍在 U 处的山地车让与 F

之后：F 未付尾款

之后：N 作出解除表示，并自 U 处取回山地车

之后：N 将山地车返还给 O

（一）原案情

1. 基于《德国民法典》第 985 条的请求权 ………………………… 1
   （1）F 自 K 处承受的法律地位 …………………………………… 1
   （2）K 向 F 为让与时的法律地位 ………………………………… 3
   　　1）K 基于《德国民法典》第 929 条第 1 句、第 932 条第 1 款的所有权取得 ……………………………………………… 3
   　　2）K 作为期待权人 ………………………………………… 4
   　　问题：期待权产生的前提是什么？

① 所有权保留买受人的期待权 ………………………… 4
　　　② N 欠缺处分权 …………………………………………… 6
　　问题：期待权创设取得情形，得否善意取得？
　　(3) 向 F 让与期待权 ………………………………………… 9
　　　1）物权合意 ………………………………………………… 9
　　　2）交付 …………………………………………………… 10
　　　3）处分权 ………………………………………………… 11
　　　4）小结 …………………………………………………… 12
　　(4) 期待权的消灭 ………………………………………… 13
　　问题：期待权的存续在何种范围内受债法规范的限制？
　　(5) 强化为既得权 ………………………………………… 15
　　(6) O 的抗辩权 …………………………………………… 18
　　(7) 小结 …………………………………………………… 19
　2. 基于《德国民法典》第 861 条第 1 款结合第 858 条第 2 款第 2 句
　　的请求权 ………………………………………………… 20
　3. 基于《德国民法典》第 1007 条第 1 款与第 2 款的请求权 …… 21
　4. 基于《德国民法典》第 812 条第 1 款第 1 句第 2 种情形的
　　请求权 …………………………………………………… 22
　5. 结论 ……………………………………………………… 23

(二) 案情变化 ………………………………………………… 24

　　问题：期待权移转取得时，得否自无权处分人处善意取得？

三、解答

(一) 原案情

　1. 基于《德国民法典》第 985 条的请求权

　(1) F 自 K 处承受的法律地位
　F 对 O 可能享有基于《德国民法典》第 985 条规定的山地车返还请求

权。当前山地车处于 O 的占有之下。有疑问的是，F 是否为所有权人。F 可能因 K 的移转行为而取得所有权。为查明该移转行为的法律效果，必须首先查明 K 在移转当时所处的法律地位。

2　　　提示：物上请求权通常依时间顺序检视。但对于期待权的检视，历史方法常常无法奏效，因为所有权可以通过两种方式移转，既可以根据意定或法定的所有权移转之通常规则移转，也可以通过期待权的让与移转，后者在尾款支付后才强化为完全所有权。因此，在大量案例分析中，期待权的检视并不采历史方法。

（2）K 向 F 为让与时的法律地位

1）K 基于《德国民法典》第 929 条第 1 句、第 932 条第 1 款的所有权取得

3　　　山地车最初的所有权人是 O。他将车交于 N，并不导致所有权丧失，因为 N 只是借用。但基于《德国民法典》第 929 条第 1 句、第 932 条第 1 款的规定，O 可能因 N 对 K 的让与行为而丧失所有权。前提是，N 有效地将所有权让与 K。为此，N 与 K 首先应达成所有权让与合意。本案中，二者确实有此合意。但该物权合意以所有权保留为条件。依《德国民法典》第 449 条第 1 款的规定，有疑义时此类所有权保留应理解为，以价金完全支付为延缓条件（《德国民法典》第 158 条第 1 款）。[1] 至少在 K 向 F 让与权利时，该条件尚未成就，因此物权合意尚未发生效力。F 尚未因 K 的让与而取得所有权。也不必考量《德国民法典》第 932 条第 1 款规定的善意取得，因为 K 向 F 告知了自己并非所有权人。

2）K 作为期待权人

① 所有权保留买受人的期待权

4　　　K 向 F 为让与时虽然并非所有权人，但是有可能已经是期待权人。期待权，是指权利取得要件中已经被满足的部分，已达到让与人无法仅以单方行为破坏取得人之法律地位的程度。[2] 据此，所有权保留买受人依《德国民

---

[1] 关于物权规则与债权规则在《德国民法典》第 449 条中的相互作用，仅需参见 Wolf/Wellenhofer, § 14 Rn.1 ff.。

[2] BGHZ 45, 186, 188 f. = NJW 1966, 1019; BGHZ 49, 197, 201 = NJW 1968, 493.

法典》第 929 条以下规定的附条件的所有权让与取得期待权。〔1〕《德国民法典》第 161 条规定的保护附条件的处分，在条件成就与否未定期间，就该标的而为的其他处分，在损及附条件权利人的范围内，因条件成就而不生效力。〔2〕仅让与人的单方行为无法破坏所有权保留买受人取得的法律地位。〔3〕

提示：虽然《德国民法典》第 161 条第 3 条也允许无负担的善意取得，从而导致期待权的消灭，但是此种善意取得通常会因《德国民法典》第 161 条第 3 款、第 936 条第 3 款的规定而挫败，因为所有权保留买受人是物之直接占有人。〔4〕至于上述法定保护规范是创设了独立的期待权存续权限，抑或该整体构造只是对取得人之附条件法律地位的比喻性描述，尚存争议。〔5〕案例分析中并非必须探讨该问题。但若对期待权的法律处理有实定法依据，答题人就应明确指出此间的关联。 5

② N 欠缺处分权

原则上，仅所有权人才有权创设期待权。N 作为山地车借用人无此权限。由此产生的问题是，期待权得否善意取得。因法律未明定期待权，也无相应的善意取得规范。司法判例将期待权作为与所有权"本质相同但有所弱化"的权利，准用《德国民法典》第 929 条以下的规则。〔6〕 6

提示：期待权在法教义学上的具体界定这一争议问题在案例分析中也不必深入探究。〔7〕 7

因此，应类推《德国民法典》第 929 条第 1 句、第 932 条的规定，考量创设取得时期待权得否自无处分权人处善意取得。〔8〕K 与 N 所从事的是交 8

---

〔1〕 Palandt/Weidenkaff, § 449 Rn.9.
〔2〕 MünchKomm-BGB/Westermann, § 449 Rn.44; Wolf/Wellenhofer, § 14 Rn.13; Brox, JuS 1984, 657, 658.
〔3〕 Wolf/Wellenhofer, § 14 Rn.13 ff.; Leible/Sosnitza, JuS 2001, 341.
〔4〕 关于此优先于中间处分的保护制度请参见 Vieweg/Werner, § 11 Rn.41 f.; Röthel, Jura 2009, 241, 243 f.; Werner, JA 2009, 411, 413 ff.。
〔5〕 批评意见如 Armgardt, JuS 2010, 486 ff.; 更详尽的论证请参见 MünchKomm- BGB/Westermann, § 449 Rn.39。
〔6〕 可参见如 BGHZ 28, 16, 21 = NJW 1958, 1133; BGHZ 35, 85, 89 = NJW 1961, 1349。
〔7〕 相关概述请参见 MünchKomm-BGB/Westermann, § 449 Rn.40 ff.。
〔8〕 一般观点仅需参见 BGHZ 10, 69, 72 = NJW 1953, 1099; Leible/Sosnitza, JuS 2001, 341, 343。

易性的法律行为。[1] N 作为占有人，有权利外观。K 善意信赖 N 的所有权人地位（《德国民法典》第 932 条第 2 款）。[2] 最后，山地车对于 O 而言也并非脱手物（《德国民法典》第 935 条），O 自愿将山地车交于 N。[3] 据此，类推《德国民法典》第 929 条第 1 句、第 932 条的要件得以满足。K 自无权处分人 N 处善意取得山地车的期待权。

(3) 向 F 让与期待权

1) 物权合意

9　　期待权可能因 K 向 F 的让与而被移转。基于期待权的准物权属性，其取得并不适用债权让与规范（《德国民法典》第 398 条以下），而是适用所有权取得规范。[4] 因而，K 向 F 的期待权让与应类推适用《德国民法典》第 929 条第 1 句的规定。为此，双方应达成期待权让与合意。但 K 向 F 明确告知了自己的取得情况。F 明知他无法从 K 处取得完全所有权。依《德国民法典》第 133 条、第 157 条的规定，K 向 F 的让与表示应理解为，K 并非意在让与自己尚未取得的山地车所有权，而是仅让与所有权保留买受人的期待权。F 对此表示同意，双方达成期待权让与合意。[5]

2) 交付

10　　K 还应将山地车交付于 F，或与 F 约定交付替代。本案中应考量的是《德国民法典》第 931 条规定的交付替代。所有权人通过向取得人让与物之返还请求权代替交付。[6] 依《德国民法典》第 631 条的规定，K 对 U 享有基于承揽契约的返还请求权。依《德国民法典》第 398 条的规定 K 将该请求权让与 F，从而满足了《德国民法典》第 931 条的规定适用前提。

3) 处分权

---

[1] 关于该要件请参见 Palandt/Bassenge, § 932 Rn.1 i.V.m. § 892 Rn.5 ff.。

[2] 关于该要件仅需参见 Prütting, Rn.425 ff.。

[3] 相关论述请参见 MünchKomm-BGB/Oechsler, § 935 Rn.2 ff.; Wolf/Wellenhofer, § 8 Rn.30 ff.。

[4] BGHZ 10, 69, 72 = NJW 1953, 1099; Baur/Stürner, § 59 Rn.34; Hofmann/John, JuS 2011, 515, 516, 519; Lorenz, JuS 2011, 199, 200; Leible/Sosnitza, JuS 2001, 341, 342.

[5] 在所有权人以为受让的是所有权，但实际并非如此时，通说也作出相同解释；请参见 BGHZ 35, 85, 91 = NJW 1961, 1349; BGHZ 50, 45, 48 f. = NJW 1986, 1382; Palandt/Bassenge, § 929 Rn.45。

[6] 相关概述请参见 Prütting, Rn.382 ff.。

最后，K 还应有权让与期待权。如上文所述，虽然 N 无处分权，但是 K 自 N 处因类推适用《德国民法典》第 929 条第 1 句、第 932 条而善意取得期待权。因此，K 有权处分期待权。

4）小结

F 自 K 处取得期待权。

（4）期待权的消灭

该期待权可能因尾款的支付而强化为既得权。[1] 但前提是，在此期间期待权仍存在。有疑问的是，期待权是否因 N 的解除而消灭。仅在条件仍有可能成就时，期待权才存在。若买卖契约一方作出解除表示，则买卖契约转换为返还清算之债，双方均摆脱原给付义务[2]，所有权保留的条件不可能再成就，所有权取得不再可能，期待权即灭失。[3]

问题因而在于 N 的解除是否有效。依《德国民法典》第 346 条第 1 款、第 323 条第 1 款的规定，首先应具备解除原因。该原因可能基于《德国民法典》第 323 条的规定产生，因为 K 未按时履行双务契约约定的义务。但依《德国民法典》第 323 条第 1 款的规定，仅在出卖人为买受人指定了补正履行期间后，出卖人才有权解除。本案中，N 并未指定期间。《德国民法典》第 323 条第 2 款第 2 项规定的要件也不满足，因为 N 在契约缔结时并未表示，他的给付利益取决于给付的及时性。据此，F 的期待权并未因 N 的解除表示而消灭。

（5）强化为既得权

既然 F 的期待权并未因 N 的解除表示而消灭，那么就可因尾款的支付而强化为既得权。尾款的支付使 N 与 K 之物权合意的延缓条件成就。借此 K 取得所有权。在 K 让与期待权之后，所有权由 F 直接取得。[4]

提示：未经让与人的中间取得而直接由取得人取得所有权，在扣押情形有其意义：所有权保留买受人以《德国民法典》第 930 条规定的占有改定让

---

〔1〕 条件成就的此类效力仅需参见 Baur/Stürner, § 59 Rn.31。
〔2〕 Vgl. statt aller Palandt/Grüneberg, § 346 Rn.4.
〔3〕 关于期待权这一债法上的阿希里斯之踵，请参见 Soergel/Henssler, Anh.Zu § 929 Rn. 50; Wolf/Wellenhofer, § 14 Rn.17, 31。
〔4〕 相关论述请参见 Vieweg/Werner, § 11 Rn.53。

与物于第三人，若买卖标的物在所有权保留买受人处被扣押，那么第三人在支付全部款项后，可依《德国民事诉讼法》第771条的规定提起第三人异议之诉。[1]

17　　F并非所有权保留买卖契约当事方这一点并不影响上述法律效果。依《德国民法典》第267条第1款的规定，债务人无须亲自给付的，第三人给付亦生清偿效力。金钱之债通常允许第三人给付。[2] 据此，F成为山地车的所有权人。

（6）O的抗辩权

18　　O并不享有《德国民法典》第986条规定的占有本权。O也未自N处善意取得山地车的所有权。O仍以为自己是所有权人的设想并不足以使其取得所有权。

（7）小结

19　　F对O享有基于《德国民法典》第985条的返还请求权。

2. 基于《德国民法典》第861条第1款结合第858条第2款第2句的请求权

20　　F对O还可能享有基于《民法典》第861条第1款的返还请求权。前提首先是，F的占有被法律禁止的私力侵夺，且依《德国民法典》第858条第2款第2句的规定，O的占有为瑕疵占有。[3] 但本案中，第一项要件即无法满足。F并非直接占有人，而仅是《德国民法典》第868条规定的间接占有人。依《德国民法典》第869条的规定，仅在法律禁止的私力针对直接占有实施时，其上级间接占有才受保护。[4] 本案却不符合此情形。N自愿将山地车交由U修理。对物支配意思是自然意思，而非法律行为意思，错误不生影响。[5] 而且，O也不必依《德国民法典》第858条第2款第2句的规定

---

[1] 相关论述请参见 Baur/Stürner, § 59 Rn.34 mit Fallbeispiel; 关于支付之前单纯的期待权是否足以支持第三人异议之诉的问题，请参见 Baur/Stürner, § 59 Rn.48。

[2] 期待权情形，仅需参见 MünchKomm-BGB/Krüger, § 267 Rn.17; 相关判例如 BGHZ 75, 221, 228 = NJW 1980, 175。

[3] 关于《德国民法典》第861条第1款请参见如 Prütting, Rn.117。

[4] RGZ 105, 413, 415 即持此观点；且该观点被 BGH WM 1977, 218, 220 承继；相关论述也可参见 MünchKomm-BGB/Joost, § 869 Rn.3。

[5] Vgl. BGHZ 4, 10, 38 = NJW 1952, 738; MünchKomm-BGB/Joost, § 858 Rn.7。

承受占有瑕疵。O 既非 N 的继承人，也不知道 N 之占有状态的瑕疵。[1]

3. 基于《德国民法典》第 1007 条第 1 款与第 2 款的请求权

最后，F 对 O 还可能享有基于《德国民法典》第 1007 条第 1 款或第 2 款的返还请求权。但因 O 为善意，《德国民法典》第 1007 条第 1 款规定的请求权不成立。《德国民法典》第 1007 条第 2 款规定的请求权的前提是，物对前占有人而言是脱手物。间接占有人的脱手物，如同《德国民法典》第 935 条第 1 款第 2 句的规定，以物对直接占有人而言是脱手物为前提。[2] 本案并非如此。

4. 基于《德国民法典》第 812 条第 1 款第 1 句第 2 种情形的请求权

基于《德国民法典》第 812 条第 1 款第 1 句第 2 种情形的请求权因权益侵害型不当得利相对于给付型不当得利的次位性而不成立。[3] N 为履行契约（《德国民法典》第 598 条规定的使用借贷契约）而向 O 为给付，O 因 N 的给付取得占有。给付关系的存在，排除非给付型不当得利的适用，包括权益侵害型不当得利。

5. 结论

F 对 O 享有基于《德国民法典》第 985 条规定的山地车返还请求权。

（二）案情变化

若 K 知道 N 无处分权，那么就无从自 N 处善意取得期待权。需要考量的即为，F 得否自 K 处善意取得期待权。虽然创设取得情形下期待权的善意取得被允许，但是在移转取得情形下，期待权的善意取得却因为欠缺充分有力的权利外观而遭受质疑。自占有仅可推定所有权，而无法推定期待权的存

---

[1] 相关论述请参见 MünchKomm-BGB/Joost, § 858 Rn.13 ff.; Soergel/Stadler, § 858 Rn.17 f.。
[2] Vgl. MünchKomm-BGB/Baldus, § 1007 Rn.32.
[3] 相关论述仅需参见 Wandt, § 9 Rn.18, 附详细理由。

续。[1] 但通说仍承认期待权移转取得时的善意取得，因为期待权取得人与所有权取得人具有类似的保护必要性，且所有权的权利外观可覆盖期待权。[2] 但该观点也仅在期待权存在但不属于让与人时，才承认移转取得时的善意取得。若期待权根本不存在，则通说也否定移转取得时的善意取得，善意取得作为联结点以期待权存在为前提。[3] 因此，变化后的案情中，K对O不享有任何请求权。

---

[1] Medicus/Petersen, Bürgerliches Recht, Rn.475; Brox, JuS 1984, 657, 661 f.; Leible/Sosnitza, JuS 2001, 341, 343, Schreiber, Jura 2001, 623, 627.

[2] BGHZ 75, 221, 225 = NJW 1980, 175; Palandt/Bassenge, § 929 Rn.46; Baur/Stürner, § 59 Rn.39; Prütting, Rn.393; Wolf/Wellenhofer, § 14 Rn.35 f.

[3] Soergel/Henssler, Anh.zu § 929 Rn.86; Brox, JuS 1984, 657, 661; Leible/Sosnitza, JuS 2001, 341, 343.

案例 7　我的两个最爱：家乡与巴黎[1]

洛尼希

一、案情

　　Tobias Timm（T）在纽伦堡学习书商课程后，在巴黎的著名书店工作了数年。书店中著名的知识与哲学书籍经常被盗。2011 年，T 回到德国，决定在纽伦堡开设自己的书店，因为他知道，当地缺少可提供有文学气息且有相应文化活动配套的书店。T 从巴黎带回一系列古典家具布置书店。2011 年 9 月，为担保纽伦堡城市银行（SN）提供的 2 万欧元创业贷款，T 以上述所有家具为 SN 设立所有权让与担保，并列出详细财产清单。除所有权担保外，借款契约还约定：这些家具保留在 T 处，T 可继续使用，但若 T 拖欠两期还款，就必须向 SN 交出家具。若 T 还清借款，SN 则应让与家具所有权。

　　为了填补资金缺口，T 还将一块金表出质于典当商 Paul Pichelsteiner（P），借得 2000 欧元。该表是 T 叔叔的遗产，T 是唯一继承人。但 T 不知道的是：为了向女朋友炫耀，其叔叔 25 年前在"圣诞集市"上窃得该表。2013 年秋，在 P 的委托下，该表被公开拍卖，因为 T 并不在意这块表，错过了赎回该表的两年期限。

　　T 早就有新的打算：2013 年他放弃书店，重新回到巴黎。T 将经营良好的书店连同书店资产、图书一并让与 Bettina Brahy（B）。双方约定，B 付清价款后才取得所有权。而由于资金周转需要，T 未向 SN 还款，SN 遂要求 B 返还家具。B 则抗辩称，自己对此前的所有权让与担保并不知情。SN 为 B 提供了两个选项：返还家具或还款。B 则认为这不公平，自己已经负担了对 T 的价金支付义务，SN 的要求无异于令其为价金负担双重支付义务。B 想知道，SN 的返还请求权是否成立，以及对其而言最好的选择是向谁"支付家具款项"。

---

[1] 标题来自 1930 年代的一句香颂歌词。

T留给纽伦堡的不止上述问题：Karol Kern（K）偏爱60年代的着装风格，本案中产自60年代的金表与其风格完美契合，他以3800欧元拍下了这块表。2014年5月，在K最喜爱的上沃特街（die obere Wörthstrake）画廊举办的美术展览会开幕式上，内科医生Imhof博士（I）与他攀谈，因为I曾有一块完全一样的表，是他父母很久之前送给他的医学院毕业礼物，可惜多年前这块表已经被盗。K自豪地将表交给I端详，I熟练地打开表背面的小盖子，并发现了来自父母的无比熟悉的题词。I愿意以任何条件取回这块表，因为对他而言，这是对早已过世的父母无比珍贵的纪念。K预感到这是一桩好生意，向看起来很富有的I报价1万欧元。I对这一要求感到很愤怒，他为何必须为"自己的表"支付价金。

二、问题

当事人间的法律关系如何？

三、思路

（一）书店

1. SN 对 B 基于《德国民法典》第 985 条的请求权 ⋯⋯ 1
   - （1）SN 的所有权 ⋯⋯ 2
     - 1）T 向 SN 的让与 ⋯⋯ 2
       - ① 合意 ⋯⋯ 2
       - ② 交付 ⋯⋯ 3
       - ③ 处分权 ⋯⋯ 5
     - 2）T 向 B 的让与 ⋯⋯ 6
   - （2）B 的占有 ⋯⋯ 7
   - （3）B 无占有本权 ⋯⋯ 8
     - 1）债权性占有本权 ⋯⋯ 8
     - 2）物权性占有本权 ⋯⋯ 11

问题：期待权是否构成可对抗所有权人的占有本权？
    ① 期待权的产生 ·· 12
        a. 自有权人处取得 ······························ 13
        b. 善意取得 ·· 14
    ② 期待权作为占有本权 ······························ 16
2. 结论与其他返还请求权 ·································· 20
3. B 的选择可能 ·· 22
  （1）向 SN 支付 ·· 22
  （2）向 T 支付 ·· 23

（二）金表

1. I 对 K 基于《德国民法典》第 985 条的请求权 ············ 24
  （1）I 的所有权 ·· 24
    1）T 的叔叔取得所有权 ···························· 25
    2）T 取得所有权 ······································ 29
    3）表的出质 ·· 30
    4）表的拍卖 ·· 31
        ① 应适用的规范 ······························ 31
        ② P 向 K 的让与 ······························ 33
            a. 合意与交付 ······························ 33
            b. 处分权 ·· 34
2. 结论与其他返还请求权 ·································· 43

四、解答

（一）书店

1. SN 对 B 基于《德国民法典》第 985 条的请求权

若 SN 是所有权人，B 是无权占有人，则 SN 有权请求 B 返还家具（《德国民法典》第 985 条）。

(1) SN 的所有权

1) T 向 SN 的让与

① 合意

2　　最初，T 是家具所有权人。但因对 SN 的所有权让与担保，T 可能丧失所有权（《德国民法典》第 929 条、第 930 条）。双方达成合意，T 的特定动产所有权让与 SN（《德国民法典》第 929 条第 1 句）。

② 交付

3　　双方未为交付，不过合意达成了占有媒介关系（《德国民法典》第 868 条），以代替交付（《德国民法典》第 930 条）。双方达成的法律关系并非《德国民法典》第 868 条明确列举的可作为占有媒介关系的类型，但与所列举的关系类似者仍可作为占有媒介关系。

4　　若满足下列条件，则可认为与所列举的关系类似：其一，仍保留直接占有人地位的让与人须作为他主占有人为取得人媒介占有；其二，取得人对让与人有返还请求权，即使只是未来的或附条件的请求权亦可。[1] 本案中，T 与 SN 约定的借款契约满足上述两项要件，构成《德国民法典》第 930 条规定的交付替代。

③ 处分权

5　　最后，T 作为物的所有权人也具有处分权。据此，SN 成为合意清单中列举的书店家具的所有权人。

2) T 向 B 的让与

6　　T 将书店包括上述家具整体让与 B，SN 可能因此丧失所有权。T 与 B 达成合意，将被指定的物的所有权让与 B。但该合意附有延缓条件（《德国民法典》第 158 条第 1 款）：仅在 B 向 T 支付了书店价款后，物权合意才发生效力。但该条件尚未成就，因此 B 尚未取得所有权，SN 仍是家具的所有权人。

(2) B 的占有

7　　B 是他所经营的书店的家具的占有人。

---

[1] MünchKomm-BGB/Joost, § 868 Rn.11; Palandt/Bassenge, § 868 Rn.6; Staudinger/Bund (2007), § 868 Rn.16; Schreiber, Rn.293; Wolf/Wellenhofer, § 4 Rn.26 f.und § 7 Rn.31.

(3) B 无占有本权

1) 债权性占有本权

有疑问的是，B 是否享有针对 SN 的占有本权。B 享有基于买卖契约的债权性占有本权（《德国民法典》第 433 条、第 986 条第 1 款第 1 句第 1 种情形），但仅可针对契约相对方 T 主张。 8

不过，B 仍可能依《德国民法典》第 986 条第 1 款第 1 句第 2 种情形的规定继受债权性占有本权：T 基于借款契约对 SN 享有占有本权，B 则基于与 T 的买卖契约对 T 享有占有本权，于此，B 与 SN 之间可能形成占有本权链条，从而 B 的占有本权也能对 SN 主张。[1] 但根据约定，T 根据借款契约仅有权使用而无权让与为 SN 所有的家具，因此 B 并不享有继受自 T 可针对 SN 的占有本权。 9

提示：占有本权不仅可产生于所有权人与占有人之间的法律关系，还可能产生自所有人与占有人之间连续的占有本权链条。但常被忽略的是，除此以外也应检视各占有关系依其内容得否正当化占有人的占有。 10

2) 物权性占有本权

若 B 是物之期待权人，则仍可能享有物权性占有本权。于此，应满足两项前提：其一，B 应对物享有期待权；其二，该期待权可针对物的所有权人 SN 主张。 11

① 期待权的产生

提示：期待权是与所有权"本质相同但有所弱化"的权利，因此应与所有权一样采历史方法检视。抵押权或土地债务同样以历史方法检视。 12

a. 自有权人处取得

期待权产生的前提是，上文已检视的附条件的所有权让与合意（《德国民法典》第 929 条、第 158 条第 1 款）、物之交付与 T 作为让与人的处分权。T 欠缺处分权，因为他已将家具为 SN 设立所有权让与担保，且并未拥有来自所有权人的处分授权。 13

b. 善意取得

继而产生的问题是，得否考虑（类推《德国民法典》第 932 条）善意取 14

---

[1] Vgl. MünchKomm-BGB/Baldus, § 986 Rn.21; Prütting, Rn.516; Wolf/Wellenhofer, § 21 Rn.23.

得期待权。[1] B 可信赖的权利外观同样是让与人 T 的占有。案情中并未显示，在达成物权合意与交付时，B 知道或因重大过失而不知 T 并非标的物的所有权人。

15   有疑问的是，B 的善意应持续至何时，因为在 SN 向 B 请求返还时，B 即可获知 T 并非所有权人。而于此时刻，B 尚未取得物的所有权，因为延缓条件（支付全部价款）尚未成就。但依主流学说，期待权的善意取得之善意时点并不以取得所有权时为断，而是取得期待权时。[2] 据此，（类推《德国民法典》第 929 条、第 932 条）B 善意取得家具的期待权。

② 期待权作为占有本权

16   须考量的第二个问题是，期待权是否构成 B 可对所有权人 SN 主张的物权性占有本权。

17   提示：该问题的意义在于，本案的期待权人并非所有权人 SN 的契约相对方，从而无从基于买卖契约对 SN 主张债权性占有本权。否则，期待权是否为占有本权这一问题即不必深入探讨。

18   肯定观点的理由是，既然期待权是与所有权"本质相同但有所弱化"的权利，自然可构成占有本权[3]，而且物权法也承认限制物权为占有本权，如质权（《德国民法典》第 1227 条）。

19   反对观点则认为，恰是在与所有权人的关系中，期待权仅为所有权取得的预备阶段，因而期待权人虽然可针对第三人主张支配权限，但是不得对更强势的所有权人为此主张。[4] 若期待权人想优化自己的法律地位，则可以通过随时促成条件成就的方式排除让与人更优势的所有权。

2. 结论与其他返还请求权

20   据此，B 并不享有可对抗 SN 的占有本权，SN 对 B 的返还请求权成立。其他返还请求权则不成立：基于《德国民法典》第 861 条的返还请求权因欠

---

[1] Soergel/Mühl, § 455 Rn.75; Baur/Stürner, § 59 Rn.39; Wolf/Wellenhofer, § 14 Rn.34 f.
[2] BGHZ 10, 69, 72 = NJW 1953, 1220; BGHZ 30, 374, 377 = NJW 1960, 34; Schreiber, Rn.330; Wolf/Wellenhofer, § 14 Rn.18.
[3] 支持者如 Palandt/Bassenge, § 929 Rn.41; Baur/Stürner, § 59 Rn.47; Schreiber, Rn.335。
[4] MünchKomm-BGB/Joost, § 868 Rn.10; Soergel/Stadler, § 986 Rn.3.

缺《德国民法典》第 858 条规定的要件不成立，基于《德国民法典》第 1007 条第 1 款的请求权因 B 对自己之占有本权的善意而不成立，基于《德国民法典》第 1007 条第 2 款的请求权因物对 SN 而言并非脱手物而不成立。

提示：若没有需要特别讨论的问题，其他请求权的检视简要处理即可。 21

3. B 的选择可能

（1）向 SN 支付

于此检讨的是 B 可采取的应对措施。若 B 向 SN 支付 T 尚未偿还的借款，则可排除 SN 的返还请求权。在此情形下，T 对 SN 享有家具所有权返还让与请求权，从而得以 SN 请求 B 返还后将立即负担返还义务来抗辩 SN 的返还请求权（《德国民法典》第 242 条）。[1] 但 B 的法律地位并未改变：其仅享有期待权，因为其与 T 协议设定的条件尚未成就。 22

（2）向 T 支付

若 B 不向 SN 而向 T 支付，则其善意取得的期待权即强化为所有权。虽然于此期间，SN 对 T 的所有权地位不再是善意，但是这不影响其权利取得。在此情形下，SN 丧失所有权，基于《德国民法典》第 985 条的请求权也随之消灭。B 应向 T 支付。 23

（二）金表

1. I 对 K 基于《德国民法典》第 985 条的请求权

（1）I 的所有权人地位

首先应考量 I 对 K 基于《德国民法典》第 985 条的请求权。首要前提是，I 是表的所有权人。最初 I 的父母是表的所有权人。他们基于赠与将表的所有权让与儿子 I（《德国民法典》第 929 条），I 取得所有权。 24

1）T 的叔叔取得所有权

T 的叔叔窃取该表并未改变其所有权归属。但 T 的叔叔占有该表超过 10 年之久，需要考虑是否因时效取得所有权，《德国民法典》第 937 条第 1 款 25

---

[1] Soergel/Stadler, § 986, Rn.3; Wolf/Wellenhofer, § 21 Rn.29.

规定，自主占有动产达 10 年者，取得该物所有权。

26　　提示：就案例分析中对所有权地位的历史检索而言，较易识别的是法律行为导致的所有权变动，较难识别的是法律事件导致的所有权变动：本案中是时效取得（《德国民法典》第 937 条），其他案件中可能涉及《德国民法典》第 946 条以下或第 953 条以下规定的所有权法定取得。因此，应仔细研读案情，将此类事件也纳入考量范围。

27　　但依《德国民法典》第 937 条第 2 款的规定，若取得人在取得自主占有时非为善意（《德国民法典》第 932 条第 2 款），即自始或嗣后得知自己并无所有权，则时效取得被排除。占有人的善意指向的内容是，他在取得自主占有的同时成为所有权人，或在此前已经是所有权人。[1] 本案中存在该消极要件，因为可以认为 T 的叔叔对于窃盗者无法取得所有权即使不知情也是因重大过失而不知。因此，I 此时仍是所有权人。

28　　提示：善意或恶意指向的内容是：《德国民法典》第 932 条以下指向出让人的所有权，本案《德国民法典》第 937 条以下指向占有取得时的所有权取得。

2）T 取得所有权

29　　因 T 的叔叔死亡而产生的继承事件也不改变表的所有权归属。因为继承人 T 承受其叔叔死亡时的法律地位（《德国民法典》第 1922 条第 1 款）。叔叔并非金表的所有权人，T 也无法因继承取得所有权。时效取得也不成立，因为 T 的叔叔占有金表的期间不能计入 T 为时效取得金表而占有的时间（《德国民法典》第 943 条），请参见上文边码 25 及以下。

3）表的出质

30　　表的出质也未改变其所有权归属，即使 T 有效出质，P 所取得的也只是限制物权。

4）表的拍卖

① 应适用的规范

31　　K 有可能通过拍卖取得金表的所有权。首先应检视，此种所有权取得应适用的规范是什么。T 为 P 的利益设定的质权是私法上的质权（区别于通过强制执行措施设立的扣押质权），质物的变价（《德国民法典》第 1228 条第 1

---

[1] Palandt/Bassenge, § 937 Rn.1; Schreiber, Rn.179.

款、第1233条第1款）可以私法上的出卖为之（《德国民法典》第433条），取得人的所有权取得所依据的规范是《德国民法典》第929条。拍卖人是拍卖委托人（本案中为P）的代理人（《德国民法典》第164条第1款）。

提示：涉及质权时，应考量： 32

——所涉为意定或法定质权，从而仅适用私法，抑或

——所涉为扣押质权，取得人通过拍卖取得的所有权是以私法方式实施的行政行为，取得人是原始取得。

② P向K的让与

a. 合意与交付

P通过拍卖人的代理与K达成有效的金表所有权让与合意（《德国民法典》第929条）。P也通过作为其占有媒介人的拍卖人向K交付。 33

b. 处分权

有疑问的是P的处分权。原则上所有权人为处分权人，但P并非所有权人。 34

但也存在有处分权的非所有权人，P作为私法上的质权人可能有处分权（《德国民法典》第1242条、第1243条）。于此，应满足两项前提：其一，P享有质权（边码36及以下）；其二，质物变价符合法定要件（边码42）。 35

（a）首先应检视，T为P设立的质权是否有效成立（《德国民法典》第1204条）。质权是为了担保请求权而设定的从属性担保物权，其有效设立以被担保的请求权成立与存续为前提。本案中，因P向T提供2000欧元借款，该请求权存在。 36

物权合意同样存在（《德国民法典》第1205条、第1204条）。出质人也向质权人交付了质物（《德国民法典》第1205条）。问题在于出质人T的处分权，原则上仅所有权人有权设立质权。T却并非所有权人，也并非有处分权的非所有权人。 37

因此，可以考虑的仅为质权的善意取得（《德国民法典》第1207条、第932条）。于此，须具备的权利外观要件与所有权善意取得相同，即出质人的占有和质权人因该权利外观的存在而善意信赖出质人为所有权人。[1] 本 38

---

〔1〕 Palandt/Bassenge, § 1207 Rn.2 f.; Schreiber, Rn.258; Wolf/Wellenhofer, § 16 Rn.16 f.

案中，T 是金表的占有人，且案情未显示 P 为恶意（"除非"）。

39 但该金表对所有权人 I 而言为脱手物，因而排除质权的善意取得（《德国民法典》第 1207 条、第 935 条第 1 款）。据此，P 并未取得质权，也就不是有处分权的非所有权人。

40 不过，K 仍有可能因金表的拍卖而自无处分权人 P 处善意取得所有权（《德国民法典》第 1244 条、第 932 条）。前提是，依《德国民法典》第 1244 条、第 932 条的规定，无处分权的非所有权人被当作有处分权的非所有权人。本案中，权利外观要件是让与人 P 对质物的占有，其占有媒介人是拍卖人。取得人的善意指向的内容是出让人为质权人，因案情未显示相反要件，视为满足。

41 因金表对所有权人 I 而言为脱手物，善意取得可能被排除（《德国民法典》第 935 条）。但《德国民法典》第 1244 条仅参引了第 932—934 条、第 936 条，因此，即使标的物是脱手物，以《德国民法典》第 1244 条规定的方式进行的质物变价也可适用善意取得。

42 （b）在质物的让与过程中，《德国民法典》第 1243 条第 1 款规定的合法性要件得以满足。金表以公开拍卖的方式被让与（《德国民法典》第 1235 条、第 383 条第 3 款），金表作为金银制品也并未以金银价值确定其价格（《德国民法典》第 1240 条）。

2. 结论与其他返还请求权

43 因此，K 取得金表的所有权，I 不得基于《德国民法典》第 985 条的规定请求返还。其他返还请求权也不成立，尤其是基于《德国民法典》第 1007 条第 1 款与第 2 款的请求权因 K 取得所有权而不成立。

44 基于《德国民法典》第 812 条第 1 款第 1 句第 2 种情形（非给付型不当得利）的请求权也不成立，因为 K 虽然取得所有权与占有，但是其并非以给付之外的其他方式取得，而是通过 P 的给付取得，给付关系的优先性排除非给付型不当得利请求权。

45 I 若想重获该金表，就不得不为"他的表"向 K 支付 1 万欧元。

案例 8　拆除公寓栽果树

科　赫

一、案情

年迈的 Elenore Engel（E）拥有一块紧邻大学城的土地，其中仅零星种植了几棵果树。E 离异的女儿 Annemarie Asbest（A）与其当时的生活伴侣 Torben Tofu（T）已觊觎这块土地很久，他们打算在此地块上建造一栋学生公寓。

T 只是希望 E 早些离世，骄横的 A 却更早丧失了耐心。2004 年 12 月，A 将母亲置于两难处境：若 E 不将土地让与她，她就将设法使母亲曾获奖的心爱的宠物猫 Paule 活不过这个年关。老妇人认为自己不得不将土地让与女儿。2005 年 1 月，双方达成土地所有权让与合意，2005 年 3 月进行了移转登记。之后，A 的良心一直受到谴责，焦虑感严重影响了她本就羸弱的身体。2005 年 7 月，A 因中风离世。A 以遗嘱指定 T 为唯一继承人，遗产除了这块土地和一些价值不高的个人物品外，还有 3000 欧元。

2005 年秋，T 取得建筑许可，开始在这块土地上建造公寓，共有 8 间套房，2007 年 4 月完工。因旧院墙摇摇欲坠，T 用几个周末的时间亲自进行了修缮。2007 年 5 月 2 日，Paule 被卷入一辆拖拉机车轮下，不幸离世。E 认为自己已经没有什么可失去的了。E 误认为 T 对 A 的所作所为完全知情，遂告知 T，她要把这个错误的游戏"推翻重来"。

T 感到很惊慌，因为他其实并不知情。T 表示，E 当然可以重新要回土地，但是应同时补偿他在其上投入的高额建造费用。只要 E 看一眼承租率，就知道一定可以从中获利。此外，T 还要求 E 补偿自己为修建院墙而投入的劳力以及石材费用。

E 坚持立即取回土地，但严厉拒绝为"巨大的箱子"（指公寓楼）付费。而且以 E 的高龄，她也不再愿意承受出租人的压力。她与其要这些租金，毋宁在这块地上种满苹果树。因此，E 认为应将公寓楼拆除，当然拆除费用也不应由她承担。而且，T 应当赔偿其之前砍伐的果树，E 将把这笔赔偿款用于购置苹果树。

二、问题

E 是否有权请求 T 返还土地、拆除房屋并赔偿果树？可以为 T 提供什么建议？

案情变化：若 A 直至 2007 年 4 月才去世，且亲自修缮了院墙，又当如何处理？

三、思路

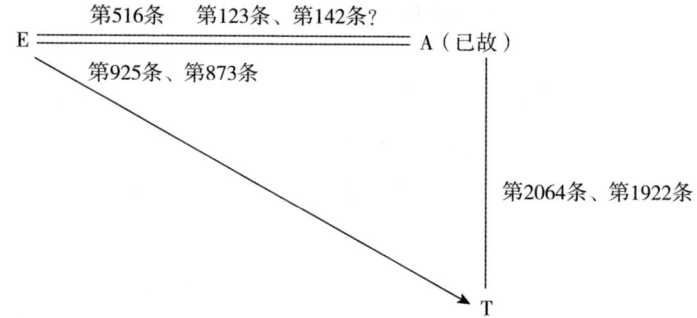

时间表
2004 年 12 月　　E 受胁迫
2005 年 1 月　　不动产让与合意
2005 年 3 月　　A 被登记为土地所有权人
2005 年 7 月　　A 离世
2005 年秋天　　开始建造房屋
2007 年 4 月　　房屋竣工，T 修缮院墙
2007 年 5 月　　E 的撤销（"推翻重来"）

（一）原案情

1. E 对 T 基于《德国民法典》第 985 条的请求权 ················· 1
   (1) E 的所有权人地位 ··· 1
      1) 撤销表示，《德国民法典》第 143 条 ···················· 2
      2) 撤销原因，《德国民法典》第 123 条第 1 款第 2 种情形 ··· 3
      3) 除斥期间，《德国民法典》第 124 条第 1 款 ············ 5
   (2) T 无权占有 ··· 6
   (3) 小结 ·· 7
   (4) 留置抗辩权，《德国民法典》第 1000 条第 1 句 ············· 8
      1) 所有物返还请求权的存在 ······························ 8
      2) 费用概念 ··· 9
      问题：状态改变是否也适用《德国民法典》第 994 条以下？
      3) 必要费用抑或有益费用 ································ 11
      4) 违反意愿的建造是否产生有益费用 ··················· 12
      问题：有益费用的判断标准是什么？
      5) 因 T 最初的妨害排除义务而修正结论？ ··············· 14
      6) 因遗产债务而修正结论？ ····························· 17
         ① E 对 A 的请求权 ································· 17
         ② 该义务是否属于遗产 ····························· 19
      7) 修缮院墙的费用补偿请求权 ··························· 21
      问题：占有人自身付出的劳力是否构成费用？
2. 被砍伐果树的损害赔偿请求权 ································· 22
3. T 的应对措施 ·· 24
   (1) 拒绝接受遗产 ··· 24
   问题：能否因义务过重而撤销接受遗产的表示？
   (2) 责任限于遗产范围 ·· 27
4. 结论 ·· 29

(二)案情变化

1. E 对 T 基于《德国民法典》第 985 条的请求权 ………………… 31
   (1)《德国民法典》第 985 条的要件 ………………………… 31
   (2)《德国民法典》第 1000 条第 1 句的留置抗辩权 ………… 32
     1)房屋建造 ………………………………………………… 32
     2)院墙修缮 ………………………………………………… 34
     3)以不法行为取得 ………………………………………… 36
2. E 对 T 的拆除房屋请求权 ………………………………………… 37
3. 被砍伐果树的损害赔偿请求权 …………………………………… 38
4. 结论 ………………………………………………………………… 39

四、解答

(一)原案情

1. E 对 T 基于《德国民法典》第 985 条的请求权

(1) E 的所有权人地位

1　E 须为土地所有权人。最初该土地为 E 所有,但她可能因将其让与 A 而丧失所有权。根据案情,既存在不动产让与合意,也进行了登记,A 成为所有权人(《德国民法典》第 925 条、第 873 条)。因为 A 的死亡,T 继受了 A 的所有权(《德国民法典》第 1922 条)。

1)撤销表示,《德国民法典》第 143 条

2　E 有可能撤销其意思表示。她"推翻重来"的表述即为默示地表达了撤销意思。在 A 死亡后,撤销表示应向其继承人作出,T 是适格的撤销相对人。[1]

2)撤销原因,《德国民法典》第 123 条第 1 款第 2 种情形

3　E 的撤销权可能产生自《德国民法典》第 123 条第 1 款第 2 种情形。预

---

〔1〕 Vgl. Palandt/Ellenberger, § 143 Rn.5; Lange/Kuchinke, § 47 II 1 e.

告危险并声称自己有能力使危险实现的行为构成胁迫。[1] 本案中被预告的危险是 Paule 的死亡。像本案这样受到不法行为的威胁，即满足《德国民法典》第 123 条规定的不法性要件。[2] 可撤销的是与胁迫有因果关系的意思表示。E 因受胁迫而作出了债法上的（赠与）表示与不动产让与表示。物权行为也可被撤销，且因被撤销而自始无效（《德国民法典》第 142 条第 1 款）。据此，A 自始丧失所有权。T 也无从继承 A 的所有权人地位。

提示：T 也无法因善意信赖 A 的所有权人地位而基于整体继受取得所有权。德国法并不承认在法定取得所有权时适用善意取得。唯一的例外是基于法律命令系以法律行为方式取得权利之后果。例如，依《德国民法典》第 401 条第 1 款、第 1153 条第 1 款的规定，主债权以法律行为方式移转的，抵押权随之移转。此类抵押权可依《德国民法典》第 892 条的规定善意取得。 4

3）除斥期间，《德国民法典》第 124 条第 1 款

依《德国民法典》第 124 条第 1 款的规定，撤销权行使的除斥期间为 1 年。但依《德国民法典》第 124 条第 2 款的规定，该期间的起算时间点为胁迫情势停止之时。E 误以为 T 知情，因此，胁迫情势在 Paule 死亡后才停止。E 的撤销权除斥期间并未完成，A 自始未取得所有权。 5

（2）T 无权占有

T 是土地占有人，他可能因享有《德国民法典》第 994 条以下、第 1000 条规定的留置抗辩权而为有权占有人。有观点认为，留置抗辩权同样可作为占有本权。[3] 反对观点则认为，《德国民法典》第 273 条、第 1000 条规定的留置抗辩权的法律效果与《德国民法典》第 986 条规定的结构不符。留置抗辩权只是在内容上限制了返还请求权，但无法完全排除该请求权。[4] 反对观点的理由还在于，肯定观点将导致体系矛盾：《德国民法典》第 1000 条规定的占有人的留置抗辩权以所有权人的原物返还请求权为前提，而若留置抗辩权构成《德国民法典》第 986 条规定的占有本权，所有物返还请求权将 6

---

[1] Vgl. Palandt/Ellenberger, § 123 Rn.15 f.; Wolf/Neuner, BGB AT, § 41 Rn.124.
[2] Vgl. Palandt/Ellenberger, § 123 Rn.19; Wolf/Neuner, BGB AT, § 41 Rn.131; Büchler, JuS 2009, 976, 978.
[3] BGHZ 64, 122, 124 = NJW 1975, 1121.
[4] 相关论述可参见 MünchKomm-BGB/Baldus, § 986 Rn.32; Prütting, Rn.514。

无法成立。因此，T并无占有本权。

(3) 小结

7　　E对T享有基于《德国民法典》第985条的土地返还请求权。

(4) 留置抗辩权，《德国民法典》第1000条第1句

1) 所有物返还请求权的存在

8　　《德国民法典》第1000条第1句规定的留置抗辩权可对抗所有物返还请求权。适用该项规范的基本前提是，占有人享有基于《德国民法典》第994条以下的费用偿还请求权。而这些规范的适用又以所有权人的原物返还请求权为前提。乍看之下，撤销之前T经由A而为土地所有权人。但撤销具有溯及力：若T的所有权自始消灭，所有权人与无权占有人关系规范也自始适用。[1] 本案中，E享有所有物返还请求权。

2) 费用概念

9　　T须为土地支出费用。费用是为了物的利益而有意识地进行的财产支出。[2] 有争议的是，该概念的适用范围有多广，尤其是改变物之本质的费用是否落入《德国民法典》第994条以下的费用范畴。持狭义费用概念的观点对此予以否认。[3] 因为在土地上进行建造并非状态改善，而是状态改变，在日常语言的范畴中也不再属于费用。[4] 另一派观点则认为，所有有意识且对物有益的支出都构成费用。[5] 持此观点，则对物进行全面改造，如建造房屋的支出同样构成此种费用。它与通常的支出只有量的差异，而无质的区别。

10　　第一种观点的目的在于保护所有权人免于承受过重的费用负担，如在他人土地上建造房屋的情形。但历史解释已经否定这种狭义的费用概念。《德国民法典》的立法者认为，建造支出同样是费用。[6] 至今也未发生日常语词使用的变化，毋宁说"物之费用"根本不是日常用语。第二种观点的可

---

[1] MünchKomm-BGB/Baldus, vor §§ 987–1003 Rn.25.
[2] MünchKomm-BGB/Baldus, § 994 Rn.10.
[3] BGH seit BGHZ 10, 171, 177 f.=NJW 1953, 1466.
[4] BGHZ 10, 171, 178=NJW 1953, 1466.
[5] 支持者有 MünchKomm-BGB/Baldus, § 994 Rn.19; Staudinger/Gursky (2013), Vorbem. zu §§ 994–1003 Rn.8; Prütting, Rn.555; Meder/Flick, JuS 2011, 160, 164。
[6] Mot.II S.394, Prot.Mugdan III S.681 f.

取之处还在于以恰当的方式打开了《德国民法典》第994条以下之特别规范的适用范围，从而更有利于实现利益衡平。[1] 依第一种观点，善意占有人将丧失保护，尤其是结合下述普遍观点：即使不考虑费用，所有权人与无权占有人关系规范也排除《德国民法典》第951条、第812条第1款第1句第2种情形的适用。[2] 据此，广义的费用概念更可采。

3) 必要费用抑或有益费用

费用补偿的范围取决于其是必要费用抑或有益费用（《德国民法典》第994条、第996条）。必要费用仅指为了维持物的状态与使用或修复物所为的支出。[3] 在土地上建造房屋显然并非必要费用，但仍可能符合《德国民法典》第996条。 11

4) 违反意愿的建造是否产生有益费用

E请求拆除对其没有意义的房屋。由此产生的问题是，有益费用的"有益性"如何确定：是以所有权人的主观感受为断，抑或取决于客观标准。 12

以客观价值增值作为判断依据的理由是，立法者刻意将《德国民法典》第996条适用的客观"价值"与第997条第2款的"对他的"主观"价值"相区别。[4] 依此观点，本案中的土地价值增值成立有益费用。相反观点则认为，"有益"的标准在于费用支出对所有权人有意义。[5] 这种观点的目的在于避免所有权人必须"购买"他不需要的增值。

但第二种观点与《德国民法典》第994条第2款的规定存在评价矛盾。依此规范，占有人可依无因管理规则请求所有权人偿还必要费用，前提是该 13

---

[1] MünchKomm-BGB/Baldus, § 996 Rn.7 sowie Roth, JuS 2003, 937, 942 虽然原则上采广义的费用概念，但是优先适用了不当得利原则。若对所有权人没有价值，如他拆除了房屋，那么就没有必要补偿占有人为此支出的费用。借此，又将不当得利的评价掺入了所有权人与无权占有人关系。

[2] 仍支持适用这些规范的有 BGHZ 10, 171, 177 f. = NJW 1953, 1466, anders jetzt BGHZ 41, 157, 162 f.= NJW 1964, 1125; MünchKomm-BGB/Baldus, § 994 Rn.9.Hager, JuS 1987, 877, 880 认为，《德国民法典》第951条、第812条与《德国民法典》第994条均适用，目的在于不完全排除恶意占有人的有益费用补偿请求权。而于此保护恶意占有的正当性何在，则成疑问。

[3] 请参见 Prütting, Rn.551。

[4] Staudinger/Gursky (2013), Vorbem.zu §§ 987-993 Rn.6.

[5] MünchKomm-BGB/Baldus, § 996 Rn.7; Lieder, JuS 2011, 821, 825.

费用必须有利于所有权人。但仅恶意占有人才需要满足无因管理要件。[1]善意占有人的地位应当更优。虽然所有权人的地位未得到最优保护，但是这符合所有权人与无权占有人关系规范的妥协特性，其根本目的在于平衡所有权人与善意占有人的利益。[2] 据此，建筑房屋的支出构成有益费用。

5) 因 T 最初的妨害排除义务而修正结论？

14　　不过，T 有可能负担房屋拆除义务。该义务的规范基础是《德国民法典》第 1004 条第 1 款第 1 句。若该义务成立，则要求 E 补偿费用就有失公正，有悖诚实信用原则（《德国民法典》第 242 条），因为 T 随后必须拆除房屋。

15　　《德国民法典》第 1004 条规定的妨害排除请求权不以第 985 条为前提，即不必存在占有侵夺。[3] 本案中，即使将土地返还于 E，妨害仍存在，在他人土地上建造房屋也构成《德国民法典》第 1004 条规定的妨害。有疑问的是，妨害排除义务是否有违所有权人与无权占有人关系规范的价值评判。T 作为善意占有人不负担损害赔偿责任（《德国民法典》第 993 条第 1 款第 2 半句）。《德国民法典》第 1004 条的规定并不直接影响该规范，因其所涉并非损害赔偿请求权所指向的回复原状，而仅是（应予区分的）妨害排除请求权。

16　　但本案中，T 的损害赔偿义务与妨害排除义务内容相同，均为拆除房屋。于此情形，《德国民法典》第 993 条规定的对善意占有人的优待同样应适用于第 1004 条。[4] 据此，T 并不负担可排除其费用补偿请求权的拆除义务。

6) 因遗产债务而修正结论？

① E 对 A 的请求权

17　　T 的费用补偿请求权也可能因继受遗产债务中的妨害排除义务而被排除。依《德国民法典》第 1967 条第 1 款、第 2 款的规定，继承人对遗产债务负责。由此产生的问题是，依《德国民法典》第 989 条、第 990 条、第

---

[1] 必要费用如此，MünchKomm-BGB/Baldus, § 994 Rn.25; 但对有益费用有不同观点 MünchKomm-BGB/Baldus, § 996 Rn.7。

[2] Staudinger/Gursky (2013), Vorbem.zu §§ 987-993 Rn.4; 相关论述还可参见 Medicus/Petersen, Bürgerliches Recht, Rn.574。

[3] MünchKomm-BGB/Baldus, § 1004 Rn.58.

[4] 详细论证请参见 Baur, AcP 160 (1961), 465, 492 f.。

823 条第 1 款和第 2 款结合《德国刑法典》第 253 条，A 是否对 E 负担损害赔偿义务。首先应检视的是《德国民法典》第 989 条规定的封闭效力。E 的所有权因撤销而从未间断。而真正的损害来源，即以 Paule 的死亡为要挟，发生在 A 成为土地占有人之前。T 实施对土地的损害时，A 已不是占有人。因此，《德国民法典》第 989 条、第 990 条的规定于此并不适用。

接下来应检视的是《德国民法典》第 823 条第 1 款规定的所有权侵害。A 的侵害行为是胁迫以及为了建筑目的受让土地所有权。该行为与建造计划的实现之间具有因果关系。[1] 有疑问的是，不法行为与权益侵害之间的因果关系是否因第三人的介入而中断。E 以自己的行为让与所有权时处于自由意志形成受侵害的被强制状态，若受害人的行为不能归因于侵害人，侵害人即被优待。据此，若受害人的行为出于迎合侵害人的动机，且认为自己受到了侵害人的挑衅，就应把受害人的行为归因于侵害人。[2] 本案中，T 的行为恰好实现了 A 所造成的风险，他实施了 A 的计划，从而因果链条成立，无从排除因果关系。《德国民法典》第 823 条第 1 款规定的其他要件也具备，A 故意实施权利侵害行为，权益侵害与最终的损害结果之间具有因果关系（责任范围因果关系）。[3] 《德国民法典》第 823 条第 2 款结合《德国刑法典》第 253 条的要件同样满足，法律行为的撤销并不能排除《德国刑法典》第 253 条规定的财产损害要件的成立。[4]

18

② 该义务是否属于遗产

可能的疑问在于，损害结果在 A 死后才发生，在其死亡之前土地仍有可能原样返还。E 的请求权在 A 死亡之前即产生，但这并不妨碍损害赔偿义务由继承人承受。权益侵害与损害结果发生于被继承人死亡后也不影响损害赔偿义务依《德国民法典》第 1967 条第 2 款的规定被概括承受。具有决定作用的是权益侵害与损害结果是否因满足请求权规范之主客观要件的侵害人行为所致。[5] 据此，T 继承了 A 的义务。问题还在于，这是否与《德国民法

19

---

[1] 关于责任成立因果关系，请参见 Brox/Walker, Besonderes Schuldrecht, § 45 Rn.28 ff.。
[2] 请参见 Brox/Walker, Allgemeines Schuldrecht, § 30 Rn.23。
[3] 相关论述请参见 Brox/Walker, Besonderes Schuldrecht, § 45 Rn.60; Kötz/Wagner, Rn.129, 209 ff.。
[4] Rengier, Strafrecht BT I, § 13 Rn.156 讨论了欺诈情形的类似问题。
[5] Staudinger/Marotzke (2010), § 1967 Rn.21.

典》第993条的规定相悖。E的相关请求权产生于T为占有之前，所有权人与无权占有人关系规范也不能阻止其成立。

20　　因此该义务移转于T（《德国民法典》第1967条）。T有义务拆除房屋，无权主张费用补偿。[1]

　　7）修缮院墙的费用补偿请求权

21　　针对E的返还请求权，T还可以基于修缮院墙的费用补偿请求权，行使《德国民法典》第1000条第1句规定的留置抗辩权。T的修缮行为维护了院墙的状态，为必要费用。但T投入的劳力本身并未支出费用。有观点认为，若占有人代替其他须支付工资的劳动力付出自己的劳力时，占有人付出的劳力也应获得补偿。[2] 另一种观点则认为，仅在占有人于其他情形付出劳力会获得报酬，或占有人在自己营业或职业的范围内付出劳力时，占有人才能请求为劳力付费。[3] 第二种观点更可取，因为占有人并未承受财产上的不利益，而所有权人的财产状况应以不当得利法为断。据此，T单纯的劳力付出并不构成费用。但购买石材的支出构成费用。

　　T可依《德国民法典》第994条第1款第1句的规定请求补偿石材购买费用，且依《德国民法典》第1000条第1句的规定，该费用补偿请求权可对抗E的所有物返还请求权。

2. 被砍伐果树的损害赔偿请求权

22　　除了返还土地之外，E还可以向T主张果树被砍伐的损害赔偿。应检视的请求权基础是《德国民法典》第989条、第990条。该请求权不能成立，因为T既未陷于诉讼系属（《德国民法典》第989条），也非恶意占有（《德国民法典》第990条）。不过，E对A可能享有相同内容的请求权。虽然因A并非占有人，E无从依《德国民法典》第989条、第990条的规定向其主张损害赔偿，但是基于《德国民法典》第823条第1款规定的损害赔偿请求

---

〔1〕 若认为E构成与有过失（《德国民法典》第254条第1款、第2款第1句），结论亦相同。与有过失并不足以完全排除损害赔偿义务。结论仍然相同：拆除义务排除费用补偿请求权。

〔2〕 Baur/Stürner, § 11 Rn.55.

〔3〕 MünchKomm-BGB/Baldus, § 994 Rn.22: entsprechend § 1835 Abs.3 BGB; 相关论述还可参见 Vieweg/Werner, § 8 Rn.35, 附详细论据。

权可成立,因为果树的砍伐也可归因于A。此外,被伐的果树也构成因胁迫产生的损害,《德国民法典》第823条第2款结合《德国刑法典》第253条同样适用。A的损害赔偿义务由T承受。

提示:《德国民法典》第989条之诉讼系属的发生将使占有人负担更严格的责任,即使占有人仍以为自己有权占有且因此处于善意状态。原因在于诉讼系属的警示功能。依《德国民事诉讼法》第261条的规定,诉讼系属始于诉请的提起。而依《德国民事诉讼法》第253条、第270条的规定,诉讼的提起以诉状送达被告为断。据此,占有人收到其权利有争议的警示。请勿将诉讼系属与案件受理相混淆,后者以法院接受诉状为断,而不必送达被告。[1]

3. T的应对措施

(1) 拒绝接受遗产

T首先可以考虑拒绝接受遗产。由于T无法取得土地所有权,遗产中又无其他有价值的财产,基于经济考量,这一选择对他最有利。因妨害排除义务的存在,T无从主张建造费用的补偿,还须自己支付费用拆除房屋。而T若拒绝继承,主张费用补偿请求权的障碍即消灭,未继承债务即不必负担拆除义务,且可以取得建造费用的价值补偿。

但拒绝继承有期限限制。依《德国民法典》第1944条第1款、第2款的规定,遗产的拒绝只能在自继承人知悉继承开始时起的6周内作出,否则视为接受遗产。本案中该期间早已届满。因而只能考量撤销遗产之接受。无论T是明示表示接受,还是因6周时间经过而被拟制为接受,原则上都有撤销的可能。于前者,须具备根据一般规则下可撤销的意思表示;于后者,可撤销性规定于《德国民法典》第1956条。依《德国民法典》第1953条第1款的规定,遗产被拒绝的,视为未发生对拒绝人的遗产归属。

本案中可以考虑的是因性质错误的撤销(《德国民法典》第119条第2款)。接受遗产时T认为,除了价值较小的财产外,其还可以继承价值不菲的建筑土地。而实际上,T继承的只是超过遗产价值的沉重债务。拆除如此

---

[1] Vgl. Thomas/Putzo/Reichold, § 253 Rn.1, § 261 Rn.1; Musielak/Voit, Rn.334.

庞大的建筑所需的费用远远超过3000欧元的遗产。因拆除义务的存在，T对交易上重要的遗产债务的特征产生了误判，遗产整体可被视为"物"。[1]此处物的外延较《德国民法典》第90条规定的更宽，包括法律行为之任何可能的标的。[2] 远超预见范围的债务是决定遗产价值的重要因素，被作为交易上的重要特征。[3] 据此，T享有撤销权，依《德国民法典》第1954条第1款的规定，该撤销权应在自得知债务时起6周内行使。

(2) 责任限于遗产范围

27　　即使不撤销对遗产的接受，还可考虑对遗产责任的限制。若T不放弃遗产中无法变价的A的私人物品，则接受遗产对T较为有利。首先T应申请遗产管理（《德国民法典》第1981条第1款）。若T对负债过重知情，即有义务不迟延地申请遗产管理（《德国民法典》第1980条第1款第1句）。本案中，遗产债务超过了遗产价值，构成负债过重。[4]

28　　于此，T不必以自己的其他财产为遗产债务负担无限责任，包括拆除义务（《德国民法典》第1975条）。但遗产债务本身仍存在，仍足以排除T的费用补偿请求权。只要T认为A留下的纪念物品不如数十万欧元的费用补偿请求权有价值，即可劝他放弃接受遗产。

4. 结论

29　　E对T享有土地返还请求权。若T未对遗产继承采取任何措施，则E还可要求T拆除房屋，且不必补偿任何费用。T还有义务赔偿被伐果树的价值。若T撤销对遗产的接受，则享有价值补偿请求权，且既不负担拆除义务，也不负担损害赔偿义务。若T的责任有效地限于遗产价值，拆除义务的存在也可排除其费用补偿请求权。但T不必以自己的其他财产负担拆除义务，损害赔偿亦然。

---

〔1〕　Vgl. Palandt/Weidlich, § 1954 Rn.6: 不仅债务的存在构成交易上重要的特征，负债过重本身亦然。

〔2〕　Vgl. Frank/Helms, § 15 Rn.9.

〔3〕　Frank/Helms, § 15 Rn.9 附有详细论证；Lange/Kuchinke, § 8 VII 2 d. 仅轻微减损遗产价值的债务则不同，虽然它同样影响遗产价值，但是并不具有交易上的重要性。

〔4〕　Vgl. MünchKomm-BGB/Küpper, § 1980 Rn.6.

提示：损害赔偿数额取决于提起主张的时刻：最后一次口头审理。[1] 实体法上，还要考虑义务履行之前的情况变化，如费用增长。但受害人须另行提起诉讼，损害赔偿数额不会自行增长。仅在清偿之后，后续的情况变化才不生影响。[2]

（二）案情变化

1. E 对 T 基于《德国民法典》第 985 条的请求权

（1）《德国民法典》第 985 条的要件

该请求权成立，与上文论证相同。

（2）《德国民法典》第 1000 条第 1 句的留置抗辩权

1）房屋建造

房屋建筑所涉为有益费用（参见上文边码 12—13）。《德国民法典》第 996 条规定，仅在诉讼系属发生且第 990 条规定的要件满足之时，此类费用才应予以补偿。本案中诉讼系属并未发生，但在费用发生时，A 明知法律行为的可撤销性。《德国民法典》第 142 条第 2 款规定的将对法律行为可撤销性的明知与对无效的明知同等对待。本案中，A 明知自己无权占有，她不享有费用补偿请求权，T 也无从继承。

提示：乍看之下，似应适用《德国民法典》第 999 条：T 相对于所有权人的地位，不应比其前占有人更优，但也不应更劣。本案中，基于继承法规范即可得出相同结论，不存在的请求权当然不得继承。因此，《德国民法典》第 999 条所涉实为请求权法定移转于基于法律行为的权利继受人。[3]

2）院墙修缮

院墙修缮所涉为必要费用。修缮当时，A 为恶意占有人。依《德国民法典》第 994 条第 2 款的规定，仅在满足无因管理要件时，恶意占有人始得请求补偿必要费用。于此所涉并非对《德国民法典》第 677 条以下之要件的全面参引，果如此，参引将无法实现，因为自主占有人不可能具有事务管理意

---

[1] Staudinger/Schiemann (2005), Vorbem.zu §§ 249-254 Rn.79.
[2] Vgl. Staudinger/Schiemann (2005), Vorbem.zu §§ 249-254 Rn.81f.
[3] Vgl. Palandt/Bassenge, § 999 Rn.1.

思。另外，这种参引也并非纯粹的法律效果参引，因为无因管理的法律效果取决于其是否适法（《德国民法典》第683—684条）。因此，当今主流观点恰切地认为，《德国民法典》第994条的规定只是部分要件参引，不必具备为他人管理事务的意思。[1]

35 　　修缮E所有的院墙对A而言属于客观的他人事务。本案中有疑问的仅是，是否需要《德国民法典》第683条所要求的适法性。因为欠缺E之明示意思，应考量的即为可推知的意思。若院墙需要修缮，且E希望继续利用该地块，修缮即符合E的利益。据此，T可依《德国民法典》第683条、第670条的规定请求补偿为修缮院墙而购买石材的费用。

　　3）以不法行为取得

36 　　然而，A虽然支出必要费用，但是她的占有确是以侵权行为取得（请参见上文边码18）。依《德国民法典》第1000条第2句的规定，侵权占有人不享有留置抗辩权。有疑问的是，T是否也不享有留置抗辩权。T虽然以自己的名义主张留置抗辩权，但是该权利却是因被继承的请求权而产生。在《德国民法典》第999条所涉情形中，前占有人的侵权行为不能穿透至继受人而由后者承受，排除前占有人之留置抗辩权的原因是其实施了侵权行为从而不值得保护。[2] 本案中，上述论证同样成立，因而T享有留置抗辩权。

　　2. E对T的拆除房屋请求权

37 　　依《德国民法典》第989、990条的规定，关于E对T的房屋拆除请求权，与原案情结论相反。所有物返还请求权存在，因为在房屋建筑时A为占有人。房屋拆除请求权成立。[3] 此外，还可能成立基于《德国民法典》第823条第1款中规定的请求权。本案中，该规范的要件均满足。有疑问的是，

---

　　[1] Staudinger/Gursky (2013)，§ 994 Rn.23, 附详细论证。

　　[2] MünchKomm-BGB/Baldus, § 1000 Rn.4 f.; 相同观点可能还有 Palandt/Bassenge, § 1000 Rn.3。

　　[3] 尽管乍看之下，很难将颇具价值的房屋视为土地的"状态恶化"，并据此视其为损害，但应尊重《德国民法典》第249条以下规定的价值评判。其中所涉及的回复原状不考虑"被改变"的物之价值被提升或贬损。

所有权人与无权占有人关系规范是否排除一般规范对恶意占有人的适用。[1] 不过，本案中 A 通过胁迫取得土地之占有，可适用《德国民法典》第 992 条，因而该问题的答案对本案并无影响。依《德国民法典》第 1967 条，E 对 A 的请求权由 T 继承。

3. 被砍伐果树的损害赔偿请求权

E 对 A 之被伐果树的损害赔偿请求权之规范基础，可以是《德国民法典》第 989 条、第 990 条，也可以是《德国民法典》第 823 条第 1 款。该义务同样由 T 继承。

4. 结论

与原案情不同，依变化后的案情，T 对 E 仅享有修缮院墙之石材的费用补偿请求权，且负担拆除房屋并赔偿被伐果树的义务。若 T 撤销接受继承的意思表示，则上述权利义务均不存在。T 不会因撤销该意思表示而丧失任何财产，因为即使不撤销，遗产也因资不抵债而无所剩余。但是，若 T 未撤销接受继承的意思表示，则即使遗产不足以偿还债务，T 仍可取得 A 所遗留的价值不高的个人物品。

---

[1] 有观点认为，因恶意占有欠缺保护必要性，不能排除一般规范的适用，如 Prütting Rn.542.反对观点则从《德国民法典》第 992 条规定推导出相反结论，即仅该条所涉及的占有人才依侵权法担责任，如 Staudinger/Gursky (2013), Vorbem.zu §§ 987–993 Rn.67 ff.以及 Wolf/Wellenhofer, § 22 Rn.43。

案例 9　蜜蜂、花朵与树木

科　赫

一、案情与问题

2008 年秋季，Gerhard Gösebrecht（G）开始经营园艺产业，在露天园林种植了大面积的鲜切花（满天星、九月草、黄莺草）。G 认为这是一项很有前景的产业，因为附近区域尚无类似企业。但他的乐观预期并未实现。2009 年夏季 G 发现，鲜切花一直被蜂群光顾并授粉，导致鲜花迅速凋谢无法出售。G 认为应为此负责的是热情的养蜂人 Immanuel Instetten（I）。I 的住处离 G 的园林约 1 公里远，作为副业他已养蜂 11 年，养蜂在周边区域很普遍。

此外，G 认为自己的经营还受到其他方面的威胁。G 发现，通往园林的铺石路面有多处凹凸不平，已经有一名顾客因此跌倒，而这是由邻居 Norbert Niemann（N）在土地上所植樱桃树的生长造成的。

G 决定不再容忍这些妨碍。首先，G 给 I 寄了一封信，信中言辞激烈地要求 I 立即停止蜜蜂养殖，并赔偿自己营业损失 1 万欧元。G 还请人清除路面造成干扰的根枝，并重新铺筑路面。清理根枝花费 1200 欧元，铺筑新路花费 1000 欧元。G 要求 N 补偿这些费用。

但 I 与 N 均拒绝了 G 的要求。I 的理由是，他的蜂群只听从自然的召唤，他绝对不应为此负责。而且，他已尽力做了防护，在他的土地四周搭建了树篱，以限制蜂群飞出。周边的农庄并未受到蜂群的过度滋扰。而 G 种植的鲜花与其他农庄种植的作物相比，对蜜蜂有更强的吸引力，以至于树篱也无法阻挡蜂群。上述事实得到鉴定专家的认可，G 所遭受的高度损害确实与其所植鲜花对蜜蜂的强烈吸引有关。

N 拒绝 G 的理由则是，樱桃根枝侵入 N 的路基，N 并无过错，因为在他取得该土地之前，这些樱桃树已经种在此处，他不应负担赔偿义务。即使他应负担义务，他也不同意 G 的所为，G 应当请求 N 排除障碍，而非径自清理根枝并强制 N 补偿费用。

G 对 I 与 N 的拒绝非常不满。2009 年 12 月，G 决定采取法律措施，并请求律师就以下问题提供法律建议：

1. I 是否有义务停止蜜蜂养殖？
2. I 是否有义务赔偿 1 万欧元的营业损失？
3. N 是否有义务补偿 2200 欧元的费用？

解答提示：请依提问顺序以鉴定形式草拟法律意见书。

二、思路

（一）问题 1：I 是否有义务停止蜜蜂养殖？

1. 基于《德国民法典》第 1004 条第 1 款的不作为请求权 ………… 1
   （1）I 的所有权妨害 ………………………………………… 1
   （2）G 的容忍义务 …………………………………………… 2
     1) 基于《德国民法典》第 906 条第 1 款第 1 句的容忍义务 …… 2
   问题：蜂群是否为"不可量"物？
     2) 基于《德国民法典》第 906 条第 2 款第 1 句的容忍义务 …… 3
       ① 当地普遍性 …………………………………………… 3
       ② 无法通过经济上可合理期待的措施防止？ ……………… 4
2. 问题 1 的结论 …………………………………………………… 5

（二）问题 2：I 是否有义务赔偿 1 万欧元的营业损失？

1. 基于《德国民法典》第 906 条第 2 款第 2 句的请求权 ………… 6
2. 基于《德国民法典》第 833 条第 1 句的请求权 ………………… 7
   （1）动物造成的物之损害 …………………………………… 7
   （2）特殊的动物危险 ………………………………………… 8
   问题：对鲜花授粉是否构成蜂群之"特别的动物危险"？
   （3）不法侵害 ………………………………………………… 9

案例 9 蜜蜂、花朵与树木 119

3. 基于《德国民法典》第 823 条第 1 款的请求权 ·············· 10
4. 问题 2 的结论 ·············· 11

（三）问题 3：N 是否有义务补偿 2200 欧元的费用？

1. 基于适法无因管理的请求权，《德国民法典》第 670 条、第 683 条第 1 句、第 677 条 ·············· 12
   （1）依《德国民法典》第 1004 条第 1 款第 1 句，属于也涉及他人的事务 ·············· 12
   　 1)《德国民法典》第 1004 条的可适用性 ·············· 12
   　 问题：《德国民法典》第 1004 条得否与第 910 条同时适用？
   　 2) 所有权妨害 ·············· 14
   　 3) N 的妨害人属性 ·············· 15
   　 　 ① N 是行为妨害人？ ·············· 15
   　 　 ② N 是状态妨害人？ ·············· 17
   　 4) G 无容忍义务 ·············· 20
   　 5) 妨害排除义务的范围 ·············· 21
   　 　 ① 争议焦点 ·············· 21
   　 问题：妨害人是否有义务重建被妨害物的可使用性？
   　 　 ② 本书观点 ·············· 23
   　 6) 小结 ·············· 24
   （2）为他人管理事务的意思 ·············· 25
   （3）符合本人利益 ·············· 26
   （4）小结 ·············· 27
2. 基于不适法无因管理的请求权，《德国民法典》第 684 条、第 818 条 ·············· 28
   （1）基于字面意思满足不当得利请求权的法律要件 ·············· 28
   （3）基于体系考量排除不当得利请求权？ ·············· 29
   　 问题：不当得利规范的适用是否会与《德国民法典》第 280 条、第 283 条相悖，产生因给付不能的不问过错责任。
   （3）小结 ·············· 32

3. 基于《德国民法典》第 906 条第 2 款第 2 句的补偿请求权 ……… 33

4. 类推《德国民法典》第 906 条第 2 款第 2 句之基于相邻关系的补偿请求权 ……………………………………………………… 34

5. 问题 3 的结论 …………………………………………………… 36

三、解答

(一) 问题 1：I 是否有义务停止蜜蜂养殖？

1. 基于《德国民法典》第 1004 条第 1 款的不作为请求权

(1) I 的所有权妨害

G 对 I 可能享有《德国民法典》第 1004 条第 1 款规定的不作为请求权。前提是，G 的所有权被 I 妨害。I 的蜂群通过授粉影响了 G 种植的鲜花，并导致鲜花过快凋谢。虽然 12 月份该妨害已经不存在，因而《德国民法典》第 1004 条第 1 款第 1 句规定的持续妨害不再存在。但是次年夏季仍有《德国民法典》第 1004 条第 1 款第 2 句规定的妨害危险，所有权妨害危险要件满足。I 养殖蜜蜂，暂不论妨害人概念的界分困难（参见下文边码 15 以下），他构成行为妨害人或作为妨害人。 1

(2) G 的容忍义务

1) 基于《德国民法典》第 906 条第 1 款第 1 句的容忍义务

依《德国民法典》第 906 条第 1 款第 1 句的规定，G 有可能对上述侵入有容忍义务。前提是，蜂群属于该规范的适用范围。《德国民法典》第 906 条列举了一系列不可量物通过地表或空气以化学或物理的方式造成的侵入。[1]"可量"的蜜蜂并不符合这一定义。但《德国民法典》第 906 条第 1 款第 1 句还规定了"类似的侵入"。不可量并非类似的唯一考量因素，因为立法者列举的诸多情形也并非不可量的侵入。[2] 具有决定性的毋宁是规范目的，即侵入的扩散无法控制、强度波动剧烈，因而无从构成对他人土地的 2

---

[1] MünchKomm-BGB/Säcker, § 906 Rn.48.

[2] Vgl. BGHZ 117, 110, 112 = NJW 1992, 1389.

本质或非本质的侵害。[1] 蜂群的侵入及其造成的鲜花迅速凋谢符合上述特征。[2] 若拒绝为蜜蜂养殖者提供《德国民法典》第 906 条规定的保护，那么惯常的蜜蜂养殖将无法实现。[3] 因此，蜂群侵入构成类似不可量物的侵入。但依《德国民法典》第 906 条第 1 款第 1 句的规定，此类侵入仅在造成非本质的侵害时，才应被容忍。[4] 本案中 G 所遭受的系本质侵害。因而无法依《德国民法典》第 906 条第 1 款第 1 句的规定推导出 G 的容忍义务。

2）基于《德国民法典》第 906 条第 2 款第 1 句的容忍义务

① 当地普遍性

3 若造成本质侵害，仍可因《德国民法典》第 906 条第 2 款第 1 句的规定产生容忍义务。前提是，以符合当地通常用法的利用方式使用土地而造成了其他土地（第 906 条第 1 款）的本质侵害。本案中，G 的土地遭受了本质侵害。侵入是否具有当地普遍性必须通过对比造成侵入的土地的利用方式与当地其他土地的利用方式确定。关键在于，以当地多数土地当时事实上的使用方式进行衡量。[5] 原则上蜜蜂养殖仅在乡村与市郊具有当地普遍性。[6] 在 I 所居住的地区，蜜蜂养殖很普遍，因而 I 的土地利用方式可被认定为具有当地普遍性。

② 无法通过经济上可合理期待的措施防止？

4 《德国民法典》第 906 条第 2 款第 1 句规定的容忍义务的另一前提是，妨害人无法通过经济上可合理期待的措施防止此类妨害。I 已努力建造树篱限制蜂群的活动范围。而除了完全放弃养殖，并无其他可期待的措施，因为蜜蜂（与其他动物不同）不可能被完全封闭圈养。[7]

---

[1] BGHZ 117, 110, 112 = NJW 1992, 1389; BGHZ 157, 33, 40 = NJW 2004, 1037; MünchKomm-BGB/Säcker, § 906 Rn.48.

[2] 关于昆虫侵扰可参见 RGZ 160, 381; 关于蜂群可参见 BGHZ 16, 366, 371 = NJW 1955, 747; BGHZ 117, 110, 112 = NJW 1992, 1389; 对于动物侵扰的一般性论述可参见 Schneider, MDR 2009, 242, 243f.。

[3] RGZ 141, 406, 409.

[4] 蜜蜂养殖造成之侵入的本质性，概括论述可参见 Schneider, AgrarR 1990, 193, 194。

[5] BGHZ 30, 273, 279 = NJW 1959, 1867.

[6] Gerke, NuR 1991, 59, 62; Schwendner, AgrarR 1990, 193, 195.

[7] Gerke, NuR 1991, 59, 62.

2. 问题 1 的结论

依《德国民法典》第 906 条第 2 款第 1 句的规定，G 有义务容忍蜂群的侵入。因而，基于《德国民法典》第 1004 条第 1 款第 2 句的请求权不成立。

(二) 问题 2：I 是否有义务赔偿 1 万欧元的营业损失？

1. 基于《德国民法典》第 906 条第 2 款第 2 句的请求权

G 有可能对 I 享有《德国民法典》第 906 条第 2 款第 2 句规定的补偿请求权。该请求权的前提是，蜜蜂的侵入以超过合理限度的方式侵犯了对土地之符合当地通常用法的使用或因此类使用可产生的收益。具有当地通常用法的使用方式，是周边多数土地都以相同的方式或限度被利用。[1] 于此具有决定性的并非周边是否普遍进行农业或园艺式的土地利用。关键毋宁在于，G 在未受保护的露天庄园种植周边此前从未存在过的特殊鲜花。[2] 因此，G 对土地的使用并不具有《德国民法典》第 906 条第 2 款第 2 句规定的当地普遍性，不构成对符合当地普遍性的土地使用的侵害，也就不必再考虑侵害是否超过合理限度。基于《德国民法典》第 906 条第 2 款第 2 句的请求权不成立。

2. 基于《德国民法典》第 833 条第 1 句的请求权

(1) 动物造成的物之损害

G 对 I 还可能享有基于《德国民法典》第 833 条第 1 句的请求权。该请求权的前提是，动物造成了物之损害。I 的蜂群导致 G 的鲜花被提前授粉、凋谢而无法出售，G 遭受营业损失 1 万欧元。

(2) 特殊的动物危险

但该损害应基于特殊且典型的动物危险。而鲜花被蜜蜂授粉是否属于特殊动物危险的实现，仍可争议。较早的判例中认为，动物的典型行为造成的

---

[1] 请参见第 118 页脚注 [4] 提示。
[2] Vgl. dazu auch BGHZ 117, 110, 114 = NJW 1992, 1389.

损害并非特殊动物危险的实现。[1] 依此观点，蜜蜂授粉不产生《德国民法典》第833条规定的损害赔偿请求权。[2] 但联邦最高法院正确地否定了上述观点，认为不应将所有的自然的动物行为都排除在动物持有人责任之外，因为至少在有些情形下，"动物仅是依其本性行为但却造成了损害，而这些损害（根据法律上正确的评价）为侵权法上显著的动物危险所致"[3]。本书赞同该观点，因为动物持有人责任的适用领域恰是持有人不可预期也不可控制的动物行为，而非动物"未尽注意的行为"[4]。本案中，蜂群的飞行也属于上述无法控制的动物行为。

（3）不法侵害

9　　但若欠缺不法性，动物持有人责任也不成立。《德国民法典》第833条规定的侵权损害赔偿的类型，目的在于保护个人权利范围免受不法侵害。侵权行为的共性在于具有客观不法性。而相邻关系中的不法性问题取决于相邻关系的特殊规范。[5] 依《德国民法典》第1004条第2款结合第906条，G无权将蜂群的侵入作为所有权妨害予以排除，也无权依第833条的规定请求损害赔偿。因此，G并不享有基于《德国民法典》第833条第1句的请求权。

3. 基于《德国民法典》第823条第1款的请求权

10　　基于《德国民法典》第823条第1款的请求权，因I无过错而无法成立。

4. 问题2的结论

11　　G对I不享有任何请求权。

---

[1] 请参见如 RGZ 80, 237, 239; RGZ 141, 406, 407; OLG DüsseldorfVersR 1956, 226, 227。
[2] 持开放观点的可参见 BGHZ 117, 110, 111 = NJW 1992, 1389。
[3] Vgl. dazu BGHZ 67, 129, 130f. = NJW 1976, 2130; 赞同者如 MünchKomm-BGB/Wagner, § 833 Rn.9, 17。
[4] Vgl. dazu auch MünchKomm-BGB/Wagner, § 833 Rn.9, 17。
[5] BGHZ 117, 110, 111 = NJW 1992, 1389。

（三）问题 3：N 是否有义务补偿 2200 欧元的费用？

1. 基于适法无因管理的请求权，《德国民法典》第 670 条、第 683 条第 1 句、第 677 条

（1）依《德国民法典》第 1004 条第 1 款第 1 句，属于也涉及他人的事务

1)《德国民法典》第 1004 条的可适用性

G 可能对 N 享有基于《德国民法典》第 670 条、第 683 条第 1 句、第 677 条的费用补偿请求权。前提是，G 管理了他人事务，本案中为 N 的事务。G 清理根枝并重修道路，首先是为了自己的利益，因为他的所有权被侵害。但若 N 有义务填补损害，则该事务即因符合也涉及他人的事务（Auch-fremdes-Geschäft）原则而可归入他人事务。基于《德国民法典》第 823 条第 1 款、第 249 条的规定无法产生上述义务，因为 N 并无过错。但因 G 的所有权被延伸的根枝持续侵扰，可考量基于《德国民法典》第 1004 条第 1 款第 1 句规定的请求权。

12

但前提是，《德国民法典》第 1004 条的规定可适用于此。有观点认为，《德国民法典》第 910 条第 2 款第 1 句规定的自力救济权（即越界根枝的割除权）为特殊规则，排除第 1004 条的适用。[1] 反对观点则认为两项规范可同时适用。[2] 支持该观点的理由在于，《德国民法典》第 910 条应优化受侵害之所有权人的法律地位，使其有可能尽快以简便的方式实现权利。若《德国民法典》第 910 条排除第 1004 条规定的请求权，则所有权人的地位并非优化而是恶化。所有权人行使自力救济权割除根枝时，所有权妨害并未完全排除。越界根枝还妨害了所有权人对物的支配权，即将他人之物从自己的土地清除的权利。仅割除越界根枝尚不足以完全排除所有权妨害。而"更多"的妨害，所有权人无从依据《德国民法典》第 910 条的规定，而只能依据第

13

---

[1] Armbrüster, NJW 2003, 3087, 3089; Canaris, FS Medicus, 1999, S. 25, 53ff.; Wilhelm, Rn. 1363, 1367, 1393.

[2] BGHZ 60, 235, 241 f. = NJW 1973, 703; BGH NJW 2004, 603; Gursky, JZ 1992, 312, 313; Picker, Jus 1974, 357, 359 ff.

1004 条的规定请求妨害人排除。[1] 因此,《德国民法典》第 1004 条仍可适用。

2) 所有权妨害

14 《德国民法典》第 1004 条第 1 款第 1 句规定的妨害排除请求权之适用前提首先在于所有权侵害。妨害包括《德国民法典》第 985 条（无权占有）规定之外的所有侵害形式。所有违反所有权内容、对所有权人对物之法律或事实支配的侵犯，只要不是完全的占有侵夺，均为妨害。[2] 根枝导致路面凸起，构成对 G 的所有权妨害。

3) N 的妨害人属性

① N 是行为妨害人？

15 《德国民法典》第 1004 条第 1 款第 1 句规定的适用前提还在于，N 为妨害人。如何界定该规范所谓的妨害一直有争议。通常区分两类妨害人，即行为妨害人与状态妨害人，但区分标准很模糊。[3] 行为妨害人是以自己的行为造成所有权侵害之人，且行为与侵害间具有相当因果关系。状态妨害人则是侵害可间接追溯至其意思之人。[4] 而因先前已结束行为（如建造建筑物）导致妨害之人也被视为行为妨害人，两类妨害人的区分更加不确定。有鉴于此，有观点主张，以作为妨害人代替行为妨害人。作为妨害人仅指以持续的积极作为造成妨害者，行为的终结即妨害的终结。[5] 还有观点主张，应放弃行为妨害人这一概念，因其欠缺过错要件而导向纯粹的结果责任，成为"次级侵权法"[6]。

16 于此不必再检视行为妨害人与作为妨害人的争议细节，因为 N 并非以其直接行为侵害他人所有权。N 取得该土地之前，樱桃树就已经栽于此处，他可能应为此状态负责。而此类责任（即使被认定为以不作为方式违反交往安

---

[1] BGH NJW 2004, 603f.
[2] Palandt/Bassenge, § 1004 Rn.5f.
[3] 更进一步的分类可参见 MünchKomm-BGB/Baldus, § 1004 Rn.149ff.。
[4] 仅需参见 MünchKomm-BGB/Baldus, § 1004 Rn.149 附详细论证。
[5] 如 MünchKomm-BGB/Baldus, § 1004 Rn.160。
[6] 尤其请参见 Picker, Der negatorische Beseitigungsanspruch, 1972, S.25ff., 31; ders., AcP 176 (1976), 28ff., 49f.; ders., AcP 178 (1978), 499ff., ders., FS Bydlinski, 2002, S.279, 304ff.; Staudinger/Gursky (2013), § 1004 Rn.96ff.。

全义务）通常被认为状态妨害的亚类型。

② N 是状态妨害人

N 可能是状态妨害人。但这一概念也未被精确界定。有观点认为，所有权地位即足以作为状态妨害人责任的充分依据。[1] 据此，应将 N 视为《德国民法典》第 1004 条规定的状态妨害人。但判例中的观点认为，单纯的所有权人地位不足以成立状态妨害人，还需要妨害状态至少可间接追溯至所有权人的意思。[2] 新近的判例中将上述公式更精确地表述为，应在个案中根据特定归责标准之价值衡量决定所有权人负担妨害责任是否正当。[3]

尤其是在有自然力介入的两种情形下得支持所有权人的（状态妨害）责任[4]：其一，妨害人的行为客观上造成了具体的危险状态，且嗣后危险实现[5]；其二，违反了基于相邻关系产生的保护义务，即防止侵害邻人土地的义务。[6] 关键因素是，（妨害人）对自己土地的使用是否仍在惯常的范围之内。[7]

以此标准衡量 N 的行为，仍应肯定其构成《德国民法典》第 1004 条规定的妨害人。依据《德国民法典》第 903 条之规范意旨，第 910 条之特别规范的意义在于所有权人应防止己方土地下的根枝越界。[8] 若根枝越界，则所有权人为状态妨害人。因此，N 为《德国民法典》第 1004 条规定的妨害人。

提示：关于《德国民法典》第 1004 条规定之妨害人的争议太过复杂，

---

〔1〕 Prütting, Rn.574f.; Pleyer, AcP 156(1957), 291ff., 310; Stickelbrock, AcP 197 (1997), 456, 493ff.；认为应完全放弃状态妨害人概念的观点可参见 E.Wolf, Lehrbuch des Sachenrechts, 2.Aufl., 1979, § 3 E V a 3 ee (S.150ff.)；中肯的相反观点可参见 Staudinger/Gursky(2013), § 1004 Rn.96ff.。

〔2〕 BGHZ 90, 255, 266 = NJW 1984, 2207; BGHZ 155, 99, 105 = NJW 2003, 2377; BGH NJW 2005, 1366, 1368f.鉴于行为妨害人与状态妨害人的界分困难，有观点提出以不作为妨害人（上文边码 15）替代行为妨害人，其相对概念不再是状态妨害人，而是不作为妨害人。但该观点的用意并不在于从本质上偏离主流观点（请参见 MünchKomm-BGB/Baldus, § 1004 Rn.149, 164ff.）。

〔3〕 请参见 BGHZ 142, 66, 69 = NJW 1999, 2896; Palandt/Bassenge, § 1004 Rn. 21 以及 Wenzel, NJW 2005, 241ff.所引用的联邦最高法院判决。

〔4〕 也可参见 Wenzel, NJW 2005, 241ff.。

〔5〕 BGHZ 90, 255, 266 = NJW 1984, 2207; BGHZ 160, 232, 236 = NJW 2004, 3701.

〔6〕 BGHZ 90, 255, 266 = NJW 1984, 2207; BGH NJW 2004, 603, 604; BGHZ 157, 33, 42 = NJW 2004, 1037.

〔7〕 BGH NJW 2004, 603, 604; BGHZ 157, 33, 42 = NJW 2004, 1037.

〔8〕 BGH NJW 2004, 603, 604.

无法在通常的案例检视框架中考察其方方面面的细节。因此，建议对本案的分析（其他案例检视中亦然）聚焦其中的具体情节，而不必对此问题进行抽象检讨。

4) G 无容忍义务

20 依《德国民法典》第 1004 条第 2 款的规定，受妨害的所有权人仅在无容忍义务时，才有权主张妨害排除。在越界情形，容忍义务的判准在于《德国民法典》第 910 条第 2 款。[1] 据此，若所有权人对土地的使用并未受到侵害，则其无权请求割除越界根枝。本案中，越界的根枝导致 G 之土地上的道路凸起，造成了对其所有权的侵害。据此，G 并不负担《德国民法典》第 1004 条第 2 款规定的的容忍义务。因而，N 对 G 负有《德国民法典》第 1004 条第 1 款第 1 句规定的妨害排除义务。

5) 妨害排除义务的范围

① 争议焦点

21 问题还在于，妨害排除义务的范围如何确定。判例与学理对此未形成一致见解。[2] 根据判例中的观点，妨害人不仅应排除妨害本身，还应重建被妨害土地的可使用性。[3] 依此观点，G 不仅可请求 N 除去根枝，还可请求 N 补偿重修道路的费用。而根据主流学说，《德国民法典》第 1004 条规定的妨害排除请求权仅意味着，妨害人作为"相反行为人"（actus contrarius）仅有排除最初的妨害来源的义务。[4] 依此观点，N 仅有义务除去越界根枝，而无义务为修复道路负责。新近学理所倡导的篡夺理论（Usurpationstheorie）可得出相同结论。根据该理论，妨害人根本无义务排除妨害，而仅有义务从他人权利领域退出。[5] 依此观点，G 也仅有义务除去越界根枝。

---

[1] BGH NJW 2004, 603, 604; BGHZ 157, 33, 42 = NJW 2004, 1037.

[2] 关于此争议，可参见 Lohse, AcP 201 (2001), 902, 903f.; Weick, NJW 2011, 1702, 1705。

[3] BGHZ 97, 231, 236f. = NJW 1986, 2640; BGH NJW 2004, 603, 604; BGHZ NJW 2005, 1366, 1368; 另可参见 Wenzel, NJW 2005, 241, 243。

[4] 基础性文献为 Baur, ACP 160 (1961), 465, 487ff.; 赞同观点可参见 MünchKomm – BGB/Baldus, § 1004 Rn.225; Larenz/Canaris, Schuldrecht BT II/2, § 86 V 3c; Lettl, JuS 2005, 871, 872。

[5] 基础性文献为 Picker, Der negatorische Beseitigungsanspruch, 1972, S.157; 赞同观点可参见 Staudinger/Gursky (2013), § 1004 Rn.137ff.; Buchholz/Radke, Jura 1997, 454, 456ff.; Katzenstein, AcP 211 (2011), 58, 74ff.。

提示：后两种观点的结论常常相同。[1] 会产生区别的情形主要是所有权人抛弃造成妨害的物时。根据篡夺理论，前所有权人不再负担任何义务，因为已从他人权利领域中退出。[2] 而根据主流观点，前所有权人仍有义务排除妨害。[3] 后者至少在结论上更可取。作为妨害排除请求权之内容的收回请求权也无法接入篡夺理论，因为收回的表示只能针对过去，而过去已经结束的行为无从产生该义务。[4]

② 本书观点

后两种观点的结论一致，因而只需要检讨判例中的观点。后两种学理观点较之判例中的观点更值得赞同，因为它们维持了以过错为前提的损害赔偿与无关过错的妨害排除的界分。而判例观点则有将妨害排除请求权推入侵权领域的危险，并使《德国民法典》第 1004 条的规定架空侵权法中的过错要求。[5] 法院实践证明，已结束的致害（＝损害）与仍在继续的妨害（＝侵扰）难以界分，因为二者最终都可转化为"继续延伸的"侵害。[6] 基于上述理由，学理观点更值得赞同，N 虽然有义务排除妨害来源，但是并无义务重修道路。道路修复义务只能基于《德国民法典》第 823 条第 1 款的规定产生，但因 N 并无过错，该规范无法适用于本案。

6) 小结

G 有权请求 N 除去根枝，但无权请求 N 修复路面。因而，仅在 G 得请求排除妨害的限度内成立《德国民法典》第 677 条规定的他人事务。

（2）为他人管理事务的意思

G 还应具备为他人管理事务的意思。问题在于，除去根枝也符合 G 自身的利益诉求。而在此类"也涉及他人的事务"中，得否推定存在为他人管理事务之意思，极富争议。[7] 不过，至少在被管理人负担首要义务，而管

---

[1] 相同观点可参见 MünchKomm-BGB/Baldus, § 1004 Rn.225 和脚注 328。
[2] 请参见 Staudinger/Gursky（2013），§ 1004 Rn.113, 附详细论证（包括对相反观点）; Picker, Der negatorische Beseitigungsanspruch, 1972, S.113ff.; Buchholz/Radke, Jura 1997, 454, 461.
[3] 经典文献可参见 Larenz/Canaris, Schuldrecht BT II/2, § 86 V 2。
[4] Larenz/Canaris, Schuldrecht BT II/2, § 86 V 2.
[5] 请参见第 124 页，脚注 2 与 3。
[6] Vgl. dazu Larenz/Canaris, Schuldrecht BT II/2, § 86 IV 1b; Baur, ACP 160 (1961), 465, 489; Buchholz/ Radke, Jura 1997, 454, 457.
[7] 关于该争议详见 Martinek/Theobald, JuS 1997, 805, 807ff.。

理人明知该义务存在的情形下，主流观点认可管理意思的存在。[1] N 作为状态妨害人是排除妨害的首要义务人，因此可推定 G 具备管理意思。

(3) 符合本人利益

26　　最后，事务管理还应符合本人真实或可推知的意思。N 嗣后明确表示，G 除去根枝的行为不符合他的利益。但 G 对此并不知情，G 仍可认为自己的行为符合 N 可推知的意思。只是可推知的意思不得对抗真实意思。换言之，若存在明示的真实意思，则不再适用可推知的意思标准。若被管理人真实的意思可确定，则管理人对此是否知情均不生影响[2]，尤其是在管理人有可能确知被管理人的真实意思而置之不理时。据此，本案中无法认定 G 的事务管理符合 N 的利益。但依《德国民法典》第 679 条的规定，管理他人事务系为他人履行关乎公共利益的义务的，则不以是否符合本人利益为判断无因管理是否成立的标准。不过，N 的根枝除去义务并非此处所谓关乎公共利益的义务。

(4) 小结

27　　G 的行为并非为了 N 的利益，因而基于《德国民法典》第 670 条、第 683 条第 1 句、第 677 条的请求权不成立。

2. 基于不适法无因管理的请求权，《德国民法典》第 684 条、第 818 条

(1) 基于字面意思满足不当得利请求权的法律要件

28　　G 还有可能对 N 享有基于《德国民法典》第 684 条、第 818 条的请求权，以符合不适法的无因管理要件为前提。依上文分析，本案符合这种要件。G 以为 N 管理事务的意思管理事务，但并不符合 N 的真实意思。但依《德国民法典》第 684 条结合第 818 条第 2 款，G 仍有可能就除去根枝对 N 享有费用补偿请求权。G 除去根枝的行为使 N 得利，得利体现为依《德国民法典》第 1004 条第 1 款第 1 句规定的根枝除去义务已实现。根据规范文义、

---

〔1〕 关于联邦最高法院判决中对也涉及他人的事务之管理意思的推定，概述请参见 BGH NJW-BR 2004, 81, 82, 附详细论证；各方的质疑概览请参见 Falk, JuS 2003, 833, 835ff. 与 Martinek/Theobald, JuS 1997, 805, 807ff.，均附有详细论证。

〔2〕 Erman/Dornis, § 683 Rn.4; Staudinger/Bergmann (2006)，§ 683 Rn.24.

判例与部分学说主张，此处的不当得利请求权成立。[1]

(2) 基于体系考量排除不当得利请求权？

还有学说主张，此处应排除不当得利请求权，因为违反体系。[2] 依《德国民法典》第280、283条的规定，仅在给付不能可归责于债务人时，债务人才负担损害赔偿义务。若债权人未向债务人提供机会即自行排除妨害，给付不能则不可归责于债务人。此外，不排除不当得利也可能与《德国民事诉讼法》第887条产生评价冲突。依此规范，以可归责的行为为内容的请求权之强制执行不仅以执行名义为前提，且仅在事先对债务人充分听证后才可以由法院判决授权债权人自行为之。若债权人径行自己排除妨害继而请求费用补偿，该项规范即被规避。依此观点，G 对 N 并不享有不当得利请求权。

司法判决支持不当得利请求权的成立。《德国民法典》第267条规定了一项适用于所有债之关系的原则，即原则上第三人得为债务人履行。[3]《德国民法典》第1004条规定的妨害排除义务并非具有人身属性的义务，因而也可适用上述原则。《德国民法典》第910条也确证了上述论断，因为该规范所规定的除去根枝的自力救济权是第1004条之妨害排除请求权的延伸。[4] 自行除去根枝与《德国民事诉讼法》第887条的规定也并不相悖，因为该规范的目的在于为债权人创设程序法上的优待，而非限制其实体法上的请求权。[5]

实践考量也支持不当得利请求权的成立。[6] 越界根枝侵入导致的所有权妨害并不容易发现。只有通过挖掘路面或采取其他措施，如污水管的"可视化检测"才能发现。因而，不能苛求被妨害的所有权人要求邻人排除原因不明的妨害，其不得不首先确定妨害来源。而一旦他确定了妨害来源，基于已经采取的探测行为，顺便排除妨害即有其正当性。因而，G 的不当得利请

29

30

31

---

[1] BGHZ 97, 231, 234.=NJW 1986, 2640; BGH NJW 2004, 603, 604; BGHZ NJW 2005, 1366, 1367; MünchKomm-BGB/Baldus, § 1004 Rn.276.

[2] 请参见 Staudinger/Gursky (2013), § 1004 Rn.159; Gursky, NJW 1971, 782ff.; Gursky, JZ 1992, 312, 313ff., Picker, JuS 1974, 357, 361。

[3] BGH NJW 2004, 603, 604; 赞同观点可参见 H.Roth, LMK 2004, 64, 65。

[4] BGH NJW 2004, 603, 604; H.Roth, LMK 2004, 64, 65.

[5] BGH NJW 2004, 603, 604; Larenz/Canaris, Schuldrecht BT II/2, § 69 III 2d; Herresthall/Riehm, NJW 2005, 1457, 1459; H.Roth, LMK 2004, 64, 65.

[6] Vgl. zum Folgenden BGH NJW 2004, 603, 604.

求权成立。

(3) 小结

32　　基于《德国民法典》第684条、第818条第2款，G享有请求N补偿其除去妨害根枝费用1200欧元的权利。

3. 基于《德国民法典》第906条第2款第2句的补偿请求权

33　　基于《德国民法典》第906条第2款第2句的请求权不成立，因为本案中的根枝妨害并非该项规范所规定的侵入（请参见上文边码2）。

4. 类推《德国民法典》第906条第2款第2句之基于相邻关系的补偿请求权

34　　有观点主张，若依《德国民法典》第1004条的规定，不必容忍的侵入因法律或事实上的理由无法排除，或导致妨害的侵入（如本案）不在第906条规定的适用范围内，则可类推《德国民法典》第906条第2款第2句相邻关系中的补偿请求权。[1] 鉴于该请求权并非基于立法，而是由判例中的习惯法创设[2]，因而仅在受妨害之所有权人无法通过其他方式取得补偿时才得纳入考量。[3] 而本案所涉之妨害性根枝并不满足该前提（请参见上文边码32）。

35　　就修复路面的费用而言，虽然无从（以其他方式）请求赔偿，但是其理由恰在于不构成《德国民法典》第1004条规定的妨害（参见上文边码23）。应避免借助《德国民法典》第1004条第1款的规定架空侵权法上的过错要求。若于本案引入《德国民法典》第906条规定的补偿请求权，上述目的即落空。G虽然遭受不利益，但是其所有权不再继续受到妨害。无论是否一般性地承认相邻关系补偿请求权（的类推适用）[4]，均不影响本案的结论，因为不满足类推的前提。G无从以此为据请求补偿修复路面的费用。

---

〔1〕 关于该相邻关系上补偿请求权之概述请参见 BGHZ 58, 149, 158f. = NJW 1972, 724; BGHZ 90, 255, 262 = NJW 1984, 2207; 近期的文献有 BGHZ 157, 188, 190f. = NJW 2004, 3701; BGHZ 160, 232, 236 = NJW 2004, 3701, 3702f.; MünchKomm－BGB/Säcker, § 906 Rn. 169; Rachlitz/Ringshandl, JuS 2011, 970ff.; 质疑请参见 J.F.Baur, FG BGH, Bd.1, 2000, S.849, 866ff.。

〔2〕 Vgl. dazu Hagen, AcP 202 (2002), 996, 997.

〔3〕 BGH NJW 2004, 603, 605.

〔4〕 请参见127页脚注〔4〕。

5. 问题 3 的结论

G 对 N 享有基于《德国民法典》第 684 条、第 818 条第 2 款的补偿请求权，请求补偿除去妨害性根枝的费用 1200 欧元，但不得请求补偿修复路面的费用。

36

案例 10　鳏夫与孤儿

科　赫

一、案情与问题

丧偶的 Volker Vischer（V）有意将位于康斯坦茨市中心的地产赠与当时 10 岁的儿子 Samuel（S）。该土地上有两套房，一套由承租人 Melanchthon Markowski（M）居住，一套由 V 与 S 居住。土地上还设有一项土地债务，登记簿上记载，将来历任所有权人均受土地债务的即时强制执行（sofortige Zwangsvollstreckung）约束。2002 年 12 月 12 日，V 在公证员 Nathan Neureich（N）处作出赠与及不动产让与的意思表示。S 并未同时前往，由 V 代理。N 对赠与及不动产让与合意进行了公证。此外，V 还在该土地上为自己设立了一项终生物权性用益权（Nießbrauchsrecht），并为此负担超出合理范围的改善、翻新费用及土地负担。之后不久，S 即被登记为新的所有权人。赠与税为零，因为被让与之土地的价值在免税范围之内。此后产生的不动产税仍由 V 缴纳。

几年后，V 结识了年轻女士 Felizitas Frowein（F）。不久，F 搬进了 V 与 S 居住的房子。S 与 F 的关系一开始就很紧张，并很快搬离。之后，V 与 F 的关系日渐亲密，V 与 S 的关系则日益疏远。2009 年 1 月 22 日，V 订立遗嘱指定 F 为唯一继承人。不久 V 即离世。当时 S 年仅 17 岁。S 希望房屋被腾空，因为他有其他打算。为此，他还须尽快终止与 M 的租赁契约。但 F 拒绝搬出，理由是不动产所有权让与因当时 S 尚未成年而无效。

S 遂咨询律师，不动产所有权应归属于何人，他应采取怎样的措施。

问题：请将律师的答复草拟为鉴定式法律意见。

二、思路

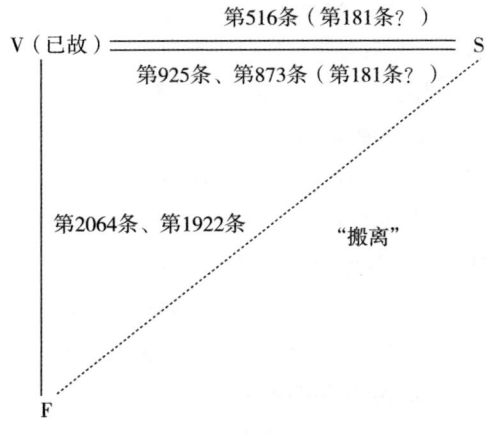

时间表

V 将土地让与 S

之后：F 搬入，与 V、S 同住

之后：V 指定 F 为继承人

之后：V 去世

之后：S 要求 F 搬离

之后：F 拒绝

（一）目前的法律状况

1. F 因财产整体移转取得所有权 ··· 1
2. S 此前已经受让所有权 ··· 2
   （1）不动产让与合意是《德国民法典》第 181 条规定之自己
        代理 ·· 2
   （2）自己代理禁止之例外 ·· 5
      1）原则 ··· 5
      2）有效的赠与契约 ·· 6
        ① 公证证书 ··· 6

案例 10　鳏夫与孤儿　　135

    ② 《德国民法典》第 181 条的无效赠与 ·················· 8
     a. 争议焦点 ································· 8
     b. 联邦最高法院的整体考量说 ·················· 10
  问题：负担行为与处分行为得否被视为一个整体行为，从而构成
    现行法上分离与抽象原则之例外？
     c. 《德国民法典》第 181 条的目的论限缩 ··············· 12
   3) 物权行为的不利益 ····························· 14
    ① 一般原则 ··································· 14
    ② 公法负担作为负担 ···························· 16
     a. 法定不利益作为例外 ······················· 16
     b. 典型不具危险的不利益作为例外 ················ 18
  问题：某些不利益可例外地不适用《德国民法典》第 107 条？
    ③ 土地债务 ··································· 23
    ④ 他人的用益物权作为负担 ····················· 25
    ⑤ 不动产的出租 ································ 26
     a. 法律状况 ································· 26
     b. 出让人预留物权性用益权时，《德国民法典》第 566 条的
      目的论限缩？ ····························· 27
     c. 因将来负担的不确定而不构成不利益？ ············ 29
    ⑥ 小结 ······································ 30
 3. 结论 ·· 31

（二）可能的事态发展

1. 事后追认的可能性 ······························· 32
2. 待追认行为仍存在 ······························· 33
 （1）《德国民法典》第 178 条的撤回 ··················· 33
 问题：在此情形下谁有权撤回？
 （2）因过失造成效力待定而排除撤回权 ················ 34
 （3）因让与义务的存在而排除撤回权 ················· 35
 （4）结论 ·· 39

三、解答

(一) 目前的法律状况

1. F 因财产整体移转取得所有权

F 可能依《德国民法典》第 1922 条、第 2064 条及以下条款,在 V 死亡时因整体财产继受成为涉案不动产的所有权人。依《德国民法典》第 2064 条及以下条款,F 基于有效的遗嘱是 V 的唯一继承人。依《德国民法典》第 1922 条的规定,V 的财产整体移转于 F。但问题在于,V 死亡时涉案不动产是否仍属于其财产。仅在 V 对 S 的让与无效时,才能对此予以肯定。 1

2. S 此前已经受让所有权

(1) 不动产让与合意是《德国民法典》第 181 条规定之自己代理

S 可能依《德国民法典》第 873 条、第 925 条的规定取得不动产所有权。但问题在于,是否存在有效的物权合意。于此,V 与 S 须达成将涉案不动产的所有权让与 S 的合意。以公证证书作出不动产让与合意时,S 并不在场。不过,依《德国民法典》第 164 条的规定,S 可以 V 为其代理人。这也不违反《德国民法典》第 925 条规定的形式要求,因为该规范允许代理,并未要求亲自在场。[1] 2

V 为 S 的代理人,但他的代理权可能因《德国民法典》第 181 条的规定而被排除。原则上,依《德国民法典》第 1629 条第 1 款第 3 句和第 1680 条第 1 款的规定,V 是 S 的法定代理人。依第 1629 条第 2 款第 1 句的规定,若监护人因《德国民法典》第 1795 条的规定被排除代理权,则父母无法有效地代理子女的行为。于此,《德国民法典》第 1795 条第 2 款参引了第 181 条。根据后者,代理人不得以被代理人的名义与自己为法律行为。在 V 对 S 的不动产让与中,V 一方面是 S 的代理人,一方面自己又是契约的当事方,构成《德国民法典》第 181 条规定的自己代理。据此,原则上该行为违反了 3

---

[1] MünchKomm-BGB/Kanzleiter, § 925 Rn.18.

《德国民法典》第 181 条。

4　　提示：若 S 基于其父亲的同意而订立相同的契约，结果也并无不同。在此情形下，法定代理人虽未以未成年人的"名义"行为，但基于规范目的，应类推适用《德国民法典》第 181 条。[1]

（2）自己代理禁止之例外

1）原则

5　　但若 V 的代理构成《德国民法典》第 181 条所列举的例外情形，则其代理权不受影响。依《德国民法典》第 181 条的规定，在下列情形中自己代理例外地有效：法律或被代理人允许自己代理或该行为专为履行债务。V 的自己代理可能是为了履行（对 S 的）债务。于此，必须存在有效的债务，该债务可能产生于《德国民法典》第 516 条规定的赠与契约。

2）有效的赠与契约

① 公证证书

6　　前提首先是 V 与 S 的赠与契约有效。依《德国民法典》第 311b 条第 1 款第 1 句的规定，不动产赠与契约须做成公证证书。

7　　提示：依《德国民法典》第 518 条第 1 款的规定做成的证书尚有未足，因为第 518 条第 1 款仅涉及赠与允诺，而非契约整体。

②《德国民法典》第 181 条的无效赠与

a. 争议焦点

8　　在赠与契约中，V 一方面仍是 S 的代理人，另一方面自己为当事方，因而也构成自己契约，可能因《德国民法典》第 181 条的规定而使赠与契约归于无效。但基于《德国民法典》第 181 条的目的论限缩，该情形可能构成自己代理禁止之例外。《德国民法典》第 181 条的规范目的是保护被代理人，若 S 因赠与而纯获法律上的利益，则并无保护必要。[2] 因而应考量的是，该赠与对 S 而言是否纯获法律上的利益，抑或也为其带来法律上的不利。

9　　基于赠与契约，S 取得请求作出所有权让与合意并请求登记的权利，因而原则上 S 纯获法律上的利益。与不动产取得本身相关联的可能的负担并非

---

［1］ BeckOK-BGB/Bettin, § 1795 Rn.6.
［2］ Vgl. dazu Wolf/Neuner, BGB AT, § 49 Rn.117.

基于负担行为产生，而是其履行行为的间接后果。[1] 因而，赠与契约有效，此后的不动产让与合意也未违反《德国民法典》第181条的规定，因为后者仅是赠与契约的履行行为。

b. 联邦最高法院的整体考量说

但如此僵化地理解法律文义可能导致未成年人因此类赠与而遭受风险，即仅赠与的履行行为才造成法律上的不利益。若父母可以以自己行为的方式为此类赠与，且其履行行为有效，则对未成年人的保护即被架空。对此问题存在不同的解决方案。[2]

在认定赠与是否纯获法律上利益时，联邦最高法院将债权契约及相关的物权契约作为整体予以考量。据此，若仅物权行为对未成年人造成法律上的不利益，作为其基础关系的赠与也无法被认定为纯获法律上利益。由此推论，赠与无效，不动产让与合意也就并非有效债务的履行行为，从而不构成《德国民法典》第181条规定的例外，不动产让与合意及让与均无效。[3]

c. 《德国民法典》第181条的目的论限缩

部分文献批评上述观点，认为将负担行为与处分行为整体考量架空了抽象原则。更可取的方案是对《德国民法典》第181条予以目的论限缩，亦即仅在履行行为对未成年人而言为纯获法律上利益时，履行债务的自己代理行为才被允许。[4]

提示：联邦最高法院在一则最新的判决中指明，整体考量说并不意味着原因行为的不利益可影响纯获法律上利益的物权处分行为。未决的问题是，若未明确表明抛弃此前的判决[5]，是否意味着法院仍在固守整体考量说。

---

[1] Wolf/Neuner, BGB AT, § 49 Rn.119ff.

[2] 对此也可参见 MünchKomm-BGB/J.Koch, § 516 Rn.17ff.。

[3] BGHZ 78, 28, 34f.= NJW 1981, 111; 与 BayObLGZ 98, 139, 143; BGHZ 15, 168, 170 = NJW 1955, 1353.

[4] 请参见如 Staudinger/Knothe (2012), § 107 Rn.31; Jaunering, JuS 1982, 576fl.; Köhler, JZ 1984, 18; Staudinger/Steinrötter, JuS 2012, 97, 100.。

[5] BGHZ 161, 170, 174f.= NJW 2005, 415; 在 BGHZ 187, 119 = NJW 2010, 3643 Rn.6 得到印证，被作为联邦最高法院放弃整体考量说的例证；请参见 Führ/Menzel, FamRZ 2005, 1729ff.; 相反观点可参见 LMK 2005, 25, 26; Staudinger, Jura 2005, 547ff.; Wojcik, DNotZ 2005, 655, 659f.; 案例可参见 Eickelmann, Jus 2011, 997ff.。

3) 物权行为的不利益

① 一般原则

14 对上述两种观点之争议不必再深入考量，因为二者结论相同（但请注意下文边码 35 及以下）。对这两种观点而言，具有决定性作用的均是物权行为对 S 而言是否属于纯获法律上利益。

15 原则上，若旨在取得物的法律行为使未成年人在此被取得的物之外，还须以自己的其他财产负担义务，则并非纯获法律上利益。[1]

② 公法负担作为负担

a. 法定不利益作为例外

16 不动产税缴纳义务是与不动产所有权相关的公法负担，对 S 而言这构成《德国民法典》第 107 条规定之未来的法律上的不利益，因为 S 作为不动产所有权人，不仅有义务以其取得的不动产，还有义务以其自有其他财产为该公法义务负责。[2]

17 有疑问的是，得否因公法上的土地负担系基于法律或行政法规产生，并非当事人协商的对象，而在法律上不利益的判断方面被区别对待。[3]《德国民法典》第 107 条之规范目的，即保护未成年人自有财产不受波及，并不支持上述区分。当不利益并非通过当事人的法律行为有意设定，而系法律规定之结果时，未成年人的财产所面临的危险也并不会减轻。[4]

b. 典型不具危险的不利益作为例外

18 但值得考量的是，缴纳不动产税的义务是否因其经济上的意义较小，而可被视为无关紧要。《德国民法典》第 107 条的规范目的首先在于保护未成年人的财产不受侵害。为此，《德国民法典》第 107 条规定，为了法律安定，在满足法律上不利益的形式标准时，即认定行为具有追认必要性，前者通常

---

[1] BGHZ 78, 28, 33 = NJW 1981, 109; BGHZ 161, 170, 175 = NJW 2005, 415; BGHZ 162, 137, 140 = NJW 2005, 1430.

[2] BGH NJW 1981, 2127. 应区分基于所有权地位的不动产税与取得过程中的不动产取得税。依《德国不动产取得税法》第 3 条第 6 项的规定，直系血亲之间的不动产取得不产生不动产取得税。

[3] 还可参见 MünchKomm-BGB/J.Schmitt, § 107 Rn.39; Soergel/Hefermehl, § 107 Rn.4.

[4] BGHZ 161, 170, 178 = NJW 2005, 415; MünchKomm-BGB/J.Koch, § 516 Rn.19; J.Schmitt, NJW 2005, 1090ff.

也暗示了财产危害。因为就某一法律行为的经济后果进行实质评价存在极大的操作困难。因此，不得以经济利益判断替代《德国民法典》第 107 条的法律利益判断。[1]但仍有可能将特定的典型的不会造成危害的法律上不利益从第 107 条的适用范围中剔除。[2]

于此所涉及的未成年人义务，必须是基于法定产生、范围受限且在经济上意义有限，以至于法定代理人或替代照管人拒绝追认即属不正当。这一取向于《德国民法典》第 107 条之保护目的的限缩解释中也不会危及法律安定性，只要这些类型封闭、限定明确且依其抽象特征属于典型的不会危及未成年人的法律上不利益，不属于第 107 条的适用范围。[3] 19

S 的不动产税缴纳义务即构成上述类型的义务。不动产税取决于土地的价值与性质，因而范围受限。且它通常可因土地的持续收益而得到补偿，属于典型的不会造成财产危害的法律不利益。关照未成年人利益的法定代理人或替代照管人不会单纯因不动产税而拒绝追认不动产的取得。 20

据此，不动产税对 S 而言并非法律上的不利益。 21

提示：这是正当的结论，因而在学理上也得到广泛支持。但不应忽视的是，于此联邦最高法院偏离了《德国民法典》第 107 条之法律不利益判断的纯粹形式标准。[4] 22

③ 土地债务

问题还在于，不动产之上的土地债务对 S 而言是否构成法律上的不利益。于此，依《德国民法典》第 1147 条结合第 1192 条第 1 款，土地所有权人仅有义务容忍债权人对土地的强制执行。据此，S 的责任以取得的不动产为限，其他自有财产不受波及。此责任虽然使随所有权取得而取得的法律利 23

---

[1] BGHZ 78, 28, 35 = NJW 1981, 109 即持此观点；BGHZ 161, 170, 179 = NJW 2005, 415 则对此予以强化。

[2] BGHZ 161, 170, 179 = NJW 2005, 415, 附详细论证。

[3] BGHZ 161, 170, 179 = NJW 2005, 415.联邦最高法院在 BGHZ 187, 119 = NJW 2010, 3643 Rn.13 中得到暗示性的证明，并同时认定，未成年人取得区分所有房屋所有权时，不存在无关紧要的经济上的不利益。

[4] Vgl. bereits MünchKomm-BGB/J.Koch, § 516 Rn.18; J.Schmitt, NJW 2005, 1090, 1092f.; Staudinger, Jura 2005, 547, 551; Wilhelm, NJW 2006, 2353, 2354f.

益有所减少，但是不会使其被排除。[1]

24 但不动产强制执行名义的费用由 S 负担，这可能构成 S 的个人支付义务。[2] 依《德国民法典》第 800 条第 1 款和《德国民事诉讼法》第 794 条第 1 款第 5 项的规定，本案中土地债务设立时的约定是，所有权人受即时强制执行约束。土地债务设立时即具备执行名义，S 不必负担额外的费用。据此，土地债务对 S 而言并非法律上的不利益。

④ 他人的用益物权作为负担

25 V 在作成赠与公证证书的同时为自己保留了生存期间的物权性用益权，这也可能构成法律上的不利益。物权性用益权也是纯粹的物上负担，不会造成不动产所有权人的其他财产义务，原则上并非法律上的不利益。但若所有权人有义务承受超出常规的修缮维护费用或超出常规的不动产负担，则有可能例外地构成法律上的不利益（《德国民法典》第 1047 条）。但本案中不必深入探讨此问题，因为不动产物权性用益权设定时，V 有义务承受上述负担。至少在本案中，物权性用益权对未成年人的不动产所有权人并非法律上的不利益。[3]

⑤ 不动产的出租

a. 法律状况

26 在不动产所有权让与时，土地上的一间房屋被出租于 M，对 S 而言这也可能构成法律上的不利益。依《德国民法典》第 566 条第 1 款的规定，随不动产所有权的取得，受让人也承受既存的租赁关系。据此，受让人须以其他自有财产负担义务。依《德国民法典》第 535 条第 1 款第 2 句的规定，出租人有义务维护不动产，使其处于合乎契约的状态。依《德国民法典》第 536a 条的规定，出租人还有可能负担损害赔偿与费用补偿义务。租赁关系可能导致的范围不确定的出租人义务对未成年取得人而言并非典型的不具危险的法律上的不利益，因而不能从《德国民法典》第 107 条的适用范围中排

---

[1] BGHZ 161, 170, 176 = NJW 2005, 415 附详细论证；BayObLGZ 1979, 49, 53; MünchKomm-BGB/J.Koch, § 516 Rn.19.

[2] BGHZ 161, 170, 176 = NJW 2005, 415 考量了此点。

[3] 还可参见 BGHZ 161, 170, 177 = NJW 2005, 415; MünchKomm-BGB/J.Koch, § 516 Rn.19.

除。据此，取得已出租的不动产原则上构成法律上的不利益。[1]

b. 出让人预留物权性用益权时，《德国民法典》第 566 条的目的论限缩？

有疑问的是，作为物权性用益权人的 V 也是出租人，这是否会导致不同的结论。应考量此因素的原因在于，物权性用益权人因全面的使用收益权限仍然有能力负担出租义务。因而在此情形，存在对《德国民法典》第 566 条进行目的论限缩的空间。[2] 结果可能是，V 仍然是出租人，而 S 并不因受让所有权而直接承受基于出租人地位的义务。

但即使肯定此目的论限缩，对于未成年取得人而言，至少仍存在以下风险：最晚在物权性用益权消灭时，本案中即为 V 死亡时，依《德国民法典》第 1056 条第 1 款的规定，S 应承受既存的使用租赁或用益租赁契约。[3] 由此产生的未成年人义务并不会因其为基于所有权地位的间接的法律上的不利益而变得无关紧要。实际上，使用租赁或用益租赁契约义务是物权取得行为的结果。至于它并非基于当事人的法律行为意思，而是基于法定要求，在《德国民法典》第 107 条的目的考量中并无影响（请参见上文边码 17）。

c. 因将来负担的不确定而不构成不利益？

还可考量，得否因不动产让与合意作出时，未成年取得人是否以及何时承受出让人缔结的使用租赁或用益租赁契约尚不确定，从而否定其构成法律上的不利益。单纯理论上具备成为未来负担的可能性，尚不足以构成《德国民法典》第 107 条规定的法律上的不利益。[4] 因此保留物权性用益权的不动产赠与并不单纯因无法排除物权性用益权人将来缔结使用租赁或用益租赁的可能而构成法律上的不利益。相反，若在不动产让与合意作出时使用租赁或用益租赁关系已经存在，则足够具体确定，未成年取得人在物权性用益权终止时即须承担使用租赁或用益租赁关系，而这足以构成法

27

28

29

---

[1] BGHZ 162, 137, 140 = NJW 2005, 1430; BayObLG NJW 2003, 1129; MünchKomm–BGB/J. Koch, § 516 Rn.19.

[2] 支持观点请参见 BGH NJW 1989, 3176, 3176; Staudinger/Emmerich (2011), § 567 Rn.13; 反对观点请参见 BayObLG Rpfleger 2003, 579。

[3] BGHZ 162, 137, 141f.=NJW 2005, 1430; MünchKomm–BGB/J.Koch, § 516 Rn.19.

[4] BGHZ 161, 170, 180 = NJW 2005, 415; BGHZ 162, 137, 142 = NJW 2005, 1430; MünchKomm–BGB/J.Koch, § 516 Rn.19.

律上的不利益。[1]

⑥ 小结

30　　本案的物权行为并非纯获法律上利益。无论依联邦最高法院的整体考量说还是学理观点，结论均是不动产让与合意无效。《德国民法典》第181条的例外规则并不适用，因为不存在纯获利益的负担行为（联邦最高法院），或基于目的论限缩的例外情形于此不存在（学理观点）。

3. 结论

31　　因欠缺有效的不动产让与合意，涉案不动产所有权并未让与 S。在 V 去世时，该不动产仍是 V 的财产。据此，依《德国民法典》第1922条的规定，F 成为该不动产的所有权人。

(二) 可能的事态发展

1. 事后追认的可能性

32　　但 S 有可能依《德国民法典》第177条第1款的规定事后追认不动产让与合意。《德国民法典》第181条规定的自己代理并不因狭义的文义（"不得"）而归于无效，而是仅构成第177条规定的效力待定。[2] 该追认通常并无期限限制，因此可以（只要不构成失权）在很久之后才做出。[3] 因 S 尚未成年，且所有权让与因《德国民法典》第566条规定的租赁关系而负担法律上的不利益，原则上该追认只能依《德国民法典》第1773条第1款的规定由其监护人做出。

2. 待追认行为仍存在

(1)《德国民法典》第178条的撤回

33　　即使是追认，也以待追认的法律行为尚存在为前提。之所以应考量此问题，是因为 F 表示，拒绝承认该行为的效力。该表示可视作《德国民法典》

[1] BGHZ 162, 137, 142 = NJW 2005, 1430; 不同观点请参见 Everts, ZEV 2005, 209, 211。
[2] Vgl. MünchKomm-BGB/Schramm, § 181 Rn.41; Palandt/Ellenberger, § 181 Rn.45.
[3] MünchKomm-BGB/Schramm, § 184 Rn.5; Palandt/Ellenberger, § 184 Rn.1.

第 178 条规定的撤回。无权代理人缔结的效力待定的契约可被相对方撤回，只要后者于缔结契约时对代理权的欠缺并不知情。F 作为 V 的唯一继承人完全承受 V 的法律地位，因而享有撤回权。但案情并未显示 V 对于代理权的欠缺知情，因而《德国民法典》第 178 条规定的排除撤回权的前提并不具备。

（2）因过失造成效力待定而排除撤回权

也可以考量，V 是否因《德国民法典》第 242 条的规定而不得行使撤回权，因为他不仅是契约相对方，还是造成契约效力待定的无权代理人。作为 V 的继承人，F 也必须承受该限制，从而不得行使撤回权。但现行法并未直接规定此类撤回权限制。尤其是《德国民法典》第 178 条规定仅在契约相对方明知代理人欠缺代理权时才排除前者的撤回权，重大过失不知情并不足以排除撤回权。[1] 据此，排除自己代理权情形下轻过失代理人的撤回权，并使其在无法预料的期间承受持续的效力待定，似乎并不合理。

（3）因让与义务的存在而排除撤回权

F 撤回物权行为的权利还可能因《德国民法典》第 242 条被排除的另一理由是，F 基于赠与契约项下的义务而负担不动产让与义务，但前提是赠与契约仍有效。于此，涉及上文提到的争议，即履行行为的不利益是否可导致负担行为无效，抑或仅构成《德国民法典》第 181 条的目的论限缩（请参见上文边码 14）。

若采联邦最高法院的观点，物权行为作为履行行为带来的法律上的不利益也影响负担行为，则后者也效力待定，可被 F 撤回。而若采主流学理观点，即赠与契约自始有效，仅依《德国民法典》第 181 条后半句的规定不得以自己代理的方式履行，那么 F 即使撤回不动产让与合意，也仍有义务基于既存的赠与契约作出新的不动产让与的意思表示。依据禁止矛盾行为的原则，F 无权行使撤回权。

34

35

36

提示：基于赠与的请求权也并未罹于时效，因为存在《德国民法典》第 207 条第 1 款第 2 句第 2 项规定的情形，父母与子女之间的请求权在子女成年之前停止。

37

本案说明，《德国民法典》第 181 条的目的论限缩路径优于联邦最高法

38

---

〔1〕 Vgl. dazu MünchKomm-BGB/Schramm, § 178 Rn.3.

院的观点，不仅是基于教义学，还符合正当结论。前者不仅维护了具有根本性的分离与抽象原则，还仅在造成未成年人实际负担时才否定权利取得，即仅在物权层面。相反，基于赠与契约的请求权则为纯获法律上利益，仍由未成年人享有。

（4）结论

39　　若基于上述理由赞同学理观点，则 S 享有请求 F 作出不动产让与意思表示的请求权。鉴于 F 有此义务，依《德国民法典》第 242 条的规定，S 不得撤回效力待定的不动产让与合意。但该方案并不符合联邦最高法院的判决，因而有疑问的是，法院是否会采纳该观点。在法院的整体考量说之下，S 无法最终取得涉案不动产所有权。

案例 11　紧俏的土地

洛尼希

一、案情与问题

Volker Vollmer（V）是某地块所有权人。Kraus 有限责任公司（K 公司）为了扩建该地块附近的工厂，希望能取得 V 的土地。为此，V 与该公司经理 Karl Kraus（K）于 2014 年 1 月 5 日签订公证契约，以 60 万欧元的价格为该公司设立物权性先买权（dingliches Vorkaufsrecht），先买权的行使期限为收到 V 与第三方订立买卖契约的通知之日起 6 个月。缔约过程中 K 告知 V，该公司有意拆掉该地块上的房屋用于建造车间。2014 年 2 月 23 日，先买权载入登记簿。

2014 年 3 月 25 日，V 与律师 Werner Würdinger（W）博士签订了符合形式要件的买卖契约，将该地块以 50 万欧元的价格出卖给 W，并公证了双方的不动产让与合意。此前，公证员向双方提示并说明了登记簿上的先买权及其法律效力。2014 年 5 月 22 日，W 被登记为该地块的所有权人。

W 希望与家人居住在该地块上的房屋中，故立即花费 6 万欧元彻底修缮了已破败不堪的屋顶，V 此前已将屋顶的状况告知 W。此外，W 还花费 1.5 万欧元更换了窗户，因为旧窗户虽然仍可使用，但是不合他的心意。

2014 年 5 月 2 日，V 将自己与 W 签订了买卖契约的事实告知 K 公司的经理 K。2014 年 10 月 22 日，K 书面通知 V，他以 K 公司的名义行使先买权。

问题：

1. K 公司是否有权请求 V 作成不动产让与合意？
2. 如果第一个问题的答案为肯定，那么 K 公司是否有权请求 W 同意将该公司登记为地块所有权人？

二、思路

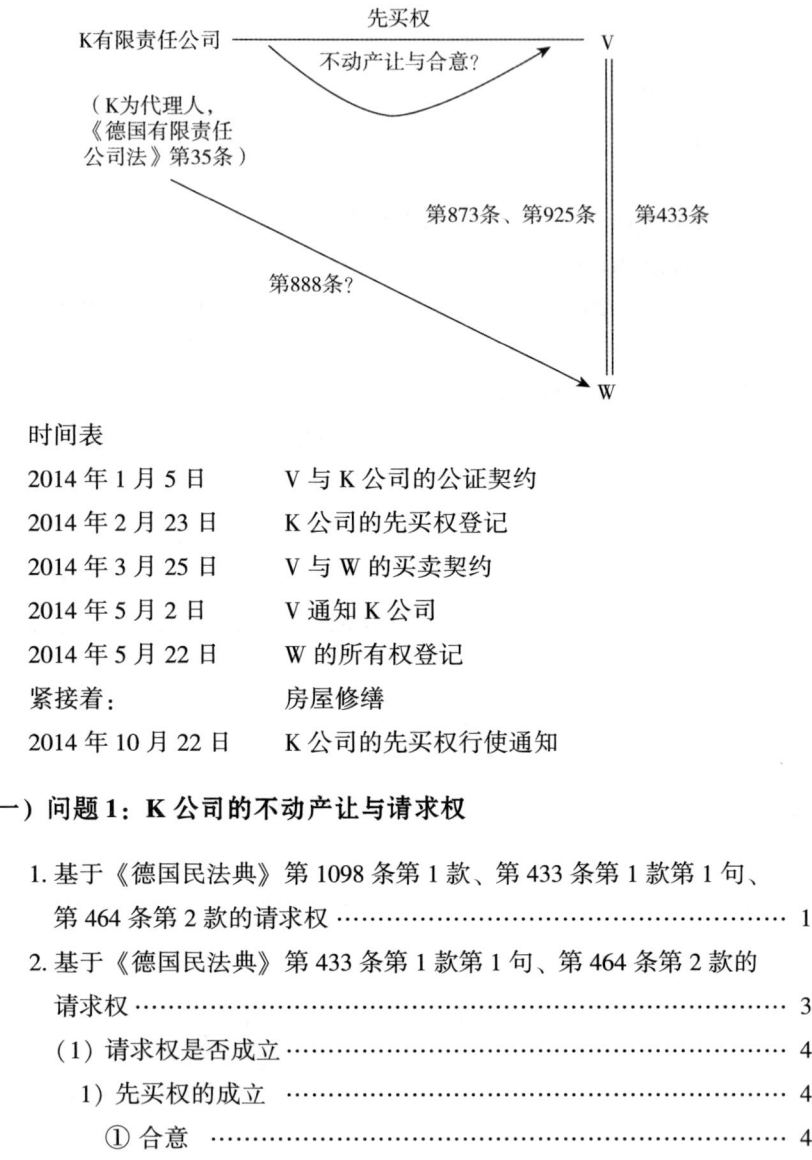

时间表

2014 年 1 月 5 日	V 与 K 公司的公证契约
2014 年 2 月 23 日	K 公司的先买权登记
2014 年 3 月 25 日	V 与 W 的买卖契约
2014 年 5 月 2 日	V 通知 K 公司
2014 年 5 月 22 日	W 的所有权登记
紧接着:	房屋修缮
2014 年 10 月 22 日	K 公司的先买权行使通知

（一）问题 1：K 公司的不动产让与请求权

1. 基于《德国民法典》第 1098 条第 1 款、第 433 条第 1 款第 1 句、第 464 条第 2 款的请求权 ·········· 1
2. 基于《德国民法典》第 433 条第 1 款第 1 句、第 464 条第 2 款的请求权 ·········· 3
   （1）请求权是否成立 ·········· 4
      1）先买权的成立 ·········· 4
         ① 合意 ·········· 4

　　　　② 形式 ……………………………………………………… 8
　　2) 第一项条件的成就：先买权行使条件，《德国民法典》
　　　第 463 条 …………………………………………………… 9
　　3) 第二项条件的成就：先买权的行使，《德国民法典》
　　　第 464 条 …………………………………………………… 10
　　　① 对 V 作出符合形式要求的表示 …………………… 10
　　　② 期限 …………………………………………………… 12
　　4) 小结 ………………………………………………………… 15
　(2) 请求权是否消灭 ……………………………………………… 17
　　1) 不动产让与合意 …………………………………………… 18
　　2) 但：K 公司之预告登记的效力 …………………………… 22
　　　① 预告登记的存在 …………………………………… 22
　　　　a. 无效的物权性先买权 …………………………… 22
　　　　b. 转换 ……………………………………………… 23
　　　② 预告登记的法律效力 ……………………………… 27
　(3) 请求权得否行使 ……………………………………………… 28

(二) 问题 2：K 公司的同意登记请求权

1. 基于《德国民法典》第 894 条的请求权 ………………………… 29
2. 基于《德国民法典》第 888 条第 1 款的请求权 ………………… 30
　(1) 请求权是否成立 ……………………………………………… 30
　(2) 抗辩权 ………………………………………………………… 32
　　1) 基于《德国民法典》第 1100 条的抗辩权 ……………… 33
　　2) 类推《德国民法典》第 1100 条的抗辩权 ……………… 34
　　3) 基于《德国民法典》第 1000 条的抗辩权 ……………… 35
　　4) 类推《德国民法典》第 1000 条的抗辩权 ……………… 36
　　　① 所有权人与无权占有人关系规范的类推适用 …… 36
　　　② 与所有物返还类似的状态 ………………………… 39
　　　③ 基于《德国民法典》第 994 条的费用补偿 ……… 40
　　　　a. 费用 ……………………………………………… 41

     b. 费用的类别 ·· 42
   问题：拆除计划是否阻却费用的必要性？
     c. W 的善意 ·· 44
     d. 基于《德国民法典》第 994 条第 2 款的费用补偿 ······ 47
       aa. 参引无因管理 ·· 47
   问题：此种参引的性质？
       bb. K 公司的意思与利益，《德国民法典》第 683 条 ······ 49
   问题：管理人是否必须明知本人的意思？
       cc.《德国民法典》第 684 条的适用 ························ 51
   问题：《德国民法典》第 994 条第 2 款是否参引了第 684 条？
       dd. 基于《德国民法典》第 684 条、第 818 条的请
         求权 ·· 53
    ④ 基于《德国民法典》第 996 条的费用补偿 ················· 55
   5）基于《德国民法典》第 273 条第 2 款的抗辩权 ············ 56
    ① 基于《德国民法典》第 951 条、第 812 条第 1 款第 1 句
     第 2 种情形的请求权 ·· 56
   问题：类推所有权人与无权占有人关系规范的同时得否适用
     《德国民法典》第 951 条？
    ② 基于《德国民法典》第 812 条及以下的请求权 ············ 59
 3. 结论 ··· 60

三、解答

（一）问题 1：K 公司的不动产让与请求权

  1. 基于《德国民法典》第 1098 条第 1 款、第 433 条第 1 款第 1 句、第 464 条第 2 款的请求权

  依《德国民法典》第 1098 条第 1 款第 1 句的规定，K 公司可能因行使物权性先买权而取得对 V 的不动产让与请求权。前提是，V 为 K 公司设立了此类先买权。

为此，V 与 K 公司应依《德国民法典》第 873 条的规定达成为后者设立物权性先买权的合意。合意目的是设立以《德国民法典》第 1094 条及以下规定的内容为指向的不动产限制物权。但本案并非如此，而是偏离《德国民法典》第 1098 条第 1 款第 1 句和第 464 条第 2 款，约定了确定的买卖价金（限制性先买权）。于此，违反了物权法的类型强制，物权性先买权无效。[1] K 公司并无基于《德国民法典》第 1098 条第 1 款、第 433 条第 1 款第 1 句和第 464 条第 2 款的请求权。

2. 基于《德国民法典》第 433 条第 1 款第 1 句、第 464 条第 2 款的请求权

但 K 公司可能因行使债权性先买权而对 V 享有不动产让与请求权。

（1）请求权是否成立

1）先买权的成立

① 合意

依《德国有限责任公司法》第 35 条第 1 款的规定，K 是 K 公司的法定代理人。K 与 V 须达成符合《德国民法典》第 463 条以下规定之内容的（债权性）先买权设立合意。但依上文边码 2 的分析，双方并未达成该合意。

但若满足《德国民法典》第 140 条规定的要件，无效的物权性先买权设立合意可以转换为（有效的）债权性先买权设立合意。鉴于债权性先买权相关规范的任意法性质，可以约定固定的价金，本案中无效的物权性先买权设定合意满足债权性先买权设定合意的要件。此外，还须认定，若双方知道物权性先买权设定无效，则愿意令其发生债权性先买权的效力。若双方设定物权性先买权希望达成的目的可完全或部分通过债权性先买权实现，则可如此认定。

本案中，可将无效的物权性先买权转换为（经预告登记保全的，请参见下文边码 22 以下）债权性先买权（《德国民法典》第 1098 条）。双方的目的可借此完全实现，并约定固定的先买权价金。据此，《德国民法典》第 140 条规定的要件满足，可认定存在债权性先买权。这意味着：V 与 K 公司缔结了一项买卖契约，该契约附两项延缓条件，即先买权行使条件的成就和先买

---

[1] Soergel/Stürner, § 1098 Rn.1.

权的有效行使。[1]

7　　提示：鉴于物权性先买权的僵化，它在实务中几乎已被抛弃，替代它的是经预告登记的债权性先买权。案例分析中碰到的物权性先买权也常常无效、待转换（为债权性先买权）。即使例外情形下，物权性先买权设定有效，《德国民法典》第 1098 条第 1 款与第 2 款也参引债权性先买权与预告登记规则，从而仍会用到相关知识。

② 形式

8　　不动产先买权设定作为附双重条件的买卖契约，须满足《德国民法典》第 311b 条第 1 款第 1 句规定的形式要件[2]，本案契约符合形式要件。

2）第一项条件的成就：先买权行使条件，《德国民法典》第 463 条

9　　若 V 与第三人就该不动产设立有效的买卖契约，则先买权行使条件成就。V 与 W 签订了符合《德国民法典》第 433 条、第 311b 条第 1 款第 1 句之形式要件的买卖契约，第一项条件成就。

3）第二项条件的成就：先买权的行使，《德国民法典》第 464 条

① 对 V 作出符合形式要求的表示

10　　依《德国民法典》第 464 条第 1 款第 1 句的规定，先买权的行使是需受领的意思表示，须由先买权人对义务人作出。K 公司于 2014 年 10 月 22 日以书面形式对 V 作出该意思表示。

11　　依《德国民法典》第 464 条第 1 款第 2 句的规定，先买权的行使并无形式强制，因为第 311b 条第 1 款的形式规范适用于先买权设立行为。

② 期限

12　　有疑问的是，该意思表示是否符合期限规范。依《德国民法典》第 469 条第 2 款第 1 句的规定，先买权的行使期间是通知后 2 个月内。但依《德国民法典》第 469 条第 2 款第 2 句的规定，该期限可通过合意被排除。K 公司与 V 约定了 6 个月的行使期间。

13　　行使期间是以事件起算的期间，以先买权义务人的通知激活。依《德国民法典》第 187 条第 1 款的规定，2014 年 5 月 3 日 0 点该期间起算。依《德

---

[1]　Soergel/Huber, Vorbem. zu § 504 Rn.7.
[2]　BGHZ 82, 398 = MJW 1982, 759; Larenz, Schuldrecht BT II/1, § 44 III.

国民法典》第 188 条第 2 款第 1 种情形，2014 年 11 月 2 日 24 时该期间终止。K 公司于 10 月 22 日行使先买权，行使行为有效。

提示：即使（如本案中）期限明显得到遵守，也应依《德国民法典》第 187 条以下的规定进行准确计算，因为仅此才是精确的涵摄，而且评阅者也期待答题者计算出精确的期限范围。

4）小结

先买权行使后，K 公司和 V 之间成立与 2014 年 3 月 25 日 V 和 W 之间买卖契约内容相同的契约，只是前者的价款是 60 万欧元。据此，K 公司享有不动产让与请求权。

提示：请注意，案例分析中常见的错误是认为先买权人替代第三人成为后者与先买权义务人之买卖契约的主体。正确的解析是，先买权人和先买权义务人间成立的买卖契约在内容上与先买权义务人和第三人签订的买卖契约相同。因而，先买权义务人对两位买受人均负担履行义务！

（2）请求权是否消灭

但不动产让与请求权可能因《德国民法典》第 275 条第 1 款而被排除。本案中可能存在主观的、法律上的给付不能，因为 V 可能不再是该地块的所有权人，从而无权让与。原因在于，V 可能已将该地块所有权有效地让与 W（《民法典》第 873 条、第 925 条）。

1）不动产让与合意

V 与 W 之间存在既满足《德国民法典》第 873 条第 1 款又满足第 925 条第 1 款的形式要件的不动产让与合意。

提示：狭义的"不动产让与合意"与《德国民法典》第 873 条规定的物权合意并无不同，满足《德国民法典》第 925 条规定的形式要求即可。

2014 年 5 月 22 日，W 被登记为不动产所有权人。

V 还应有处分权。与 W 达成不动产让与合意时，V 为所有权人。即使无效的物权性先买权已转换为经预告登记保全的债权性先买权（下文边码 23），预告登记也并未排除 V 的处分权。处分权不因预告登记而受影响，否则《德国民法典》第 883 条规定的效力规则即丧失意义。先买权经预告登记后，V 仍有处分权，可有效地将所有权让与 W。据此，V 已将地块所有权有效地让与 W。

2) 但：K 公司之预告登记的效力

① 预告登记的存在

a. 无效的物权性先买权

22　　但仍应考量，依《德国民法典》第 1098 条第 2 款、第 883 条第 2 款的规定，物权性先买权具有相当于预告登记的效力，V 对第三人的处分，在架空或妨碍 K 公司请求权的限度内，相对于后者为无效。若物权性先买权有效，则 V 对 W 处分之后对 K 公司而言 V 仍有权处分该地块。但本案中，物权性先买权并未有效设立。

b. 转换

23　　但若《德国民法典》第 140 条规定的要件满足，无效的物权性先买权仍可转换为经预告登记的债权性先买权。前提是，物权性先买权设立行为系法律行为，该法律行为无效，且先买权满足预告登记的一切特征。《德国民法典》第 1098 条第 2 款完全参引预告登记规则，因而上述要件满足。有疑问的是，是否满足有效预告登记的前提。

24　　因预告登记的从属性，首先要求存在有效的债权请求权。依《德国民法典》第 433 条、第 463 条及以下规定，该债权请求权可能产生于债权性先买权。但该请求权的成立还取决于先买权行使条件的成就与权利的行使，即须满足双重条件的成就。依《德国民法典》第 883 条第 1 款第 2 句的规定，附条件的请求权也可预告登记。据此，本案的先买权是可预告登记的请求权。

25　　双方以预告登记作为物权性保全手段的意愿包含在设立物权性先买权的合意之中。此外，预告登记还须载入登记簿。本案中，被登记的是物权性先买权。转换（为债权性先买权）可能违背登记簿的公示功能。不过，物权性先买权的效力与预告登记完全相同，因而登记簿的公示功能并未被破坏。[1] V 的处分权未受限制，有权进行预告登记。

26　　V 与 K（K 公司代理人）之可推知的合意必须指向预告登记的设立。K 公司与 V 意欲设立物权性先买权而非债权性先买权。前者包含了与预告登记相同的物上效力。据此，可认定本案中存在设立预告登记的意愿。因而，K

―――――――

〔1〕 Schreiber, Rn.527.

公司是经预告登记的权利人，其请求让与不动产的请求权受预告登记保全。

② 预告登记的法律效力

以 K 公司为权利人的预告登记的法律效力是，V 相对于 K 公司仍为有权处分人，因为 V 对 W 的所有权让与妨碍了 K 公司的不动产让与请求权之实现。依《德国民法典》第 883 条第 2 款的规定，相对于经预告登记的权利人，不再是所有权人的预告登记义务人仍为有权处分人。[1] 据此，K 公司的请求权并未因《德国民法典》第 275 条第 1 款的规定被排除。

(3) 请求权得否行使

依《德国民法典》第 320 条第 1 款第 1 句的规定，K 公司仅得在支付 60 万欧元价金的同时请求 V 让与所有权。

(二) 问题 2：K 公司的同意登记请求权

1. 基于《德国民法典》第 894 条的请求权

K 公司对 W 可能享有《德国民法典》第 894 条规定的同意更正登记请求权。该请求权的前提是登记簿错误，即登记簿上登记的形式上的权利状况与真实的权利状况不符。本案中，登记簿上的权利人是 W。实际上，如上文边码 21 的分析，W 也因 V 的处分而成为真正的所有权人。虽然上述处分违反了预告登记，但是仍是有效处分。[2] 登记簿内容与真实的权利状况相符，更正登记请求权因不存在登记错误而不成立。

2. 基于《德国民法典》第 888 条第 1 款的请求权

(1) 请求权是否成立

但 K 公司仍可能对 W 享有基于《德国民法典》第 888 条第 1 款的同意登记请求权。W 取得所有权的行为是妨碍 K 公司之预告登记的处分，因而后者对 W 享有请求同意登记的请求权。

提示：依《德国不动产登记条例》第 19 条的规定，在不动产登记规范

---

[1] 详细论证可参见 Löhnig/Gietl, JuS 2008, 102 ff.。
[2] 详细论证可参见 Löhnig/Gietl, JuS 2008, 102 ff.。

层面，登记同意是所有权取得的必要前提。

即使在仅涉及涂销违反预告登记设立的不动产担保物权时（正如此处之违反预告登记的让与），经预告登记的权利人已经被登记为所有权人也并非其请求权的要件。[1]

（2）抗辩权

32　　不过，W 可能享有对抗 K 公司之请求权的抗辩权。

1) 基于《德国民法典》第 1100 条的抗辩权

33　　W 可能依《德国民法典》第 1100 条的规定享有拒绝同意的权利，前提是因 K 公司行使物权性先买权而使 W 取得价金补偿请求权。但本案中物权性先买权设立无效，《德国民法典》第 1100 条无法适用。

2) 类推《德国民法典》第 1100 条的抗辩权

34　　可考量的是，得否类推适用《德国民法典》第 1100 条。本书认为对此应予否定，理由是本案两个买卖契约的价金不同，此与物权性先买权不同。因此，本案中由先买权人直接向第三买受人补偿价金不合规范目的，欠缺类似的利益状态。

3) 基于《德国民法典》第 1000 条的抗辩权

35　　鉴于 W 修缮了房屋，还可考量与《德国民法典》第 994 条及以下相联系之第 1000 条规定的抗辩权。前提是，在修缮屋顶与更换窗户时，W 负担《德国民法典》第 985 条、第 986 条规定的所有物返还义务。但当时的所有权人是 W 而非 K 公司，因而 W 并无所有物返还义务。

4) 类推《德国民法典》第 1000 条的抗辩权

① 所有权人与无权占有人关系规范的类推适用

36　　不过，仍可考量将《德国民法典》第 1000 条、第 994 条及以下的规范类推适用于第三买受人与先买权人之间的关系。前提是，存在违反计划的规范漏洞。本案中，欠缺与《德国民法典》第 888 条相关的附从请求权规范。

37　　此外，还须具备类似的利益状况。W 仅是暂时的所有权人，且应可预期，K 公司会行使由预告登记保全的先买权。于此，W 的地位类似无权占有人。而且，预告登记的效力与既得权之针对临时登记命令（Zwischenverfügung）的保护功能

---

[1] BGH bei Wolf, JA 2011, 549.

类似。就此而言，K公司作为经预告登记的权利人与所有权人的地位类似。所有权人与无权占有人关系规范，一方面具有衡平功能以避免善意占有人与违反预告登记的权利人承受过重的负担，另一方面也通过区分必要费用与有益费用来保护所有权人与经预告登记的权利人。因而，可类推适用《德国民法典》第1000条、第994条及以下的规定。[1]

提示：在其他情形也可能类推适用《德国民法典》第987条及以下、第989条及以下与第994条及以下的附从请求权规范，例如真正所有权人与登记簿记载的所有权人之间的关系，因为在此情形，也欠缺《德国民法典》第894条之附从请求权规范。在案例分析考试中，常考核在此情形下之所有权人与无权占有人关系规范。

② 与所有物返还类似的状态

首先在W修缮房屋时，须存在类似所有物返还的状态。当时，K公司是受预告登记保全的先买权人，W是第三买受人，且W对K公司并无值得保护的所有权人地位，也不得阻止后者行使先买权。

③ 基于《德国民法典》第994条的费用补偿

若W对K公司享有类推《德国民法典》第994条的费用补偿请求权，则W可诉诸第1000条的抗辩权。

a. 费用

问题首先在于，W实施修缮措施的花费是否构成费用。费用是为了某物的维护或改善而自愿作出的财产支出。[2] 修复屋顶是为了维护房屋的使用，更换窗户则至少是为了改善房屋。此两种情形的支出都构成费用。

b. 费用的类别

依《德国民法典》第994条的规定，仅必要费用得请求补偿。必要费用是指为了维护物的状态或使用而在客观上必须支出的费用。[3] 为了防止房屋进一步受损，修复屋顶是每个所有权人（先买权人）都必须支出的费用。

---

[1] MünchKomm-BGB/Westermann, § 1100 Rn.5.

[2] BGHZ 10, 171, 177 = NJW 1953, 1466; MünchKomm-BGB/Baldus, § 994 Rn.6; Baur/Stürner, § 11 Rn.55; Wolf/Wellenhoffer, § 23 Rn.2.

[3] BGHZ 64, 333, 339 = NJW 1975, 1553; MünchKomm-BGB/Baldus, § 994 Rn.17; Prütting, Rn.552; Wolf/Wellenhoffer, § 23 Rn.5.

于此，K 公司虽然有意拆除房屋，修复房屋对其无利益可言，但是因费用的客观必要性，该情形无关紧要。《德国民法典》第 994 条第 1 款规定的标准是严格的客观考量，这也符合该条第 2 款的反面推论，后者参引无因管理规则，以所有权人（先买权人）的意思或利益为断。据此，修复屋顶的费用构成《德国民法典》第 994 条第 1 款第 1 句规定的必要费用，而且并非第 994 条第 1 款第 2 句（无须补偿）规定的惯常保持费用，应予补偿。

43　更换仍可使用的旧窗户所支出的费用则并非必要费用，无从依据《德国民法典》第 994 条的规定请求补偿（第 996 条的适用问题参见下文边码 55）。[1]

　　c. W 的善意

44　依《德国民法典》第 994 条第 2 款的规定，必要费用的补偿因占有人（第三买受人）是否为善意而不同。此种善意常是对自己（实际并不存在）之占有本权的善意信赖。[2]

45　问题在于，此处当如何类推适用。若将占有人与第三买受人等同视之，前者善意信赖的对象是自己的占有本权，而后者善意信赖的对象则是已经取得的所有权人地位之持续性。有争议的是，如何类推《德国民法典》第 990 条第 1 款的恶意。有观点认为，若先买权人行使了权利，第三买受人对此知情或应知，则为恶意。依此观点，W 在修复房屋时为善意。

46　但更有说服力的观点是，依《德国民法典》第 142 条第 2 款的法律思想，以对先买权的知情状况判断善意与否，因为第三买受人在此情形当可预期先买权随时可能被行使，从而自己随时可能丧失所有权。本案中，在所有权让与 W 之前，公证员即已向他提示已登记的先买权，据此 W 为恶意。因而，《德国民法典》第 994 条第 1 款规定的请求权被排除。

　　d. 基于《德国民法典》第 994 条第 2 款的费用补偿
　　aa. 参引无因管理

47　修复屋顶的必要费用补偿请求权可能基于《德国民法典》第 994 条第 2 款的规定产生，该规范参引无因管理规则。于此所涉为部分的法律要件参

---

〔1〕　详细论证请参见 Hähnchen, JuS 2014, 877ff.。
〔2〕　Baur/Stürner, § 11 Rn.55; Wolf/Wellenhoffer, § 22 Rn.6.

引[1]：虽然包含了适法与不适法无因管理的区分（法律要件），从而应区分费用支出是否符合经预告登记之权利人的意思或利益，但是却不必考量是否具备管理意思（法律效果参引）。通常管理意思要件在此也不具备，因为暂时的所有权人信赖自己所有权的存在，并据此"为自己"支出费用。

提示：在案例分析中遇到任何规范参引时均需注意，其间所涉为法律要件参引抑或法律效果参引（抑或因立法者的失策所涉为部分的法律要件参引），因为这通常并不显示在规范文本之中。

bb. K 公司的意思与利益，《德国民法典》第 683 条

依《德国民法典》第 683 条第 1 句的规定，适法的无因管理须符合本人的意思或利益。而本案中，修复屋顶并不符合 K 公司的利益，因其打算拆除房屋改建车间。

但 W 对 K 公司的规划并不知情。根据正确的观点，管理人对此是否知情并不重要，只要被管理人通过某种方式（本案是在公证时）表明了自己的意思。[2] 无因管理必须区分被期待的帮助与对他人事务不被期待的干涉，并在事务管理不符合本人意思时将风险分配于管理人。据此，基于《德国民法典》第 683 条第 1 句、第 677 条、第 670 条的费用补偿请求权在本案中不成立。

cc.《德国民法典》第 684 条的适用

接下来应考量的是基于《德国民法典》第 684 条之不适法无因管理的请求权，该规范参引不当得利规则。但有疑问的是，《德国民法典》第 994 条第 2 款对无因管理规则的参引是否包含了第 684 条？

有观点对此予以否定，理由是，否则恶意的占有人/第三买受人即可能迫使所有权人/先买权人接受不被期待的给付。[3] 相反观点则正确地从《德国民法典》第 994 条第 2 款规定出发，认定该规范所参引的是无因管理的整体规则。《德国民法典》第 818 条第 3 款规定的原则可保护所有人/先买权人免受强迫得利。[4]

---

[1] Schreiber, Rn.237; Wolf/Wellenhofer, § 23 Rn.9.
[2] Brox/Walker, Besonderes Schuldrecht, § 35 Rn.24.
[3] Staudinger/Gursky (2012), § 994 Rn.27.
[4] MünchKomm-BGB/Baldus, § 994 Rn.20.

dd. 基于《德国民法典》第684条、第818条的请求权

53 《德国民法典》第684条（对不当得利规则）是法律效果参引〔1〕，因而仅参引《德国民法典》第818条及以下，因为对被管理人权利领域的不适法干涉在无因管理领域已被检视。

54 依《德国民法典》第818条第1款的规定，返还修复已经不可能。依《德国民法典》第818条第2款的规定，K公司应返还相应的价值。但因W支出的费用对K公司并无价值，因而涉及强迫得利问题。对此有两种不同观点。一种观点认为，适用《德国民法典》第818条第2款之价值概念的结果是，K公司的补偿义务以其实际从屋顶修复中获得的利益为限。而K公司既无居住的打算，也无出卖的意愿，无法从修缮中得利，因而不必对W做费用补偿。另一种观点则认为，《德国民法典》第818条第3款的适用，在其文义之外，尚以得利的存在为前提。对得利嗣后已不存在者的保护，也以其曾经得利为前提。第二种观点符合《德国民法典》第818条的体系解释，首先依第818条第2款探寻客观价值，再依第818条第3款以主观标准进行修正。〔2〕依此观点，K公司也不必负担价值补偿义务。因而，W无法因修缮屋顶而请求K公司补偿费用，从而也无从类推适用《德国民法典》第1000条规定的抗辩权。

④ 基于《德国民法典》第996条的费用补偿

55 依《德国民法典》第996条的规定，W可能有权请求K公司补偿更换窗户的（有益）费用，并基于该请求权类推第1000条的抗辩权，对抗K公司依第888条享有的同意更正请求权。有益费用的判断仅以物因费用支出而产生的客观价值增值为准，而不考虑其对所有权人（先买权人）是否（在主观上）有利。〔3〕因而，即使先买权人有拆除计划，也无法排除费用的有益性，因为房屋价值因更换新窗而增值。有益费用的补偿以善意为前提（《德国民法典》第996条、第990条第1款），但本案中W并非善意（请参见上

---

〔1〕 BGH WM 1976, 1060; Brox/Walker, Besonderes Schuldrecht, § 35 Rn. 55; Medicus/Petersen, Bürgerliches Recht, Rn.434.

〔2〕 Palandt/Sprau, § 818 Rn.18.

〔3〕 支持观点如Soergel/Mühl, § 996 Rn.1; Prütting, Rn.554; Wolf/Wellenhoffer, § 23 Rn.11; 反对观点如Staudinger/Gursky (2012), § 996 Rn.5ff.。

文边码 46）。据此，也无从类推适用《德国民法典》第 1000 条规定的抗辩权。

5）基于《德国民法典》第 273 条第 2 款的抗辩权

① 基于《德国民法典》第 951 条、第 812 条第 1 款第 1 句第 2 种情形的请求权

最后应考量的是，W 若因窗户添附于房屋而丧失权利（《德国民法典》第 946 条、第 93 条），则可能对 K 公司享有请求权，并以此请求权为据享有《德国民法典》第 273 条第 2 款规定的抗辩权。上述请求权可能产生于《德国民法典》第 951 条、第 812 条。有疑问的是，《德国民法典》第 951 条得否与所有权人与无权占有人关系规范同时适用。首先，《德国民法典》第 993 条第 1 款末句原则上并未排除第 951 条的适用，因为前者所涉仅是用益与损害问题。有观点认为，《德国民法典》第 994 条及以下规定的所有权人与无权占有人关系规范在涉及费用问题时也是封闭规则[1]，尤其是第 996 条的措辞（"补偿仅限"）可作相同解释。在类推适用所有权人与无权占有人关系规范之处，合乎逻辑的推论是，后者的特别价值考量也不应被请求权一般规则所架空。依此观点，《德国民法典》第 951 条的适用被排除，W 并无请求权。

反对观点则认为，《德国民法典》第 951 条可同时适用，因为支出费用的占有人地位不应低于非占有人。[2] 而且，《德国民法典》第 951 条第 2 款第 1 句明确指示，关于费用补偿的规范不受影响。在将所有权人与无权占有人关系规范类推适用于《德国民法典》第 888 条的范畴内，上述论点是否成立颇值疑问。但本案中不必继续考量该问题，因为 W 在更换窗户时是房屋所有权人，因而并未遭受《德国民法典》第 946 条、第 93 条规定的权利丧失。

提示：类推适用所有权人与无权占有人关系规范时，不能仅"简单插入"，随之即依所有权人与无权占有人关系规范继续进行检视；而应反复考量，类推之处是否存在不同。上文涉及（边码 45—46）检视善意时，以及检

---

[1] BGHZ 41, 157, 159 = NJW 1964, 1125; BGHZ 87, 296, 301 = NJW 1983, 2024.
[2] Larenz, Schuldrecht BT II/2, § 74 I 3; Medicus/Petersen, Bürgerliches Recht, Rn.895ff.

视此类规范是否为封闭规则时均是如此。

② 基于《德国民法典》第 812 条及以下的请求权

W 基于《德国民法典》第 273 条第 2 款的抗辩权还可能以《德国民法典》第 812 条第 1 款第 1 句第 2 种情形的请求权为依据。依通行观点，所有权人与无权占有人关系规范是封闭规则，排除不当得利规范的适用，避免前者的特别价值考量被悬置。[1]

3. 结论

W 不享有抗辩权，K 公司基于《德国民法典》第 888 条的请求权可行使。

---

[1] Staudinger/Gursky (2012), Vorbem.zu §§ 987-993 Rn.39ff.und 43.

案例 12　先来后到

洛尼希

一、案情与问题

案情 1：

著名足球运动员 Oliver Ohensorg（O）拥有一块地，其上建造的别墅长期空置。Bodo Bolz（B）负责打理 O 的事业，是 O 的长期顾问。一次严重事故后，O 的运动能力与经济状况均趋于恶化，B 建议他出售这块地。经过长期考虑，加之濒临破产的压力，O 最终同意。B 全面负责此事，但被要求不透露 O 的姓名，因为 O 不想为街头小报提供新的素材。

B 很快就找到有意向的买家 Konrad Krieger（K），经过艰难磋商双方达成合意。2014 年 3 月 7 日，B 与 K 签订了经公证的买卖契约。为了保证一切都顺畅进行，公证员同时公证了 B 与 K 达成的不动产让与合意。次日，B 向登记机构申请移转登记，并根据约定向 K 交付了钥匙。K 旋即搬入新家。

2014 年 3 月 9 日，担心的事情发生了：关于 O 之财产的破产程序开始，并于同日在登记簿上依《德国破产条例》第 32 条的规定进行了标记。2014 年 4 月 12 日，K 被登记为所有权人。几周后，破产管理人 Inge Iller（I）联系 K 并告知他，上述不动产交易因破产程序启动而失效，K 这才得知事情的真相。I 指出，非 O 本人申请的移转登记无效。I 作为破产管理人有权处分该不动产。K 应立即搬出，因为空置房屋更容易出让。

I 是否有此权利？

案情 2：

公证之后，K 决定在新居庆祝这一成功的交易。吵闹的聚会在客厅昂贵的橡木地板上留下了深深的划痕。2014 年 3 月 10 日，K 申请移转登记时，从报告中得知 O 的破产程序已经开始，且该地块也属于破产财产。登记簿上显示，2014 年 3 月 9 日该地块即已经依《德国破产条例》第 32 条的规定进行了相应标记。

但 K 并不关心此事，尤其是 2014 年 4 月 12 日他仍被登记为所有权人，并继续居住在别墅中。他更换了浴室中的老式涡流，重新安装市面上最新款的"泡泡大师"。几天后 K 发现，安装"泡泡大师"的工匠损坏了一个管道导致漏水。不过，K 立即请人进行了修理。

I 对 K 享有哪些请求权？

二、思路

时间表

案情 1：

2014 年 3 月 7 日	买卖契约公证；在公证处作出不动产让与合意
2014 年 3 月 8 日	B 申请移转登记
2014 年 3 月 8 日	B 将别墅钥匙交付于 K
2014 年 3 月 9 日	破产程序开始
2014 年 4 月 12 日	K 被登记为所有权人

案情 2：

2014 年 3 月 7 日	买卖契约公证；在公证处作出不动产让与合意
2014 年 3 月 8 日	B 将别墅钥匙交付于 K
2014 年 3 月 9 日	破产程序开始
2014 年 3 月 10 日	K 申请移转登记
2014 年 4 月 12 日	K 被登记为所有权人

（一）案情 1：O 通过 I 对 K 主张的基于《德国民法典》第 985 条的不动产返还请求权

1. O 通过 I 主张请求权 ·· 1
2. O 的所有权 ·· 2

(1) 合意与登记，《德国民法典》第 873 条第 1 款、第 925 条 …… 3
(2) 处分权，《德国民法典》第 873 条第 1 款 ……………………… 5
　1) 对 B 的处分授权，《德国民法典》第 185 条第 1 款 ………… 5
　2) 破产程序开始，《德国破产条例》第 80 条 …………………… 6
　3) 特定期间处分限制，《德国破产条例》第 91 条第 2 款、
　　《德国民法典》第 878 条 ………………………………………… 8

（二）案情 2

1. O 对 K 基于《德国民法典》第 985 条的不动产返还请求权 ……… 12
(1) O 的所有权 ………………………………………………………… 13
(2) K 为无权占有人 …………………………………………………… 15
　1) 买卖契约 ………………………………………………………… 15
　2)《德国民法典》第 1000 条 ……………………………………… 18
(3) 留置抗辩权，《德国民法典》第 1000 条 ………………………… 19
　1) 排水管道 ………………………………………………………… 21
　2) 涡流浴缸 ………………………………………………………… 24
2. O 对 K 基于《德国民法典》第 989 条、第 990 条第 1 款第 1 句的
损害赔偿请求权 ………………………………………………………… 25
3. O 对 K 基于《德国民法典》第 987 条、第 990 条第 1 款第 2 句的
用益补偿请求权 ………………………………………………………… 28

三、解答

（一）案情 1：O 通过 I 对 K 主张的基于《德国民法典》第 985 条的不动产返还请求权

1. O 通过 I 主张请求权

基于《德国民法典》第 985 条，O 对 K 可能享有返还不动产的请求权。 1
前提是，O 是所有权人而 K 为无权占有人。若该请求权成立，则 I 作为破产
管理人依《德国破产条例》第 80 条第 1 款的规定有权在其破产管理权限范
围内行使该请求权。

2. O 的所有权

2　　最初 O 是不动产所有权人,但可能因 B 对 K 的让与而丧失所有权。

(1) 合意与登记,《德国民法典》第 873 条第 1 款、第 925 条

3　　K 与 B 同时出现在公证处,并达成让与不动产的合意(《民法典》第 873 条第 1 款第 1 种情形、第 925 条)。K 也被登记为所有权人。

4　　提示:《德国民法典》第 925 条并未禁止不动产所有权让与合意的代理,依《德国民法典》第 1311 条的规定,双方同时在场并不意味着必须双方本人亲自到场。但本案中,B 并非代理人,而是以自己的名义处分 O 的不动产。

(2) 处分权,《德国民法典》第 873 条第 1 款

1) 对 B 的处分授权,《德国民法典》第 185 条第 1 款

5　　有疑问的是,B 是否有权处分涉案不动产。B 并非所有权人,同时因未显示为他人行为,B 也并非《德国民法典》第 164 条第 1 款规定的代理人。B 可能构成《德国民法典》第 185 条第 1 款规定的处分权人。不动产所有权让与是直接变动既存权利的法律行为,为处分行为。[1] 为进行该处分,B 须得到所有权人的处分授权。因 B 长期处理 O 的事务,可认为存在该授权,且 O 也同意出售别墅,并将该事务交由 B 处理。据此,可认定 B 有处分权限。

2) 破产程序开始,《德国破产条例》第 80 条

6　　但还应检视,破产程序的开始对 B 处分 O 之财产的权限有何影响。破产程序开始于 2014 年 3 月 9 日。自此时起,O 丧失对属于破产财产之涉案不动产的处分权(《德国破产条例》第 80 条)。同时,自此时起,B 也不再具有有效处分该不动产的权限,成为无权处分人。

7　　B 与 K 已于 2014 年 3 月 7 日公证了不动产让与合意,只是 K 被载入登记簿的时间较晚。但处分权限必须持续存在直至最后的取得行为完成,本案中即 2014 年 4 月 12 日 K 被载入登记簿。因此,B 为无权处分人。

3) 特定期间处分限制,《德国破产条例》第 91 条第 2 款、《德国民法

---

[1] Palandt/Ellenberger, § 185 Rn.2.

典》第 878 条

不过,若满足《德国民法典》第 878 条规定的要件,B 仍有可能在不动产让与合意与登记期间享有处分权,因该规范通过在《德国破产条例》第 91 条第 2 款中的参引是可适用的。但前提是 B 作出的物权处分合意在处分限制事件发生之前已经发生效力。本案符合该前提,因为公证发生在 2014 年 3 月 7 日,早于 2014 年 3 月 9 日破产程序的开始时间(《德国民法典》第 873 条第 2 款第 2 种情形)。

有疑问的是,本案中提出移转登记申请的是 B。虽然依《德国不动产登记条例》第 13 条第 1 款的规定,B 有权提出登记申请,但是仍有观点认为,《德国民法典》第 878 条的适用前提是由取得人提出登记申请。唯此,取得人才可信赖其申请的效力,若由让与方提出登记申请,则让与方即随时有可能依《德国不动产登记条例》第 31 条的规定撤回申请。[1] 但上述观点的限制性标准无法得到《德国民法典》第 878 条之文义支持。而且,让与人的登记申请仅在符合《德国不动产登记条例》第 31 条、第 29 条规定的形式要求时才可能被撤回,撤回不可任意为之。因而,更有说服力的观点是,登记申请的效力不因提出申请主体的不同而不同。[2]

并非物权人本人,而是其授予处分权者提出登记申请的事实,并不影响《德国民法典》第 878 条的适用。依判例,被授权者虽然可处分他人权利(不动产),但是并不因此而成为权利人。[3] 但《德国民法典》第 878 条构成登记强制的例外,在判断该问题时应考量第 878 条的规范目的。该规范的目的是防止申请原则造成的不可预测性,因为当事人无法决定登记的具体时间。[4] 本案情形与《德国民法典》第 878 条之通常适用情形的区别仅在于,并非 O,而是 B 提出登记申请。但由于 B 的处分应与 O 的处分等同视之,因而对二者区别对待欠缺正当性。《德国民法典》第 878 条的目的是,在除了登记之外,为了权利取得的一切行为都已完成的情形下,为取得人提供保

---

〔1〕 MünchKomm-BGB/Kohler, § 878 Rn.17.
〔2〕 Palandt/Bassenge, § 878 Rn. 14; Medicus/Petersen, Bürgerliches Recht, Rn. 468; Wolf/Wellenhoffer, § 17 Rn.45.
〔3〕 Vgl. BGHZ 49, 197, 207＝NJW 1968, 493.。
〔4〕 Soergel/Stürner, § 878 Rn.1.

护。将是否提供此种保护与买受人的缔约对方是所有权人抑或处分权人相联系欠缺正当性。因而，学理认为，在处分权人满足《德国民法典》第878条规定的要件后，所有权人受到处分限制的，第878条的适用不受影响。[1]

11　　据此，《德国民法典》第878条规定的要件满足，虽然破产程序已经开始，但是K仍可取得不动产所有权，因B为处分权人。既然O不再是所有权人，对K也就不享有所有物返还请求权。

（二）案情2

1. O对K基于《德国民法典》第985条的不动产返还请求权

12　　O可能基于《德国民法典》第985条的规定对K享有不动产返还请求权。前提是，O是所有权人，而K为无权占有人。若该请求权成立，则I作为破产管理人依《德国破产条例》第80条第1款的规定有权在其破产管理权限范围内行使该请求权。

（1）O的所有权

13　　最初O为所有权人。但O可能因B对K的处分而丧失所有权。K与有处分权的B达成所有权让与合意（上文边码3及以下）。2014年3月9日破产程序开始后，O的处分权受限（《德国破产条例》第80条第1款）。自此时起，得到O授权的B成为无权处分人。但若满足《德国民法典》第878条规定的要件，处分权的限制则不生影响。与案情1不同，K依《德国不动产登记条例》第13条的登记申请在2014年3月10日始向登记机关提出，晚于破产程序开始的时间。据此，丧失处分权限的时点不满足《德国民法典》第878条的适用前提。K无权取得涉案不动产。

14　　但K仍可能依《德国破产条例》第81条第1款第2句、《德国民法典》第892条第1款第2句的规定善意取得不动产所有权。对于取得人而言，不为其所知且未记载于登记簿的权利限制视为不存在。但本案中，处分权限制已经依《德国破产条例》第32条的规定在登记簿中予以记载。因欠缺善意，K无从依《德国破产条例》第81条第1款第2句、《德国民法典》第892条

［1］　MünchKomm-BGB/Kohler, § 878 Rn.9ff; Prütting, Rn.153; Wolf/Wellenhoffer, § 17 Rn.45.

第 1 款第 2 句的规定取得所有权。据此，O 仍为该不动产所有权人。

(2) K 为无权占有人

1) 买卖契约

K 是不动产占有人。有疑问的是，K 是否享有占有本权。作为已经受领交付但尚未依《德国民法典》第 873 条、第 925 条的规定被让与所有权的买受人，K 享有债权性占有本权。破产程序开始之前，《德国民法典》第 433 条规定之买卖契约尚未履行完毕（尚未进行物权让与，而这是《德国民法典》第 433 条第 1 款第 1 句规定的出卖人主给付义务），I 作为破产管理人有权选择是否继续履行该契约（《德国破产条例》第 103 条第 1 款）。I 以不动产交易无效为由请求 K 返还不动产，可解释为 I 默示地行使了选择权，即不再继续履行买卖契约。[1]

若破产管理人决定不再履行契约，则虽然该契约仍然存在，但是应依《德国破产条例》处理。[2] 虽然有部分学理与判例称之为请求权的"消灭"，但是依新判例的正确观点，破产管理人拒绝继续履行契约仅意味着契约对方不再享有可执行的继续履行请求权。[3] 据此，已受领交付但尚未受让物权移转的买受人也不再享有占有本权。[4]

提示：当然买受人对破产财产仍享有因不履行而产生的请求权（《德国破产条例》第 103 条第 2 款第 1 句）。

2)《德国民法典》第 1000 条

K 可能因支出费用而享有《德国民法典》第 1000 条规定的留置抗辩权，该权利或可作为占有本权。但问题首先在于，此类留置抗辩权得否作为占有本权。部分观点认为《德国民法典》第 1000 条规定的留置抗辩权为占有本权。[5] 但若考虑到依占有本权可驳回起诉，依留置抗辩权却仅得产生同时履行判决，则留置抗辩权并不宜被归列为占有本权。因而主流观点认为，《德国民法典》第 1000 条规定的留置抗辩权并非占有本权。[6] 据此，本案

---

[1] MünchKomm-InsO/Kreft, § 103 Rn.156.
[2] BGH WM1984, 265.
[3] MünchKomm-InsO/Kreft, § 103 Rn.13.
[4] BGH NJW 1982, 768, 769; MünchKomm-InsO/Kreft, § 103 Rn.117.
[5] BGH NJW 1995, 2627.
[6] MünchKomm-BGB/Baldus, § 986 Rn.19.

中基于《德国民法典》第 985 条的请求权成立。

(3) 留置抗辩权，《德国民法典》第 1000 条

19　　K 还可能对 O 享有改善洗浴设备、修复管道损毁的费用补偿请求权，并基于此请求权对 O 享有《德国民法典》第 1000 条规定的留置抗辩权，从而可对抗 O 的返还请求权。根据上文分析，O 所有物返还请求权成立[1]，因为 O 为所有权人且 K 为无权占有人（上文边码 13 及以下）。

20　　此外，K 必须为涉案不动产支出费用。费用是为了物而自愿作出的财产牺牲。[2] K 升级了洗浴设备且修复了管道，此二者均对涉案不动产有利。

1）排水管道

21　　修复管道所涉为《德国民法典》第 994 条规定的必要费用。必要指的是，为了维护或恢复物的状态或维护物当下的通常经营方式而有必要采取的措施。[3] 管道泄漏的维修通常被认定为《德国民法典》第 994 条规定的必要费用，因为若不如此将导致进一步的泄漏损害。K 享有《德国民法典》第 994 条第 1 款第 1 句规定的费用补偿请求权，从而可依《德国民法典》第 1000 条对抗 O 之返还请求权的前提是，K 为善意占有人。但 K 在修复当时已经知道破产程序的开始和 O 之处分权限制，因而对自己不享有占有本权并非善意。

22　　而《德国民法典》第 994 条第 2 款规定的（恶意占有人）费用补偿请求权以满足无因管理要件为前提。依通行观点，此处所涉系对无因管理规范的部分法律要件的参引：单纯的法律效果参引一定会产生《德国民法典》第 683 条、第 670 条规定的请求权（费用补偿请求权）从而第 994 条第 2 款将与第 1 款没有区别。而完全的法律要件参引则常常无法产生费用补偿请求权，因为占有人欠缺管理意思。对无因管理规则的参引的目的仅在于区分恶意占有人所支出的费用是符合抑或违背所有权人的意思或利益。

23　　本案中应检视的是，修复管道是否至少符合所有权人可推知的意思。应对此予以肯定，否则所有权人将面临漏水并使别墅受损的危险。K 的快速修

---

[1] Palandt/Bassenge, vor § 994 Rn.2.
[2] MünchKomm-BGB/Baldus, § 994 Rn.6.
[3] Prütting, Rn.551.

复依《德国民法典》第 670 条的规定也可被认定为必要。据此，因修复管道，K 对 O 享有基于《德国民法典》第 994 条第 2 款、第 683 条、第 670 条的费用补偿请求权。依此请求权，K 享有《德国民法典》第 1000 条第 1 句规定的留置抗辩权，可对抗 K 的返还请求。

2）涡流浴缸

升级浴缸所涉及的费用是《德国民法典》第 996 条规定的有益费用，但仅在 K 支出该费用时为善意占有人的情形下，K 才对 O 享有费用补偿请求权，并可进而提出《德国民法典》第 1000 条规定的留置抗辩权。但本案中 K 并非善意占有（上文边码 21），K 并不享有基于《德国民法典》第 996 条、第 1000 条的留置抗辩权。

2. O 对 K 基于《德国民法典》第 989 条、第 990 条第 1 款第 1 句的损害赔偿请求权

因为橡木地板上的深度划痕，O 对 K 可能享有基于《德国民法典》第 989 条、第 990 条第 1 款第 1 句的损害赔偿请求权，I 可行使该权利（《德国破产条例》第 80 条第 1 款）。损害发生时，不动产返还请求权成立（上文边码 13 及以下）。

此外依《德国民法典》第 989 条、第 990 条的规定，还要求 K 对自己无占有本权为恶意。恶意指在取得占有时明知或因重大过失而不知自己欠缺占有本权，或者嗣后得知欠缺占有本权（第 990 条第 1 款）。K 搬入别墅时对破产程序尚不知情，也无法认定 K 当时因重大过失而不知，不应苛求其知道 O 的一切财产状况细节。但仍可探讨，在向登记机关提出登记申请之前即搬入别墅是否构成重大过失。重大过失指在考量整体情况后仍以异乎寻常的方式违反必要的注意，并忽略了对任何人而言都至为明显的情节。[1] 本案中，K 可认为即使自己提前搬入别墅，权利取得也很快就可完成。因而，不应认定 K 具有重大过失。

基于《德国民法典》第 989 条、第 990 条第 1 款第 1 句的损害赔偿请求权无法成立，因为地板的损害发生在 K 对真实的权利状态知情之前。O 对 K 并不享有损害赔偿请求权。

---

[1] BGHZ 10, 14, 16 = MJW 1953, 1139.

3. O 对 K 基于《德国民法典》第 987 条、第 990 条第 1 款第 2 句的用益补偿请求权

28　　O 对 K 可能享有请求 K 返还居住期间之用益的权利。如上文分析，在 K 居住期间，存在所有物返还请求权（上文边码 13 及以下）。用益除了孳息之外也包括使用利益（《德国民法典》第 100 条）。K 因居住在别墅中而取得使用利益。依《德国民法典》第 987 条、第 990 条第 1 款第 2 句的规定，上述用益应返还于所有权人。但因无法返还其自然状态，K 必须补偿用益的客观价值。因而，K 应向 O 返还自 2014 年 3 月 10 日知道破产程序、成为恶意占有人时起，因居住于别墅而取得之使用利益的价值（第 987 条、第 990 条第 1 款第 2 句）（上文边码 21）。

29　　提示：若认为，因破产管理人决定不再继续履行买卖契约，K 对不动产的占有系无偿取得（《德国破产条例》第 103 条第 1 款），则可适用的《德国民法典》第 988 条之请求权与上文相同（用益补偿）。

案例 13　Erler 的继承人

洛尼希

一、案情与问题

Emil Erler（E）于 2013 年 3 月去世。不久，E 的儿子 Albrecht（A）作为法定继承人申请了继承证书。此外，A 未再采取任何其他措施，尤其是没有就遗产中的不动产进行变更登记。两个月后，一家银行在保险柜中发现 E 生前设立的有效遗嘱，其中将同居女友 Steffi Stoiber（S）指定为唯一继承人。但 A 并未关注此事，并于 2013 年 5 月将上述不动产出卖于 Karl Knoblauch（K），K 未查验继承证书即信赖 A 为继承人。而且，A 同意为 K 进行不动产让与合意预告登记。

但在提出预告登记申请之前，K 从 S 的书面通知中得知，遗产法院要求 A 交回继承证书。尽管如此，预告登记申请仍被提出，并于不久后被记载于登记簿。但 K 并未因这桩可疑的买卖陷入困境，他很快就在 Allaching 找到一处吸引人的联排住宅。因而，K 与 Zacharias Zech（Z）签订契约，Z 以 1 万欧元为对价，取得 K 与 A 之买卖契约中 K 的所有权利与义务。之后，保全 Z 之权利的预告登记被载入登记簿。现在，S 请求涂销 Z 的预告登记。

2014 年 1 月，S 对涉及遗产的一些其他事务作出处理：将 E 的玛莎拉蒂赠与自己新结识的年轻爱人法律候补官（Rechtsreferendar）Leopold Laut（L）。但 S 并未考虑 A 于 2013 年 12 月发现的另一份手写遗嘱："Berg，2013 年 1 月 3 日，我补充我的遗嘱如下：我的同居女友 S 去世后，我的遗产由儿子继承。"2013 年 12 月，A 通知 S 该遗嘱内容后，虽然 S 曾向 L 咨询，但是 L 认为"S 生存期间没有问题"。A 很恼火，因为玛莎拉蒂非常符合他的生活方式。

问题：S 对 Z、A 对 L 享有哪些请求权？

二、思路

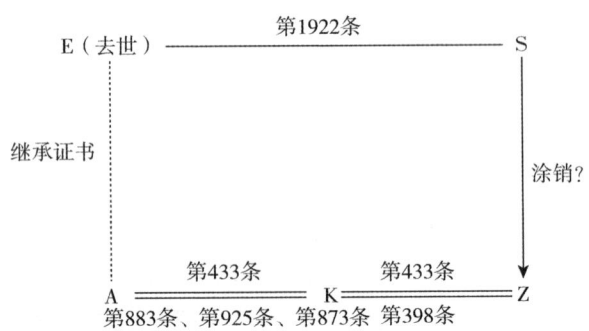

时间表

2013 年 3 月　E 去世

不久：A 取得继承证书

2013 年 5 月　发现有利于 S 的遗嘱

之后：A 与 K 的不动产让与

之后：K 得知，A 应交回继承证书

之后：预告登记被申请并载入登记簿

之后：K 与 Z 的契约；Z 的预告登记

（一）S 对 Z 基于《德国民法典》第 894 条的请求权

1. 可适用性 ·· 2
   问题：《德国民法典》第 894 条得否适用于预告登记？
2. 登记簿错误 ·· 4
   （1）登记簿上记载的权利状况 ·· 5
   （2）真实的权利状况 ··· 6
   　　1）K 对 Z 的让与 ·· 7
   　　　① 合意 ··· 8
   　　　② 权限 ··· 9
   　　　③ 预告登记 ··· 10

    a. A 的设立 ·· 11
    b. 善意取得 ·· 13
     aa.《德国民法典》第 893 条、第 892 条 ················ 13
     bb.《德国民法典》第 2366 条、第 2367 条 ············· 13
  问题：信赖继承证书之公信力者，是否必须查验证书？
   2）Z 自 K 处移转取得时的善意取得 ······················· 21
  问题：移转取得时预告登记的善意取得是否可能？
   ①《德国民法典》第 892 条的可适用性 ····················· 21
   ②《德国民法典》第 892 条的适用前提 ····················· 23
 3. 结论 ··· 24

（二）A 对 L 基于《德国民法典》第 985 条之返还玛莎拉蒂的请求权

 1. A 的所有权 ·· 26
  （1）继承 ··· 26
  （2）让与 L ·· 27
 2. 其他考量 ·· 32

三、解答

（一）S 对 Z 基于《德国民法典》第 894 条的请求权

  此处检视的是 S 对 Z 基于《德国民法典》第 894 条的请求权。依《德国不动产登记条例》第 19 条的规定，该请求权的内容是请求 Z 同意更正登记簿，因为 S 意欲进行的更正，即涂销预告登记，涉及 Z 在登记簿上记载的权利。该请求权的前提是不动产登记簿发生错误，即真实的权利状况与登记簿记载的权利状况不符。并非任何登记内容都属于此种登记簿错误，必须涉及不动产权利事项。

  1. 可适用性

  首先应探讨，登记更正请求权是否可适用于预告登记。依主流观点，预告登记并非对不动产的物权,而是一种物上保全工具,保全以不动产物权变动为目的之债权。[1] 但依《德国民法典》第 883 条第 2 款的规定,该保全手段包含物权效力,且通过登记簿得以证明。通行观点认为《德国民法典》第 894 条的规定可类推适用于预告登记。[2]

3　　提示:预告登记虽然并非物权,但是仍可进入登记簿,因而不动产权利规则多可类推适用于预告登记,但在具体规则的适用中仍应检视能否类推。

2. 登记簿错误

4　　若真实的权利状况与登记簿显示的权利状况不符,则发生登记簿错误。
　　(1) 登记簿上记载的权利状况
5　　登记簿上经预告登记保全的是 Z 对 A 的不动产让与请求权。
　　(2) 真实的权利状况
6　　Z 仅得通过契约承受取得预告登记权限,即受让 K 向 Z 让与的基于 K 与 A 之契约的所有请求权,包括不动产让与请求权(《德国民法典》第 398 条)。预告登记作为具有从属性的物上保全权利,随被保全之债权请求权的移转而移转(类推《德国民法典》第 401 条)。

　　提示:契约承受是新旧契约方达成的债权行为,合意内容是更换契约主体,有时(如本案)会有对价。该债权行为通过让与所有请求权(《德国民法典》第 398 条)并承受所有义务(《德国民法典》第 415 条)得到履行,后者需要契约对方同意(《德国民法典》第 415 条第 1 款)。若未经对方同意(如本案),则契约承受的履行通常为所有请求权的让与(《德国民法典》第 398 条),并同时约定一定期限,在内部承受所有义务(履行承担)(《德国民法典》第 415 条第 3 款)。

　　1) K 对 Z 的让与
7　　前提首先是,K 向 Z 让与了(对 A 的)不动产让与请求权(《德国民法典》第 398 条)。

---

　　[1] Prütting, Rn.203; Wolf/Wellenhoffer, § 18 Rn.2.
　　[2] BGH WM 1966, 1224; Wolf/Wellenhoffer, § 18 Rn.29.

① 合意

K 与 Z 达成合意，将 K 对 A 之不动产让与请求权转让于 Z（《德国民法典》第 398 条）。转让请求让与不动产的权利不必满足《德国民法典》第 311b 条第 1 款第 1 句规定的公证形式，因为该规范仅适用于负担行为，而债权让与是处分行为。此类处分行为并无相应的形式强制规范，因而不必遵守形式要求。

提示：K 对 A 享有基于《德国民法典》第 433 条的请求权。但若所有权人 S 并无意愿向 A 让与所有权以履行第 433 条规定的义务，则 K 的原给付请求权因《德国民法典》第 275 条第 1 款的规定而被排除。K 的预告登记有效，因为在登记申请提出之时，A 基于继承证书尚可能对 K 为不动产让与。发现有利于 S 的遗嘱并非对不动产的处分，《德国民法典》第 883 条第 2 款无法适用。但预告登记的效力包括保护经预告登记之权利人的善意信赖，因而应使 K 处于如同他所信赖的法律状态为真实的地位，即 A 为 E 的继承人。因而，K 可善意取得，在其让与经预告登记的请求权后，第二取得人（Z）基于预告登记也取得相同的地位。

② 权限

在合意之外，K 还应具有处分债权的权限。一般而言，若 K 为请求让与不动产的债权人，则享有该债权的处分权。本案中，K 确实为债权人，因为他与 A 签订了有关该不动产的买卖契约。A 可能并非不动产所有权人（也并非有处分权的非所有权人，《德国民法典》第 185 条第 1 款）的事实并不影响 K 之债权的成立与让与。

③ 预告登记

K 的不动产让与请求权有效地让与 Z，因而保全该请求权的预告登记也让与 Z（类推《德国民法典》第 401 条），但前提是预告登记有效设立。

a. A 的设立

若 K 自 A 处取得预告登记，则预告登记有效（《德国民法典》第 883 条、第 885 条）。基于预告登记的从属性，其设立以指向不动产权利变动的请求权，即不动产让与请求权的有效成立为前提。至于《德国民法典》第 433 条规定的不动产让与请求权因《德国民法典》第 275 条第 1 款规定的给付不能而被排除，并不影响该要件。原因在于，仅在经预告登记的买受人变为恶意时才有《德国民法典》第 275 条第 1 款的适用，因为在此之前可适用善意取得，从而排除第 275 条第 1 款的适用。另外，已经善意取得的预告登记不会因嗣后的恶意而丧失效力，因为已经善意取得的预告登记之保全效力不应受妨碍。

12　A 同意进行预告登记（《德国民法典》第 885 条），且预告登记已载入登记簿。有疑问的是，A 是否有权同意进行预告登记。有同意权者原则上是预告登记的请求权所涉及的不动产或权利的享有者。A 并非不动产所有权人，因其并非 E 的继承人（遗嘱继承排除法定继承）。本案中，E 指定其同居女友 S 为唯一继承人，法定继承规则被排除。据此，A 并无处分权。案情也未显示 A 为有处分权的非所有权人（《德国民法典》第 185 条第 1 款）。

b. 善意取得

aa.《德国民法典》第 893 条、第 892 条

13　仍可检视的是，K 得否善意取得预告登记。应考量的是，得否类推适用《德国民法典》第 893 条、第 892 条。[1] 上述规范，如同上文已分析的《德国民法典》第 894 条之更正登记请求权，也可类推适用于预告登记，因为预告登记也是登记簿之公示效力的制度体现，于此对登记簿的善意信赖也应受保护。[2]

14　善意取得预告登记的第一项前提是，予以同意者（本案中的 A）须为载入登记簿的不动产所有权人。取得人得善意信赖的是在登记簿中得以体现的权利外观。但本案中，登记簿中记载的所有权人是 E，因而并不存在此处的权利外观。

15　提示：善意取得仅可适用于经同意的预告登记（《德国民法典》第 885 条第 1 款第 1 句第 2 种情形），而无法适用于基于假处分而载入登记簿的预告登记（《德国民事诉讼法》第 935 条、《德国民法典》第 185 条第 1 款第 1 句第 1 种情形）。

bb.《德国民法典》第 2366 条、第 2367 条

16　不过，仍可检视依《德国民法典》第 2366 条、第 2367 条的善意取得。

---

〔1〕　BGHZ 28, 182, 187 = NJW1958, 2013; Staudinger/Gursky（2013），§ 883 Rn. 215; Baur/Stürner, § 20 Rn.29; Medicus/Petersen, Bürgerliches Recht, Rn.553; Wolf/ Wellenhoffer, § 18 Rn.13.

〔2〕　Soergel/Stürner, § 893 Rn.5ff.

上述规范保护的是对继承证书这一公权机关文件所显示的权利状况之善意信赖。本案中，继承证书将 A 记载为唯一继承人。据此，上文（边码 11 及以下）提及的要件满足，应使信赖继承证书权利状态的第三人处于如同其所信赖者为真的状态，即对 K 而言，A 视同真正继承人。而真正继承人有权同意进行预告登记。

上述规范也可适用于预告登记[1]，同意预告登记即可使相应的债权请求权得到物上保全，与不动产处分类似，因而至少可（类推）适用《德国民法典》第 2367 条第 2 种情形。

本案所涉法律行为并非《德国民法典》第 2366 条规定之继承标的的处分行为，而且 A 作为处分人得到继承证书正当化，继承证书也未被剥夺或被宣告为失效。最后，还须 K 为善意。若无证据证明取得人明知继承证书的错误，则可推定善意的存在。这首先意味着，《德国民法典》第 2366 条、第 2367 条并不要求权利外观与第三人善意信赖间具备因果关系，即不要求取得人查验继承证书或取得人对继承证书知情。

不过问题还在于，K 从 S 处得知遗产法院要求 A 交回继承证书，这是否会导致 K 成为恶意。取得人的善意信赖原则上须持续至权利取得完全完成之时。[2] 在预告登记载入登记簿之前，K 对继承证书的交还要求都不应知情。但本案中并非如此。

但若类推《德国民法典》第 892 条第 2 款，则善意持续的时点可能提前。类推的理由是，其间的利益状况类似，而继承法中欠缺相应的规则。于此不必再深入探讨该争议问题[3]，因为在《德国民法典》第 892 条第 2 款要求的时点之前，即向登记机关提出登记申请之前，K 对遗产法院的继承证书交还要求已经知情。

2）Z 自 K 处移转取得时的善意取得

① 《德国民法典》第 892 条的可适用性

K 并非预告登记权利人，无从类推《德国民法典》第 401 条，预告登记并不会随让与不动产之请求权的移转而移转。但仍应检视 Z 得否自 K 处善意

---

[1] Palandt/Edenhofer, § 2367 Rn.1.
[2] Palandt/Edenhofer, § 2366 Rn.2.
[3] Dazu Löhnig, Erbrecht, Rn.440.

取得预告登记。移转取得时预告登记的善意取得不能一概予以肯定,至少在被保全的请求权并不存在时不能肯定。[1]

22 本案中预告登记保全的请求权成立,债权人为经预告登记的权利人 K。被保全的请求权成立时,主流观点支持移转取得时预告登记的善意取得。[2] 至于《德国民法典》第 892 条仅保护经法律行为的取得,而预告登记是类推《德国民法典》第 401 条之依法律规定的债权移转,并不足以成为反对理由。假设不存在《德国民法典》第 401 条,则当事人必将通过法律行为让与预告登记,而且预告登记的取得总是可间接追溯至被保全的债权让与(《德国民法典》第 398 条)。类似情形如抵押权移转(《德国民法典》第 398 条、第 1154 条、第 892 条)。最后,维护登记簿的公示效力,即对经公示之权利状态的善意信赖,也支持移转取得时预告登记的善意取得。

②《德国民法典》第 892 条的适用前提

23 除了经法律行为取得预告登记这一前提外,还要求 K 为权利外观的享有者,本案情形符合该要求。此外,还要求请求权让与时取得人为善意。无相反证据,可推定 Z 为善意。

3. 结论

24 据此,随着 K 向 Z 让与对 A 的请求权(《德国民法典》第 398 条),Z 善意取得预告登记(类推《德国民法典》第 401 条、第 892 条)。登记簿中记载的 Z 的权利状况与真实情况相符,因而 S 无权以更正登记簿为目的请求 Z 同意涂销预告登记。

(二) A 对 L 基于《德国民法典》第 985 条之返还玛莎拉蒂的请求权

25 于此应检视的是 A 对 L 基于《德国民法典》第 985 条的玛莎拉蒂返还请求权。前提是,A 为玛莎拉蒂的所有权人,而 L 相对于 A 为无权占有人。

---

〔1〕 Staudinger/Gursky(2013),§ 892 Rn.56; Schreiber, Rn.412.
〔2〕 RGRK/Augustin, § 883 Rn.19; MünchKomm-BGB/Kohler, § 883 Rn.66; Prütting, Rn.203; 不同观点请参见 Staudinger/Gursky(2013),§ 883 Rn.58.

1. A 的所有权

(1) 继承

玛莎拉蒂最初的所有权人是被继承人 E。有疑问的是，继承发生时玛莎拉蒂的所有权移转于何人（《德国民法典》第 1922 条第 1 款）。被继承人留下两份遗嘱：第一份遗嘱将其同居女友 S 指定为唯一继承人，其效力是 S 成为玛莎拉蒂的所有权人。在第一份遗嘱与第二份遗嘱相悖之处，前者即被后者撤回（《德国民法典》第 2258 条）。第二份遗嘱中 E 补充道，在 S 去世后，A 应继承自己的遗产，这可解释为指定 A 为后位继承人（Nacherbe）（《德国民法典》第 2100 条）。据此，第二份遗嘱部分撤回了第一份遗嘱的内容，从前者的措辞"补充"中也可得出相同的解释。因而，S 不再是唯一继承人，而是唯一前位继承人（Vorerbin）。作为前位继承人，S 同样自继承开始时取得遗产权利，从而成为玛莎拉蒂的所有权人。

(2) 让与 L

S 可能因向新的同居男友赠与玛莎拉蒂而丧失所有权（《德国民法典》第 929 条第 1 句）。S 与 L 达成玛莎拉蒂所有权让与合意，并完成汽车交付。问题在于，S 是否有权处分玛莎拉蒂。原则上，所有权人有权任意处分其所有物。

但基于《德国民法典》第 2113 条第 2 款可能得出不同结论：S 作为前位继承人无权无偿处分遗产标的。而 S 向 L 的赠与式让与恰为无偿的遗产标的处分。不过，善意取得规则可能排除《德国民法典》第 2113 条第 2 款规定的处分限制，因为第 2113 条第 3 款参引了不动产善意取得规则（《德国民法典》第 932 条）。鉴于善意取得规则只是"准用"，取得人善意的对象并非让与人之所有权（前位继承人当然是所有权人！），而是前位继承是否受后位继承限制（Beschwerung des Vorerben mit einer Nacherbenanordnung）。[1]

提示：在案例分析中必须明确善意或恶意所针对的对象。依法律文义仅是"准用"《德国民法典》第 892—893 条、第 932 条及以下，意味着善意和恶意针对的对象不同。

---

〔1〕 Löhnig, Erbrecht, Rn.77.

30　　善意通常为推定，除非案情显示了认定为恶意的事由。本案中，受让人是法律候补官，且对被继承人的两份遗嘱均知情。L至少是因重大过失而不知后位继承限制了其女友的处分。据此，S向L的赠与可适用《德国民法典》第2113条第2款规定的处分禁止。

31　　问题还在于，违反处分禁止的法律后果是什么。根据主流观点，处分仍为有效，仅在后位继承发生时才丧失效力。[1] 本案中，仅在S去世后，E的后位继承才发生，之后A成为玛莎拉蒂的所有权人，因为后位继承的发生将导致S向L的让与失效。但在此之前，L仍为玛莎拉蒂的所有权人，A不得基于《德国民法典》第985条请求L返还。

2. 其他考量

32　　在后位继承发生之前，后位继承人只能针对前位继承人S或其男友L提起确认之诉（《德国民事诉讼法》第256条，内容是在后位继承发生时处分丧失效力）。[2] 此外，A还可以请求前位继承人提供担保（《德国民法典》第2128条）或请求将自己指定为遗产管理人（《德国民法典》第2129条）。但A无法取得玛莎拉蒂的所有权。该结论也合理，因为即使S完全遵守处分禁令，A也仅在后位继承发生后才能取得玛莎拉蒂的所有权。

33　　提示：若当事人目前无法实现特定的请求权目的，则应继续探讨，是否可借助《德国民事诉讼法》第256条提出确认之诉以保全权利，并使诉讼时效停止计算（《德国民法典》第204条第1款第1项）。这不仅在类似本案的无偿处分情形中很重要，还在损害数额尚未确定或可能存在后续损害，但依《德国民法典》第195条、第199条第1款适用较短的一般时效期间时，也很重要。

---

[1] Staudinger/Avenarius(2013)，§ 2113 Rn.24；不同观点请参见 Löhnig, Erbrecht, Rn.75。

[2] Staudinger/Avenarius(2013)，§ 2113 Rn.42。

案例 14　善良的小伙子

洛尼希

一、案情与问题

博登湖岸有一处房产。商人 Sven Stöber（S）自 1980 年起即为其所有权人，并于 2012 年将其租给 Markus Meyer（M）。因持续数年的经济不景气，2013 年 1 月，S 不得不向 K 银行（K）申请借款 50 万欧元。代理 K 的雇员 Arber（A）要求在上述房产上设定抵押以担保 K 的债权。2013 年 2 月 23 日，S 将抵押权证书交付 K。因为经济回暖，2013 年的经营状况明显优于预期，S 仅要求 K 提供了 20 万欧元借款。

2014 年 2 月底，一直想拥有一处湖景房的 Emil Eser（E）主动联络 S，并出价 60 万欧元购买上述房产。随后 S 与 E 共同公证了买卖契约。2014 年 4 月初，E 被登记为新的所有权人。S 与 E 在契约中约定，E 只需要向 S 支付 40 万欧元，其余的款项（向 K 支付）用于"结算"抵押，S 不必再负担（对 K 的）还款义务。4 月底，S 书面简明通知 K，他已将房产出售，借款由新的所有权人偿还，但并未明确指明新所有权人。

案情 1：

2014 年 6 月借款到期后，K 不断催促 S 还款，S 则催告 E 于 2014 年 6 月底前向 K 还款，但 E 拒绝。为避免影响经营，S 最终自己向 K 偿还了 20 万欧元。

1. S 对 E 享有哪些请求权？
2. 若 S 为 K 设立的并非抵押权而是土地债务，结论有何不同？

案情 2：

借款到期后，K 警告 E 将强制执行湖景房。M 偶然得知该消息，2014 年 7 月初与富有的姑母 Trude Tatter（T）喝咖啡时，M 告知 T，他担心因为这件事他不得不离开心爱的住处，并请求 T 的帮助。

因为 M 一直是个"善良的小伙子"，而且终归要继承自己的遗产，T 向 K 转账 50 万欧元，并标注"M 涤除抵押权的款项"，并兴高采烈地将好消息告诉侄子。2014 年 10 月，M 通知 E 终止租赁契约，随后搬去柏林。M 认为自己已经成为抵押权人，便警告他早就看不惯的 E：若不偿还 50 万欧元债权，就"将强制执行湖景房"。E 打算自己住进该房产，遂向 M 转账 20 万欧元。

1. E 对 S、M 对 K 享有哪些请求权？
2. 若 S 为 K 设立的并非抵押权而是土地债务，E 与 S 的请求权关系将有何不同？

二、思路

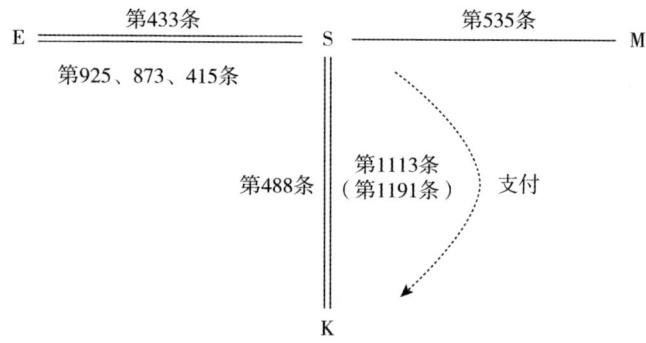

时间表

自 1980 年起　　　S 为房产所有权人

自 2012 年起　　　S 与 M 的租赁契约

2013 年 1 月　　　 S 与 K 的借款契约；抵押权/土地债务的登记

2014 年 2 月底　　 S 与 E 的买卖契约

2014 年 4 月初	为 E 进行的移转登记
2014 年 4 月底	S 通知 K
2014 年 6 月	借款到期
2014 年 6 月中	S 为 E 设定期限
2014 年 7 月初	T 转账
2014 年 10 月	M 与 E 的租赁关系终止

案情 1：

（一）问题 1：S 对 E 的请求权

1. S 对 E 基于《德国民法典》第 488 条第 1 款第 2 句、第 415 条、第 329 条的请求权 ············· 1
   - （1）K 对 S 的请求权，《德国民法典》第 488 条第 1 款第 2 句 ······ 2
   - （2）E 自 S 处的债务承担，《德国民法典》第 415 条第 1 款 ······ 3
     - 1) 债务承担 ············· 3
     - 2) 失败的债务承担之效力 ············· 5
2. 基于《德国民法典》第 280 条第 1 款和第 3 款、第 281 条的请求权（代替给付的损害赔偿）············· 7
   - （1）《德国民法典》第 280 条第 1 款的要件 ············· 7
   - （2）其他要件，《德国民法典》第 280 条第 3 款、第 281 条 ············· 8
3. 基于《德国民法典》第 1147 条的容忍强制执行请求权 ············· 10
   - （1）抵押权有效设立 ············· 11
   - （2）S 向 E 的不动产让与 ············· 13
   - （3）抵押权自 K 移转于 S ············· 14
   - （4）结论 ············· 16

（二）问题 2：土地债务

S 对 E 基于《德国民法典》第 1192 条第 1 款、第 1147 条的容忍强制执行请求权 ············· 18

1. 土地债务有效设立 ············· 19

2. S 向 E 的不动产让与 ………………………………… 21
  3. 土地债务权利自 K 移转于 S ………………………… 22

案情 2：

（三）问题 1：E 对 S、M 对 K 的请求权

  1. E 对 S 的请求权，《德国民法典》第 488 条第 1 款第 2 句 …… 25
    （1）K 与 S 的借款契约 ………………………………… 25
    （2）债权移转于 M，《德国民法典》第 1150 条、第 268 条
       第 3 款 …………………………………………… 26
      1）抵押权人的清偿请求 …………………………… 27
      2）给付权限 ………………………………………… 28
      3）债权数额 ………………………………………… 31
    （3）债权移转于 E，《德国民法典》第 1143 条 ………… 33
      1）涤除抵押权 ……………………………………… 34
      2）清偿债权 ………………………………………… 35
  2. M 对 K 的请求权，《德国民法典》第 812 条第 1 款第 1 句
    第 1 种情形 ……………………………………………… 36
    （1）得利 ……………………………………………… 36
    （2）M 的给付 ………………………………………… 37
    （3）无法律上的原因 ………………………………… 38

（四）问题 2：土地债务

  E 对 S 的请求权，《德国民法典》第 488 条第 1 款第 2 句 ……… 39
  1. K 与 S 的借款契约 …………………………………… 39
  2. 债权移转于 M，《德国民法典》第 1192 条第 1 款、第 1150 条、
    第 268 条第 3 款 ………………………………………… 40

三、解答

案情 1：

(一) 问题 1：S 对 E 的请求权

1. S 对 E 基于《德国民法典》第 488 条第 1 款第 2 句、第 415 条、第 329 条的请求权

基于债务承担约定，S 对 E 可能享有 20 万欧元的支付请求权（《德国民法典》第 488 条第 1 款第 2 句、第 415 条、第 329 条）。前提是，K 对 S 享有还款请求权，以及虽然 E 与 S 达成债务承担合意，但是 S 仍向 K 履行了债务。

(1) K 对 S 的请求权，《德国民法典》第 488 条第 1 款第 2 句

K 经其代理人 A （《德国民法典》第 164 条第 1 款）与 S 订立了 50 万欧元的借款契约。有疑问的是，S 的还款义务数额是多少，《德国民法典》第 488 条规定的是偿还"向其提供的借款"，即借款契约有效期间借款人实际取得的借款金额，本案中并非 50 万欧元，而是 20 万欧元。因而，S 的偿还义务以此为限。该还款义务已届期（《民法典》第 488 条第 1 款第 2 句）。

(2) E 自 S 处的债务承担，《德国民法典》第 415 条第 1 款

1) 债务承担

为使 S 对 E 享有 20 万欧元的支付请求权，双方须达成债务承担合意（《德国民法典》第 415 条第 1 款）。S 与 E 达成合意，E 替代 S 在 S 与 K 之借款契约中的地位，并负责偿还 S 自 K 处的借款。据此，可认定新旧债务人间达成《德国民法典》第 415 条第 1 款规定的债务承担合意。

为避免债权人承受非由自己选择的债务人之资信风险，《德国民法典》第 415 条第 1 款第 1 句要求债务人的变更应得到债权人的同意。但本案中 K 并未作出同意表示。据此，S 仍是 K 的债务人，并有权清偿对 K 的债务。

2) 失败的债务承担之效力

但依《德国民法典》第 415 条第 3 款的规定，对于欠缺债权人同意而无法发生效力的债务承担，承担人 (E) 相对于债务人 (S) 有义务向债权人

(K)及时履行债务。[1] 立法者的上述考量也符合当事人意思,因为依 E 与 S 的约定,还款应为 E 的责任。据此,依《德国民法典》第 329 条的规定,S 有权请求 E 清偿自己的债务。

6　　但本案中,S 已经自己向 K 清偿了债务,E 的履行不再可能。若作为价款抵偿对价的债务承担未能实现,则依《德国民法典》第 133 条、第 157 条的补充性解释规则,履行承担义务即转化为价款支付义务。[2] 据此,基于债务承担约定,S 对 E 享有 20 万欧元的支付请求权。

2. 基于《德国民法典》第 280 条第 1 款和第 3 款、第 281 条的请求权(代替给付的损害赔偿)

(1)《德国民法典》第 280 条第 1 款的要件

7　　基于《德国民法典》第 280 条第 1 款和第 3 款、第 281 条,S 对 E 还可能享有因债务不履行而生的 20 万欧元损害赔偿请求权。S 与 E 之间存在债务关系,即买卖契约。依此契约,E 有权为 S 清偿对 K 的借款。但 E 并未按照约定向 K 还款,违反了对 S 的义务。依《德国民法典》第 280 条第 1 款第 2 句的规定,可推定 E 的债务不履行具有可归责性。

(2) 其他要件,《德国民法典》第 280 条第 3 款、第 281 条

8　　S 向 E 请求代替给付的损害赔偿。为此,依《德国民法典》第 281 条第 1 款的规定,S 须为 E 指定事后补充履行的适当期间。本案中,S 催告 E 于 2014 年 6 月底之前履行。

9　　补充履行期间经过后 E 仍未履行,因而 S 可不请求原给付而请求代替给付的损害赔偿(《德国民法典》第 281 条第 4 款)。

3. 基于《德国民法典》第 1147 条的容忍强制执行请求权

10　　S 对 E 还可能享有基于《德国民法典》第 1147 条的容忍强制执行请求权。前提是,S 为 K 有效设立了抵押权,且该抵押权移转于 S。

(1) 抵押权有效设立

11　　S 为 K 设立了证书抵押权(Briefhypothek)(《德国民法典》第 873 条第 1

---

[1] Prütting, Rn.666.
[2] BGH NJW 1991, 1822.

款第 2 种情形、第 1113 条第 1 款、第 1115 条第 1 款、第 1117 条第 1 款）。S 与 A 代理的 K 银行（《德国民法典》第 164 条第 1 款）达成证书抵押权设立合意（《德国民法典》第 871 条第 1 款第 2 种情形、第 1115 条第 1 款）。抵押权证书已签发（《德国民法典》第 1116 条第 1 款），并已交付 K 银行（《德国民法典》第 1117 条第 1 款第 1 句）。S 作为所有权人有权设立抵押权。因抵押权为从属性担保权，以主债权有效为前提（《德国民法典》第 1113 条第 1 款、第 1115 条第 1 款）。本案中，被担保的主债权是 K 基于借款契约的还款请求权。但该请求权的实际数额为 20 万欧元（上文边码 2），抵押权数额也以此为限（部分他主抵押权，Teil-Fremdhypothek）。

提示：其余 30 万欧元的抵押权人为 S（《德国民法典》第 1163 条第 1 款第 1 句），因而为部分所有权人土地债务（Teil-Eigentümergrundschuld）（《德国民法典》第 1177 条第 1 款），其顺位在部分他主抵押权之后（《德国民法典》第 1176 条）。

(2) S 向 E 的不动产让与

抵押权作为限制物权，因不动产所有权由 S 移转于 E，而成立于 E 的所有权之上。容忍强制执行的请求权（《德国民法典》第 1147 条）以抵押物当下的所有权人为相对人。S 有效地将涉案房产让与 E，因而 E 为上述请求权的相对人。

(3) 抵押权自 K 移转于 S

但 S 向 K 支付 20 万欧元后，抵押权则可能由 S 取得（《德国民法典》第 1164 条第 1 款第 1 句）。这还取决于 S 支付款项的目的何在。因债务承担不生效，S 仍为 K 的债务人。因而，S 的履行目的是还款，K 的债权因清偿而消灭（《民法典》第 362 条第 1 款）。

于此情形，债务人与抵押物所有权人不同，因而债权清偿后并非由抵押物所有权人取得抵押权（《德国民法典》第 1163 条第 1 款第 2 句）。应检视的是，债务人得否以及在何限度内可向抵押物所有权人请求补偿。[1] 仅在此补偿请求权成立时，抵押权才依《德国民法典》第 1164 条第 1 款第 1 句的规定移转于债务人。E（对 S）有义务向 K 偿还 20 万欧元，S 在清偿对 K

---

〔1〕 Prütting, Rn.713.

的债务后，即对 E 享有 20 万欧元的支付请求权（上文边码 5 及以下）。因而，20 万欧元的抵押权移转于 S，担保 S 对 E 的支付请求权。

(4) 结论

16　基于《德国民法典》第 1147 条的规定，S 对 E 享有容忍强制执行涉案房产的请求权。

17　提示：但 E 可通过向 S 支付 20 万欧元涤除房产的强制执行（《德国民法典》第 1142 条）。

（二）问题 2：土地债务

S 对 E 基于《德国民法典》第 1192 条第 1 款、第 1147 条的容忍强制执行请求权。

18　与问题 1 相比，仅须考量基于《德国民法典》第 1147 条的请求权。S 可能对 E 享有基于《德国民法典》第 1192 条第 1 款、第 1147 条的容忍强制执行请求权。前提是，S 与 K 在涉案房产上有效地设立了土地债务，且土地债务权利移转于 K。

1. 土地债务有效设立

19　S 为 K 设立了土地债务（《德国民法典》第 873 条第 1 款第 2 种情形、第 1191 条）。土地债务证书已交付 K（《德国民法典》第 1192 条第 1 款、第 1117 条第 1 款）。

20　提示：由于土地债务并非从属性担保权，因而不以主债权的有效存在为前提。超额的 30 万欧元之土地债务权利人同样是 K。

2. S 向 E 的不动产让与

21　土地债务作为限制物权，也因不动产所有权由 S 移转于 E，而成立于 E 的所有权之上。容忍强制执行请求权（《德国民法典》第 1192 条第 1 款、第 1147 条）以土地债务当下的所有权人为相对人。S 有效地将涉案房产让与 E，因而 E 为上述请求权的相对人。

3. 土地债务权利自 K 移转于 S

问题在于，S 向 K 的支付产生何种效力。由于债务承担不生效，S 仍为 K 的债务人，S 的支付意在偿还借款以使债权因清偿而消灭（《德国民法典》第 362 条第 1 款）。与抵押权情形（上文边码 14 及以下）不同，依《德国民法典》第 1192 条第 1 款的规定，以抵押权对主债权的从属性为前提的《德国民法典》第 1163 条、第 1164 条对土地债务无法适用。

但基于设立土地债务之基础关系，即担保约定，S 可能有权请求 K 让与土地债务权利。因为依担保约定，土地债务以担保 K 对 S 的还款债权为目的，即此处所涉为担保性土地债务（Sicherungsgrundschld,《德国民法典》第 1192 条第 1a 款）。若担保约定中欠缺明确的规则，则依《德国民法典》第 133 条、第 157 条的解释规则，被担保的债权实现后，担保人可请求返还土地债务权利。[1] 据此，S 可以向 K 请求让与 20 万欧元的土地债务权利，并依《德国民法典》第 1192 条第 1 款、第 1147 条的规定请求 E 容忍土地债务的执行。

提示：至于剩余的 30 万欧元土地债务权利，若担保情形不出现，即借款不超过 20 万欧元，E 则可能有权向 K 请求返还。若 S 在向 E 让与房产所有权的同时，以土地债务未被涤除或 E 满足 K 的债权。向 E 让与了对 K 的土地债务返还请求权，则 E 可基于 S 与 K 的担保约定产生返还请求权。[2]

案情 2:

(三) 问题 1: E 对 S、M 对 K 的请求权

1. E 对 S 的请求权，《德国民法典》第 488 条第 1 款第 2 句

(1) K 与 S 的借款契约

E 对 S 可能享有 20 万欧元的还款请求权（《德国民法典》第 488 条第 1

---

[1] Prütting, Rn.773.
[2] NK/Th.Kraus, § 1191 Rn.72 und 108.

款第2句）。K与S之间存在借款契约，S有还款义务（上文边码2）。此外，还要求该债权首先自K移转于M，又自M移转于E。

(2) 债权移转于M，《德国民法典》第1150条、第268条第3款

26　　该债权可能依《德国民法典》第1150条、第268条第3款的规定移转于M，若T对K支付的50万欧元可被认定为有清偿权的第三人为避免涉案标的被强制执行而进行的清偿。

1) 抵押权人的清偿请求

27　　依《德国民法典》第1150条、第268条的规定，第三人的清偿权以抵押债权人请求就抵押物实现债权为前提，但不以强制执行程序已经启动为必要。[1] 本案中，K警告E将申请强制执行，并要求以房产价值实现其债权。

2) 给付权限

28　　依《德国民法典》第268条规定，若强制执行某不动产以实现债权会使第三人面临占有丧失或权利丧失的风险，则该第三人有清偿权。据此，M作为承租人是有清偿权的第三人，因为涉案房产的强制拍卖可能导致其丧失占有。即使租赁关系不受影响［《德国民法典》第566条（买卖不破租赁）］，M也可能面临租赁契约因新所有权人的自身需要被通知终止的风险（《德国民法典》第573条第2款第2项）。

29　　T并未面临权利丧失或占有丧失的风险。不过，T的支付可能构成《德国民法典》第267条规定的第三人给付，从而M可取得对S的偿还请求权（《德国民法典》第268条第3款）。适用《德国民法典》第267条的前提是，T对K的支付未被视为M本人的给付。何人为50万欧元的给付人应以受领人的视角而断。T的转账表明为"M涤除抵押权的款项"。对K而言，T并非为自己涤除抵押权并取得追偿权，而是以涤除抵押权为目的将该笔款项交由M处分，只是为了缩短给付程序而直接由T向K转账。

30　　提示：于此所涉为典型的三角关系：T与M的给付关系（基于赠与原因的支付）、M与K的给付关系（以涤除抵押权为目的之给付），而T与K间仅存在事实上的金钱关系。

---

［1］ MünchKomm-BGB/Eichkmann, § 1150 Rn.1.

3）债权数额

依《德国民法典》第 1150 条、第 268 条第 3 款的规定，K 对 S 的还款债权移转于 M。但问题在于，M 对 S 的债权数额如何计算。M 向 K 支付了 50 万欧元，而借款债权的数额是 20 万欧元，债权仅在此数额内移转于 M。M 虽然因错误的消息来源误以为债权数额更高，并因此向 K 多支付了 30 万欧元，但是因债权不能善意取得，M 只能取得 20 万欧元的债权。

提示：至于 M 的给付仅在涤除抵押权抑或也在清偿主债权，则不生影响。即使他作为承租人仅涤除了抵押权，从而避免了出租人的房产被强制执行，也可取得主债权（《德国民法典》第 1150 条、第 268 条第 3 款），以及抵押权（《德国民法典》第 412 条、第 401 条第 1 款、第 1153 条第 1 款）。[1]

(3) 债权移转于 E，《德国民法典》第 1143 条

E 向 M 转账 20 万欧元后，可能基于《德国民法典》第 1143 条第 1 款取得债权。前提是，E 清偿了所涉债权（《德国民法典》第 1143 条第 1 款）。问题在于，E 的给付目的是涤除抵押权抑或清偿债权，抑或二者均是？所有权人的给付（与承租人的给付不同，参见上文边码 32），因上述给付目的之不同而效果差异巨大，应借助《德国民法典》第 133 条、第 157 条的解释规则，并考量利益状况进行探究。应注意的是，E 为所有权人，但并非 K 的债务人（上文边码 13）。

1）涤除抵押权

作为所有权人，E 至少有意涤除自己所有物之上的抵押权。法律后果将是，M 对 S 的债权移转于 E（《德国民法典》第 1143 条第 1 款）。同时，抵押权也随主债权移转于 E（《德国民法典》第 412 条、第 401 条第 1 款、第 1153 条第 1 款），并成为所有权人抵押权（Eigentümerhypothek）《德国民法典》第 1177 条第 2 款。但若 E 对 S 主张债权，则 S 得以对 E 的清偿请求权进行抗辩。

2）清偿债权

E 有清偿 S 之债务的义务。债权由 K 移转于 M 也不生影响，因为所涉仍

---

[1] PWW/Waldner, § 1150 Rn.2.

为同一债权，E 向错误债权人的给付受《德国民法典》第 407 条的保护。E 并非债务人但有支付义务，E 的支付应解释为同时包含了债权清偿。其法律后果是，债权依《德国民法典》第 362 条第 1 款的规定消灭。据此，E 对 S 并不享有还款请求权，E 成为 20 万欧元之部分所有权人土地债务的权利人（《德国民法典》第 1163 条第 1 款第 2 句、第 1177 条第 1 款第 1 句）。

2. M 对 K 的请求权，《德国民法典》第 812 条第 1 款第 1 句第 1 种情形

（1）得利

36　M 对 K 可能享有 30 万欧元的给付型不当得利返还请求权（《德国民法典》第 812 条第 1 款第 1 句第 1 种情形）。前提是，K 有所得利，包括任何形式的财产利益。本案中，K 因转账得利 50 万欧元。该笔款项使 K 的财产有所增益，构成财产利益。

（2）M 的给付

37　上述得利须因 M 向 K 的给付而取得。给付是有意识、有目的地使他人财产有所增益的行为。[1] 转账的目的是避免 K 就涉案房产强制执行以实现其债权，因而给付的目的是增益 K 的财产。有疑问的是，谁应被视为给付人。对此应以客观受领人视角为断。[2] 如上文分析（边码 29），K 应将 T 的转账视为 M 的给付。

（3）无法律上的原因

38　最后，M 的给付还须无法律上的原因。可作为法律原因的是抵押权所担保的债权。但该债权的实际数额为 20 万欧元，其余 30 万欧元的支付欠缺法律原因，因而 M 对 K 享有 30 万欧元的给付型不当得利返还请求权（《德国民法典》第 818 条第 1 款与第 2 款）。

（四）问题 2：土地债务

E 对 S 的请求权。（《德国民法典》第 488 条第 1 款第 2 句）

---

[1] BGHZ 40, 272, 277 = NJW 1964, 399.
[2] BGHZ 72, 246, 249 = NJW 1979, 157; Medicus/Petersen, Bürgerliches Recht, Rn.687.

1. K 与 S 的借款契约

与问题 1 相同，E 可能对 S 享有还款请求权（《德国民法典》第 488 条第 1 款第 2 句）。K 与 S 之间存在有效的借款契约，K 有还款请求权（上文边码 2）。

2. 债权移转于 M，《德国民法典》第 1192 条第 1 款、第 1150 条、第 268 条第 3 款

T 为了避免强制执行而进行的转账（上文边码 26 及以下）可能使债权移转于 M。K 以土地债务权利人的身份警告所有权人 E，将对其房产申请强制执行。可将此理解为债权清偿请求（上文边码 27）。依《德国民法典》第 1192 条第 1 款、第 1150 条、第 268 条第 1 款第 2 句的规定，M 是有权涤除土地债务的第三人（上文边码 28）。

有疑问的是，M 支付 50 万欧元的给付目的是什么。M 的目的是避免他所居住的房屋被强制执行。因而，可以认为 M 的给付目的在于涤除土地债务。涤除后土地债务权利移转于 M（《德国民法典》第 1192 条第 1 款、第 1150 条、第 268 条第 3 款）。

仍应检视的是，M 得否依《德国民法典》第 268 条第 3 款的规定取得（受土地债务担保的）债权。应考量的是，M 的给付是否以有清偿权的第三人身份，以清偿该债权的目的进行。为出租人履行其对债权人的个人债务通常并不符合承租人的利益。[1] 通常承租人给付的目的仅在于涤除不动产之上的担保物权，而非清偿出租人的个人债务，本案亦同，清偿主债权之给付目的甚至通过明示的目的"涤除土地债务"而被排除。据此，M 并未成为债权人。与抵押权（上文边码 34）不同，涤除权人 M 可依《德国民法典》第 1192 条第 1 款、第 1150 条、第 268 条第 3 款的规定单独取得非从属性的土地债务权利。[2] 据此，M 因给付而成为土地债务权利人，但并非债权人。

M 可请求 K 让与债权，该请求权产生于担保约定（不同观点的理由可能是，以非法学人士视角解释，也可认为给付目的在于清偿债权）。

---

[1] Palandt/Bassenge, § 1191 Rn.38f.
[2] PWW/Waldner, § 1150 Rn.5.

44 提示：E是否可以如同案情2问题1中一般，因其向M给付20万欧元而依《德国民法典》第1143条第1款的规定取得主债权，在此不必考量。同时取得主债权的前提是，依《德国民法典》第1192条第1款，第1143条第1款的规定也可适用于土地债务。但《德国民法典》第1143条第1款以抵押权的从属性为前提，因而无从适用于（非从属的）土地债务。[1] 既然M无法取得债权，E也无从自M处取得债权。债权的善意取得也被禁止。

---

[1] Palandt/Bassenge, § 1143 Rn.7.

案例 15　抵押权证书的移转

科　赫

一、案情与问题

2007 年 7 月，Morton 有限责任公司（M 公司）向商人 Kent Kowalski（K）交付大批货物。与大多数交易相同，双方约定 M 不得转让价金债权。该债权被延期至次年年底。为了担保价金债权，K 与代理 M 公司的 Gertrude Gosch（G）电话达成合意，以 K 坐落于 Bochum 内城的房产为 K 设立登记簿抵押权（Buchhypothek）。双方还约定，债权到期后 6 个月，M 公司始得行使抵押权。M 公司的抵押权被载入登记簿，但未标注排除抵押权证书的签发。因为事务繁忙，K 没有兴趣再为抵押权证书奔走，遂告知 G 可直接自登记机构领取抵押权证书。

实际上，K 仅是涉案房产的登记簿所有权人。虽然 K 认为该房产继承自叔公，但是真正的继承人实为其兄 Berthold（B）。登记簿中记载了一项针对 K 之所有权的异议，但并非由 B 申请，而是由他们的另一兄弟 Norbert（N）申请，N 也认为自己是继承人，并依假处分申请了异议登记。G 并未查阅登记簿，他认为没有理由怀疑 K 的所有权。

因 M 公司资金链紧张，G 以 M 公司的名义向 Camillo Ceberus（C）让与"在 K 房产上的抵押权"。让与合意经公证后，抵押权证书交付于 C。C 为了税收的减免，将该债权赠与其兄 Demetrius（D）。C 的让与表示经公证认证，D 点头表示同意。但 D 并未取得抵押权证书，而是请求 C 为粗心的兄长继续保管。

但 C 的保管出了纰漏。工匠 Hector Hannemann（H）修理 C 的房屋时，在写字台发现抵押权证书并将其窃取，用以偿还对自己纠缠不休的债权人 Samon Schigulski（S）。H 的父亲是一名公证员，利用职务之便帮助 H 伪造了让与声明及公证认证，内容是 D 向自己让与债权。继而，在出示抵押权证书的同时 H 以书面形式将债权让与 S。

现在，M 公司撤销了对 C 的让与，并通知 K，且请求 K 容忍强制执行。同时，D 与 S 也联络 K，主张自己的权利。2008 年 4 月，K 请求律师 Robert Rosendahl（R）为其提供法律建议，澄清谁是抵押权人，权利人可向 K 主张哪些请求权。

问题：请将 R 的回复草拟为一份全面的鉴定式法律意见书。

二、思路

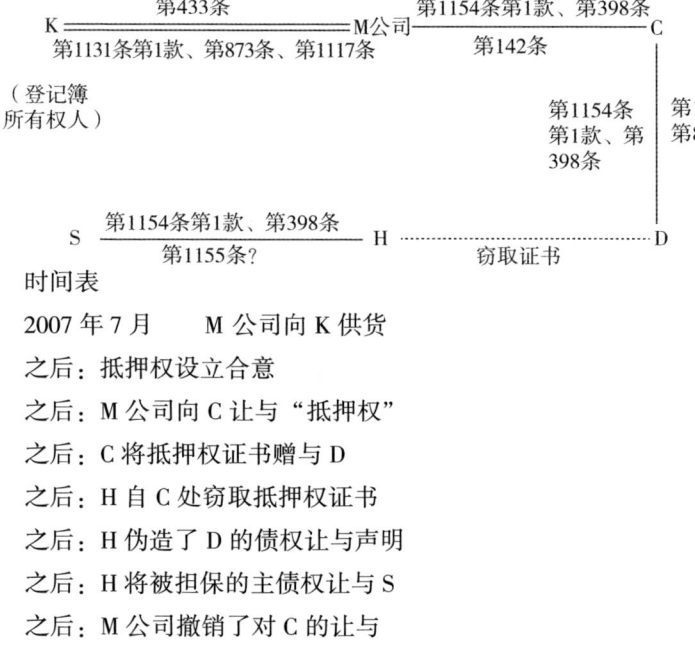

时间表

2007 年 7 月　　　M 公司向 K 供货

之后：抵押权设立合意

之后：M 公司向 C 让与"抵押权"

之后：C 将抵押权证书赠与 D

之后：H 自 C 处窃取抵押权证书

之后：H 伪造了 D 的债权让与声明

之后：H 将被担保的主债权让与 S

之后：M 公司撤销了对 C 的让与

（一）问题 1：谁享有抵押权？

1. M 的抵押权成立 ·· 1

　（1）合意与登记 ·· 1

（2）抵押权证书的交付 …………………………………… 3
　　（3）善意取得 ……………………………………………… 4
　　　　1）未查阅登记簿的善意信赖 ………………………… 4
　　问题：未查阅登记簿是否影响善意信赖？
　　　　2）异议登记不影响善意取得 ………………………… 5
　　问题：异议登记何时无法发生效力？
　　　　3）欠缺明知 …………………………………………… 8
2. 抵押权移转于 C ……………………………………………… 9
　　（1）有效的债权让与合意 ………………………………… 9
　　（2）合意排除债权的可转让性 …………………………… 10
　　　　1）《德国民法典》的法律规则 ……………………… 10
　　　　2）商法的特殊规则 …………………………………… 11
　　（3）符合形式要求的债权让与 …………………………… 15
　　（4）有效的撤销 …………………………………………… 16
　　（5）小结 …………………………………………………… 18
3. 抵押权移转于 D ……………………………………………… 19
　　（1）符合形式要求的债权让与合意 ……………………… 19
　　（2）抵押权证书的交付 …………………………………… 20
　　（3）拟制的债权取得 ……………………………………… 21
　　　　1）《德国民法典》第1138条的规范功能
　　问题：《德国民法典》第1138条是否使债权善意取得成为可能？
　　　　2）《德国民法典》第1138条的要件 ………………… 22
　　（4）抵押权的善意取得 …………………………………… 24
　　　　1）《德国民法典》第892条对抵押权的补充适用 …… 24
　　　　2）《德国民法典》第892条之抵押权善意取得的要件 … 26
　　（5）小结 …………………………………………………… 28
4. 抵押权移转于 S ……………………………………………… 29
　　（1）伪造让与表示时的善意取得 ………………………… 29
　　问题：《德国民法典》第1155条得否适用于伪造让与表示的情形？
　　（2）争议问题 ……………………………………………… 30

案例15 抵押权证书的移转　199

　　　　（3）本书观点 ·· 32

　　　5. 问题 1 的结论 ·· 33

（二）问题 2：D 基于抵押权对 K 享有哪些请求权？

　　　1. 容忍强制执行的请求权，《德国民法典》第 1147 条 ·········· 34
　　　2. 未届期的抗辩 ·· 35
　　　　　（1）届期 ·· 35
　　　　　（2）善意取得不受抗辩限制 ································· 36
　　　3. 针对主债权的抗辩权 ·· 37
　　　4. 请求权相对人 ·· 38
　　　　　问题：登记簿所有权人是否有义务容忍强制执行？
　　　5. 问题 2 的结论 ·· 40

三、解答

（一）问题 1：谁享有抵押权？

　　1. M 的抵押权成立

　　（1）合意与登记

1　　　最初，K 为 M 公司设立了抵押权。依《德国民法典》第 1113 条第 1 款的规定，抵押权有效设立的首要前提是存在有效的主债权，本案中的买卖价金债权满足该前提。双方还达成了抵押权设立合意（《德国民法典》第 873 条第 1 款、第 1113 条），且抵押权已载入登记簿（《德国民法典》第 873 条第 1 款、第 1115 条第 1 款）。[1] 关于上述合意，并未有特别的形式强制规范[2]，本案中的电话通话亦可。

2　　　有疑问的是，本案中的抵押权为证书权利，但双方合意的内容却并非设立证书抵押权。换言之，合意与登记存在不符。[3] 但登记簿抵押权与证书

---

　　〔1〕 关于抵押权类案例解析的详细介绍可参见 Martinek, JuS 1999, L 20。
　　〔2〕 Siehe Martinek, JuS 1999, L 20, 22; Reischl, JuS 1998, 124, 127.
　　〔3〕 Dazu nur Palandt/Bassenge, § 873 Rn.12.

抵押权有诸多共性，差别仅在于后者需要特别约定：证书的签发必须被排除（《德国民法典》第1116条第2款第3句）。据此，证书抵押权的要件并非多于而是"少于"登记簿抵押权。[1] 可以认为被登记的证书抵押权作为"减少项"包含在双方设立登记簿抵押权的合意之中。

（2）抵押权证书的交付

《德国民法典》第1117条第1款第1句要求（证书）抵押权的取得以抵押权证书的交付为前提。M公司并未自K处受领抵押权证书。但若双方达成《德国民法典》第1117条第2款规定之约定（取得人有权自行从登记机关受领），则交付不再必要。本案中，K与M公司达成了该合意。

（3）善意取得

1）未查阅登记簿的善意信赖

原则上仅所有权人[2]，本案中为B，才有权在不动产上设立负担。但M公司仍有可能基于《德国民法典》第892条的规定自无处分权人处（善意）取得抵押权。K被登记为所有权人，但G并未查阅登记簿。[3] 由此产生的问题是，登记簿记载的内容得否作为G的信赖基础。《德国民法典》第892条既不以知情也不以知情与行为间的因果关系为前提，而是（基于通常生活经验）不容辩驳地规定，取得人信赖了登记簿的具体记载。[4]

2）异议登记不影响善意取得

但善意取得可能因异议登记而被阻却。原则上，异议登记可排除善意取得的可能性（《德国民法典》第892条第1款第1句）。虽然G因疏忽而不知异议登记的存在，但是《德国民法典》第892条并不以知情为前提。无论取得人是否查阅登记簿，对异议登记是否知情，均不影响善意取得因异议登记而被排除。[5] 但基于异议登记的意义与目的，本案可能应作不同判断。

---

[1] Vgl. nur Jauerning/Berger, § 1116 Rn.4; Palandt/Bassenge, § 1116 Rn.3; Prütting, Rn.644.

[2] Soegel/Stürner, § 873 Rn.28.

[3] 法人的知情归属，此处不必检视。问题仅在于，何时可认定G知情，从而继而认定M公司知情。请参见Faßbender/Neuhaus, WM 2002, 1253ff.; Kieser/Kloster, GmbHR 2001, 176ff.。

[4] Vgl. dazu MünchKomm-BGB/Kohler, § 892 Rn.44; Prütting, Rn.215; 关于登记簿公信力的详尽阐释可参见Wiegand, JuS 1975, 205, 209。

[5] Wolf/Wellenhofer, § 19 Rn.27.

6　　异议登记的功能在于限制权利外观要件[1]，是保护真正权利人免受《德国民法典》第891条规定之登记簿公信力侵害的工具。[2] 与动产情形［《德国民法典》第935条以（无处分权人的）］权利外观可归因于原权利人作为限制权利外观效力的工具不同[3]，不动产法不要求权利外观可归因于真正权利人。权利人必须通过自己的异议登记打破登记簿的权利外观，并阻却善意取得。于此必要的并非权利外观可归因于真正权利人，而是权利外观的击破可归因于真正权利人。因而，异议登记与《德国民法典》第935条规定之（动产）脱手物的功能类似，若使用它的人是被保护权利的真正权利人[4]，则他也是《德国民法典》第894条规定的更正登记请求权人。[5]

7　　据此，仅真正权利人的异议登记才有意义[6]，其他无权处分人针对登记簿权利人进行的异议登记则无关紧要。[7] 但本案的异议登记人N却并非真正权利人。因而，N的异议登记无法阻却M公司善意取得证书抵押权。

　　3) 欠缺明知

8　　M公司对登记簿错误也并不知情（为善意）（《德国民法典》第892条第1款第1句）。据此，M公司可自K处善意取得证书抵押权，K有效地为M公司设立了证书抵押权。

　　2. 抵押权移转于C

　　(1) 有效的债权让与合意

9　　但M公司可能因C取得抵押权而丧失权利。M公司与C达成"抵押权"让与合意，但实定法并未规定以此为内容的法律行为。与日常用语不同，依《德国民法典》第1153条第2款的规定，抵押权并不能让与。抵押权毋宁是随主债权的移转而移转（《民法典》第1153条第1款），仅如此M公司与C

---

[1] Wiegand, JuS 1975, 205, 208.
[2] 请参见BGH NJW 1985, 3070, 3071关于《德国不动产登记条例》第53条规定之机关异议登记的案例。
[3] Wiegand, JuS 1975, 205, 208.
[4] Staudinger/Gursky (2013), § 899 Rn.4.
[5] Vgl. Baur/Stürner, § 18 Rn.23; Medicus/Petersen, Bürgerliches Recht, Rn.550.
[6] BGH NJW 1985, 3070 关于《德国不动产登记条例》第53条规定之机关异议登记的案例。
[7] Vgl. Soegel/Stürner, § 892 Rn.27; § 899 Rn.9; Staudinger/Gursky (2013), § 892 Rn.132.

才能实现移转抵押权的目的。为了帮助当事人实现目的,应解释其意思表示,解释规则是《德国民法典》第133条、第157条。应探讨的是当事人之意思表示的法律意义,而非固守其字面含义。[1] 据此,可认定M公司与C达成主债权让与合意。

(2)合意排除债权的可转让性

1)《德国民法典》的法律规则

有疑问的是,若债权不可转让,对结论有何影响。依《德国民法典》第137条第2句的规定,原则上债法约定无法产生物权效力。但债权让与适用的规则恰恰相反(《德国民法典》第399条)。可约定排除债权的可让与性,若主债权不可让与,则抵押权也不可移转。 10

2)商法的特殊规则

但《德国商法典》第354a条有不同规则,即商行为中约定排除债权的可让与性并不影响后续债权让与的效力。 11

提示:《德国商法典》第354a条经常被忽略,其功能在于服务中小企业,使其通过向保理机构让与债权而获得资金流。此外,该规范也使以延长的所有权保留进行融物成为可能,即所有权保留出卖人通常要求买受人提前(向出卖人)让与其对顾客的债权。若不限制排除债权可转让性之约定的效力,则上述经营安排将无法实现。[2] 12

《德国商法典》第354a条的适用前提首先是产生债权的买卖契约对双方而言均为商行为。依《德国商法典》第343条的规定,商行为是商人为了商业经营进行的法律行为。为此,契约双方均须为商人。K的商人属性可明确认定。M公司同样为商人,依《德国商法典》第6条结合《德国有限责任公司法》第13条第3款,M公司是法定形式的商人。[3] 13

此外,商行为还必须是为了商业经营的需要。有限责任公司因其性质并 14

---

〔1〕 Vgl. dazu Palandt/Ellenberger, § 133 Rn.1; MünchKomm-BGB/Eickmann, § 1153 Rn.5 认为,于此所涉为单纯的虚伪行为。

〔2〕 Baumbach/Hopt/Hopt, § 354a Rn.1; Canaris, Handelsrecht, § 26 Rn.16.关于《德国商法典》第354a条的全面阐释请参见Lettl, JA 2010, 109ff.。

〔3〕 有限责任公司一定是商事公司(《德国有限责任公司法》第13条第3款),属于社团的一种,既适用《德国商法典》第6条第1款,也适用第6条第2款,请参见 Baumbach/Hopt/Hopt, § 6 Rn.1, 6; MünchKomm-HGB/ K.Schmidt, § 6 Rn.3, 9.

无个人行为领域，它所订立的契约一定属于商业经营。[1] K 在本案中的行为也属于其经营领域。于此，不必借助《德国商法典》第 344 条第 1 款的推定。因而，本案的买卖契约对双方而言均为商行为，M 公司可以依《德国商法典》第 354a 条的规定向 C 让与债权。

(3) 符合形式要求的债权让与

15　　债权让与依《德国民法典》第 398 条发生。于此，应遵守《德国民法典》第 1154 条第 1 款规定的形式要求。本案中，当事人选择了公证形式，依《德国民法典》第 126 条第 4 款的规定，公证可代替书面形式。债权让与 C，依《德国民法典》第 401 条第 1 款的规定，抵押权也随之移转。证书抵押权的移转还要求证书的交付（《德国民法典》第 1117 条第 1 款第 1 句），本案中该要件也满足。

(4) 有效的撤销

16　　但因 M 公司撤销了债权让与，债权与从属的抵押权均应被视为未曾移转于 C（《德国民法典》第 142 条第 1 款）。

17　　提示：请注意案例分析技巧。即使 C 的权利明显因 M 公司的撤销而不成立，也不应跳过此处的分析，以免错过案情中显示的其他问题。

(5) 小结

18　　M 公司首先将抵押权（随主债权）让与 C，但因《德国民法典》第 142 条第 1 款的撤销具有溯及力，债权让与自始无效，抵押权人仍为 M 公司。

3. 抵押权移转于 D

(1) 符合形式要求的债权让与合意

19　　但 M 公司的抵押权可能因 D 的取得而丧失。D 与 C 达成抵押权移转合意，此之合意须满足《德国民法典》第 1154 条第 1 款第 1 句的要求，即债权让与的让与表示须以书面形式为之。C 的让与声明经过公证认证，必然符合书面形式。D 虽仅默示表示同意，但依《德国民法典》第 1154 条第 1 款的文义，须满足形式要求的仅是让与表示，而非同意表示。据此，本案中的债权让与符合形式要件。

---

[1] Canaris, Handelsrecht, § 20 Rn.10.

(2) 抵押权证书的交付

依《德国民法典》第 1154 条第 1 款、第 1117 条第 1 款第 1 句的规定，债权让与还须交付抵押权证书。但本案中，C 并未向 D 交付抵押权证书。不过《德国民法典》第 1117 条第 1 款第 2 句允许以《德国民法典》第 930 条规定的占有改定约定代替交付。C 与 D 达成合意，由 C 为 D 保管抵押权证书，双方存在《德国民法典》第 688 条规定的保管契约。该契约构成《德国民法典》第 868 条规定的占有媒介关系，从而成立第 930 条规定的占有改定。

(3) 拟制的债权取得

1)《德国民法典》第 1138 条的规范功能

问题在于，C 可能已丧失处分权，因为 M 公司撤销了对 C 的债权让与。撤销后，M 公司对 C 的债权让与自始无效，C 不再是债权人，也无从向 D 让与不存在的债权。债权的善意取得原则上也被排除。而抵押权的移转附从于债权移转，于此，抵押权移转丧失了"交通工具"（请参见《德国民法典》第 401 条第 1 款、第 1153 条第 1 款）。不过，本案可能符合《德国民法典》第 1138 条、第 892 条规定的要件[1]，依上述规范，鉴于债权和所有权人根据《德国民法典》第 1137 条可主张的抗辩权，《德国民法典》第 891 条至第 899 条的规范也可适用于抵押权。据此，就抵押权移转而言，C 被拟制为债权人。

2)《德国民法典》第 1138 条的要件

依《德国民法典》第 1138 条的规定，主债权方面须满足《德国民法典》第 892 条规定的要件。《德国民法典》第 892 条要求权利人被载入登记簿。而本案中 C 并未被载入登记簿。但《德国民法典》第 1155 条构成上述原则的例外。若债权人虽未被载入登记簿，但其权利系经过一系列公证认证的让与表示取得，且可追溯至经登记的债权人，则仍可适用《德国民法典》第 892 条。C 满足上述要件，因而与载入登记簿之债权人地位相当。

本案中相关的让与声明为 M 公司对 C 的让与，M 公司的权利被载入登

---

[1] 关于移转取得时证书权利的善意取得，可参见 Wolf/Wellenhofer, § 27 Rn.43f.; 概述请参见 Reischl, JuS 1998, 220, 221f.。

记簿，公证认证形式也满足。据此，《德国民法典》第 1155 条规定的要件满足。依《德国民法典》第 1138 条、第 892 条、第 1155 条的规定，为了抵押权取得目的之实现，主债权被拟制为存在。

（4）抵押权的善意取得

1）《德国民法典》第 892 条对抵押权的补充适用

24 《德国民法典》第 1138 条仅可拟制主债权的存在，但无法拟制抵押权的存在。C 并不享有抵押权，因为随着 M 公司的撤销，抵押权移转也自始无效。因而，不仅主债权作为抵押权的"交通工具"需要被拟制，C 欠缺抵押权这一问题也需要解决。因抵押权属于《德国民法典》第 873 条以下规定的限制物权，有可能直接适用《德国民法典》第 892 条，而不必诉诸第 1138 条。

25 提示：若让与人事实上确为抵押权人，只是并非主债权人，则不必对《德国民法典》第 892 条进行上述"双重"检视。《德国民法典》第 892 条结合第 1138 条，适用于主债权即为已足，因为事实上的权利状态已经足以支持抵押权的取得。[1]

2）《德国民法典》第 892 条之抵押权善意取得的要件

26 《德国民法典》第 892 条的适用前提首先是以法律行为让与物权。而抵押权的移转取得是否满足该要件存有疑问。严格而言，抵押权并非通过法律行为让与，而是主债权移转的法定后果（《德国民法典》第 1153 条第 1 款）、第 401 条第 1 款。但若以此为由排除依《德国民法典》第 892 条善意取得抵押权的可能性，则与《德国民法典》第 1138 条相悖，后者拟制主债权存在的目的恰在于使抵押权善意取得成为可能。因而主流观点认为，抵押权移转是以法律行为移转债权的间接后果。[2] 至于 C 并未被记载于登记簿，已经（如上文对主债权的分析）因《德国民法典》第 1155 条而不生影响。D 的主观善意信赖要件同样满足，可取得抵押权。

27 提示：于此检视主债权并非正确的路径。请始终关注案例中提出的问

---

〔1〕 Dazu Vieweg/Werner, § 15 Rn.42.
〔2〕 概述请参见 MünchKomm-BGB/Kohler, § 892 Rn.32. 移转取得时抵押权的善意取得请参见 Latta/Rademacher, JuS 2008, 1052, 1054ff.。

题，即使可能因而无法展示你既有的知识，如本案中关于主债权的标准式讨论[1]（请参见下文边码 41）。

（5）小结

D 善意取得抵押权，M 公司丧失抵押权。　　28

4. 抵押权移转于 S

（1）伪造让与表示时的善意取得

但 D 有可能因 S 取得抵押权而丧失权利。H 与 S 达成债权让与合意，　29
H 的让与表示符合形式要求，且抵押权证书已交付（《德国民法典》第 398 条、第 1154 条第 1 款）、第 1117 条第 1 款。有疑问的是，H 的抵押权证书系窃取，其债权让与及抵押权移转均为无权处分。需检视的是，S 得否善意取得抵押权。H 虽欠缺主债权，但依《德国民法典》第 1138 条、第 892 条、第 1155 条的规定，这可能不会影响 S 的权利取得。此处的权利状况与 C 向 D 的债权让与类似，区别仅在于 H 对 S 的让与表示系伪造，而让与表示是《德国民法典》第 1155 条规定之善意取得的关键。据此，S 得否善意取得就取决于：公证认证的让与表示系伪造时，是否仍得适用《德国民法典》第 1155 条的善意取得。[2]

（2）争议问题

该问题颇有争议。有观点认为，即使让与表示系伪造，但只要无法识　30
别，就不影响《德国民法典》第 1155 条的适用。于此"完美的权利外观"即为已足。理由在于，要求取得人查验公证认证的真实性会损及证书抵押权的流通性。若依此观点，则伪造的债权让与表示也满足 S 之善意取得的权利外观要件。

反对观点则认为，伪造情形无法适用善意取得。[3] 理由是，《德国民法　31

---

[1] 对此的探讨仅需参见 MünchKomm-BGB/ Eickmann, § 1153 Rn.13; Büdenbender, JuS 1996, 665, 671f.; Karper, JuS 1989, 33ff.。

[2] 此类案例分析还可参见 Richter/Dietrich, JuS 2007, 45ff.。

[3] Vgl. zum Folgenden RGZ 93, 41, 44; MünchKomm-BGB/Eickmann, § 1155 Rn.12.

典》第1155条的文义指向事实上的公证认证，而非单纯的外观。[1] 而且，原则上仅在无权处分人的权利外观因公证认证的让与表示得以正当化时，善意取得始为可能。若公证认证系伪造，权利外观享有者的外观仅是假象，不足以支持善意取得。[2] 若依此观点，则S的善意取得被排除。

（3）本书观点

32　　除文义之外，《德国民法典》第1155条的规范目的也无法支持第一种观点。公证认证的要求服务于保护真正权利人。若允许伪造的公证认证作为权利外观，则上述保护即落空。[3] 于此（与其他情形一样）应适用一般原则，即信赖签章者，承担伪造风险。[4] 在登记簿被伪造情形，主流观点也不支持善意信赖保护。[5] 若采第一种观点，则与该原则形成评价矛盾，只有将公证认证的权利外观与《德国民法典》第892条规定登记簿记载的权利外观同等对待，才具有一贯性。[6] 若登记机构参与了（伪造的）让与行为，则善意信赖无法补足该行为的效力。[7] 据此，在让与声明及公证认证被伪造之处，无从适用《德国民法典》第1155条。因而，S的善意取得被排除，无法取得抵押权。

5. 问题1的结论

33　　D是抵押权人。

---

[1]　请参见Palandt/Bassenge, § 1155 Rn.4; Baur/Stürner, § 38 V 2, Rn.34; Reinicke/Tiedtke, Kreditischerung, Rn.896；折中观点，将善意取得（类推《德国民法典》第935条）与真正权利人的与因行为相联系（H.Westermann, Sachenrecht, § 106 IV 2b, 直至第5版的观点），支持者寥寥，因为不动产法特意放弃了《德国民法典》第935条的类推适用。

[2]　关于动产法中"占有之权利外观的表象"，请参见Medicus/Petersen, Bürgerliches Recht, Rn.564。

[3]　Wieacker, Bodenrecht, 1958, S.217, Fn.1.

[4]　Reinicke/Tiedtke, Kreditischerung, Rn.896；这也支持第二种观点，请参见Soegel/Konzen, § 1155 Rn.9。

[5]　绝对主流观点，仅需参见Staudinger/Gursky (2013), § 892 Rn.21，附详细论证。

[6]　V.Moltke, AcP 142 (1936), 257, 282ff.

[7]　V.Moltke, AcP 142 (1936), 257, 296.

（二）问题2：D基于抵押权对K享有哪些请求权？

1. 容忍强制执行的请求权，《德国民法典》第1147条

依《德国民法典》第1147条的规定，抵押权人享有请求容忍强制执行的请求权。本案中有疑问的是，D自何时起可主张该请求权。

2. 未届期的抗辩

（1）届期

本案中的抵押权可能尚未届期。不动产担保物权的届期适用一般规则，因而可约定独立于主债权的届期时点。依本案的延期约定，抵押权在主债权到期后6个月始届期，而主债权于交货后次年年底到期，即2008年12月31日。因而，抵押权于2009年6月30日届期。抵押物所有权人无论是否为债务人，均可以此对抗新债权人（《德国民法典》第1157条第1款）。[1] 因而，K原则上可提起延期抗辩。[2]

（2）善意取得不受抗辩限制

但D可能因善意取得而不受抗辩限制。依《德国民法典》第1157条第2款参引第892条、第1155条，抵押权证书或登记簿未显示的抗辩，只要善意取得人不知情，即不得对其主张。本案中的抵押权延期约定未记载于登记簿或抵押权证书，从而满足《德国民法典》第892条规定的要件。该抗辩不得针对D主张。

3. 针对主债权的抗辩权

依《德国民法典》第1137条第1款第1句的规定，抵押物所有权人也可主张债务人对债权人的抗辩。由此推论，主债权的延期约定似乎也可阻却抵押权。但《德国民法典》第1138条将针对主债权的抗辩也纳入《德国民法典》第892条的适用范围。本案中主债权之延期约定满足其适用前提。据

---

[1] Staudinger/Wolfsteiner (2009), § 1157 Rn.18.
[2] 关于此情形的延期抗辩可参见 MünchKomm-BGB/Eickmann, § 1157 Rn.7。

此，主债权的延期约定无从阻止 D 依《德国民法典》第 1147 条的请求权主张。[1] 不过，依《德国民法典》第 1161 条的规定，K 可要求 D 出示抵押权证书。而 D 首先需要请求 S 返还证书，请求权基础是《德国民法典》第 985 条，因为依《德国民法典》第 952 条第 2 款的规定，D 作为抵押权人同时也是抵押权证书的所有权人。[2]

4. 请求权相对人

38　　问题还在于，D 应请求作为登记簿权利人的 K 容忍强制执行，还是应以真正的所有权人为相对人提出请求，因为仅后者才有可能容忍在自己不动产之上进行的强制执行。但对抵押权人而言，也许很难，甚至根本无法确知真正的所有权人。因而《德国民法典》第 1148 条第 1 句规定，抵押权实现程序中登记簿中记载的所有权人视同所有权人。不过，在 D 出示抵押权证书之前，K 均得拒绝容忍抵押权的行使（《德国民法典》第 1160 条）。

39　　提示：到这一步才须检视 K 欠缺所有权的影响。为了避免中断与遗漏，在正式落笔之前，应首先列出分析框架、整理分析思路，这在案例分析中很重要。

5. 问题 2 的结论

40　　D 可以请求 K 容忍强制执行，但应出示抵押权证书。

41　　提示：关于主债权的权利主体，有两种不同观点。依"分离理论"，主债权人仍为其最初的权利人，即 M 公司；而相反观点则认为主债权与抵押权同其命运。依此观点，D（至少就结果而言）善意取得了主债权。[3]

---

〔1〕 关于此抗辩的论述，可参见 Schwerdtner, Jura 1986, 259, 376f.。
〔2〕 证书记载之权利人即证书的权利人，详尽论证可参见本书案例 16 边码 9—10。
〔3〕 关于该问题的探讨可参见边码 27 中的脚注〔3〕。

案例 16　充分的担保

科　赫

一、案情与问题

　　Samuel Scholter（S）通过两次国家大考后，打算以律师身份独立执业。因为开设律师事务所资金不足，他向 Bodensee 银行股份有限公司（B 银行）申请贷款。银行经理 Pirmin Pudimat（P）明确告诉 S，获得如此大额的贷款必须提供充分的担保。

　　于是，S 向父亲 Valerian（V）求助，请求他为自己"作保"。S 告知父亲，这是"纯粹的形式"，因为担任法律候补文官期间，丰富的工作机会已经为他解决了经济问题，当下他"资金充足"。V 虽然认为在 S 求学期间已经为其提供了充分的资金支持，但是仍愿意继续资助儿子，且这次也只是"形式"而已，他最终同意了 S 的请求。随后，V 向 B 银行寄出一封签名信件，其中载明，为他儿子的借款"在 4 万欧元范围内作保"。次日，V 接到 P 的电话，P 表示很高兴收到 V 的来信，并告知 V，他的担保是 S 取得贷款的重要原因。

　　但 P 还是要求 S 提供进一步的担保，S 遂向富有的叔叔 Ortensio Ostermeier（O）求助。经过反复的说服工作，O 最终向 P 表示，为担保 B 银行的债权，他在自己的不动产上为 B 银行设立 12 万欧元的登记簿土地债务（Buchgrundschuld）。但登记机关负责此事的职员因前一晚庆祝生日在登记时发生疏忽：不仅错将土地债务记载为 15 万欧元，还忘记将证书签发的排除载入登记簿，且（向 O）签发了土地债务证书。同日，O 将土地债务证书交付于 B 银行。随后，B 银行与 S 签订了借款契约，并向 S 支付了约定的 12 万欧元借款。为了讨好未来客户，S 用这笔钱对租来的办公室进行了奢侈的装修。

　　很快，S 在短时间内突击成长为知名律师的预想被现实挫败。S 的律师事务所门可罗雀。与 V 探讨客流稀少问题时，S 惭愧地承认，他也许高估了自己的能力。为了尽快了结此事，S 还怯声怯气地承认，在 V 为他提供保证之前，他已经"没有一分钱"了。V 对 S 坦白的事情大感震惊，为了避免 4 万欧元的损失，V 立即电话联系 P，告知后者他听到的消息，并明确表示，因为"这些谎言"他不再受"保证"责任的约束。

借款到期后，S 无力偿还。O 得知就 S 财产的破产清算程序已经开始，担心丧失自己的不动产，遂电话告知 P，他无论如何都要避免不动产被强制执行，愿意涤除 12 万欧元的土地债务。几天后，B 银行的账户收到相应款项的转账。

O 不知道接下来应采取什么措施，为此，他去咨询律师 Rigbert Richlich（R），希望得知，对 B 银行有哪些请求权，以及他是否有可能对 V 进行追偿。

问题：请将 R 的回复草拟为一份全面的鉴定式法律意见书。

二、思路

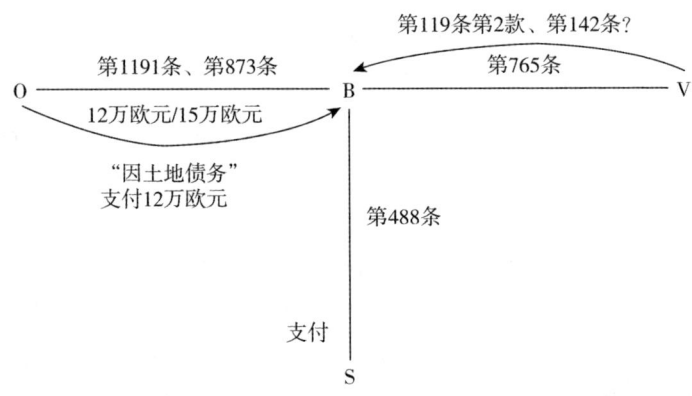

时间表

S 请求 V 提供信贷担保

之后：V 向 B 银行表示，在 4 万欧元的范围内为 S 的借款作保

之后：P 在电话中表示很高兴收到信件

之后：P 要求 S 提供进一步的担保，S 向 O 寻求帮助

之后：O 表示，愿意为 B 设立 12 万欧元的登记簿土地债务

之后：土地债务被登记为 15 万欧元，但未记载证书签发的排除

之后：土地债务证书被签发，且交付于 B 银行

之后：B 银行向 S 提供了 12 万欧元借款

之后：S 向 V 坦白了自己的经济状况

之后：V 电话告知 P，他不再承担责任

之后：O 得知，就 S 的财产之破产程序已经开始

之后：O 在电话中向 P 表示，愿意涤除土地债务

之后：O 向 B 银行的账户转账 12 万欧元

（一）O 对 B 银行的请求权

1. 基于《德国民法典》第 894 条请求同意更正登记簿的权利 ············ 1
    (1) 土地债务的成立 ··· 1
        1) 物权合意 ·· 1
        2) 登记 ··· 2
        3) 证书交付 ·· 5
    (2) O 偿付的效力 ··· 6
    问题：抵押权的哪些规范可以适用于此？
2. 返还土地债务证书的请求权 ····································· 9
    (1) 基于《德国民法典》第 985 条的请求权 ······················· 9
    (2) 基于《德国民法典》第 1192 条第 1 款、第 1144 条的
        请求权 ·· 11
3. 基于担保契约请求让与还款债权的权利 ·························· 12
    问题：担保人涤除土地债务后对债权人是否有此权利？
4. 结论 ·· 15

（二）O 对 V 的请求权

1. 基于《德国民法典》第 765 条第 1 款、第 401 条、第 488 条第 1 款
    第 2 句支付 4 万欧元的请求权 ································· 16

　　　　　(1) 保证的成立 ································ 16
　　　　　　1) 契约内容 ································· 16
　　　　问题：V 的意思是自行承担债务抑或为他人债务负责？
　　　　　　2) 书面形式 ································· 19
　　　　　　3) 依《德国民法典》第 142 条第 1 款的无效 ········ 20
　　　　　　　① 交易上重要的性质错误 ···················· 20
　　　　问题：因对债务人资信状况的错误而订立的保证契约得否撤销？
　　　　　　　② 恶意欺诈 ································· 22
　　　　(2) 保证债权移转于 O ·························· 23
　　　　　　1) 追偿权的排除 ··························· 23
　　　　　　2) 保证债权移转的范围 ····················· 25
　　　　　　　① 次序优先方案 ·························· 25
　　　　　　　② 优待保证人方案 ························ 27
　　　　　　　③ 连带债务规则的适用 ···················· 29
　　　　问题：保证人责任的无限性是否足以正当化其优势地位？
　　　　　　3) 追偿请求权的范围 ······················· 34
　　　　问题：何时可认定为《德国民法典》第 426 条第 1 款的"另有规定"？
　　　　(3) 先诉抗辩权 ································ 37
　　2. 结论 ·· 38

三、解答

(一) O 对 B 银行的请求权

1. 基于《德国民法典》第 894 条请求同意更正登记簿的权利

(1) 土地债务的成立

1) 物权合意

1　　　基于《德国民法典》第 894 条 O 可能对 B 银行享有请求同意更正登记簿的权利。B 银行作为股份有限公司属于法人，是适格的请求权相对人（《德国股份公司法》第 1 条第 1 款第 1 句），但前提是登记簿发生错误。登记簿与真实的权利状况是否相符取决于土地债务是否有效设立。为此,担保人与债权人首先须达成物权合意（《德国民法典》第873条第1款、第1191条第1款）。P对B银行的代理行为有效（《德国民法典》第164条第1款第1句、《德国商法典》第49条第1款），因而双方达成12万欧元的土地债务设立合意。

2）登记

土地债务的设立还需载入登记簿（《德国民法典》第873条第1款、第1192条第1款、第1115条第1款）。有疑问的是，本案中登记簿中记载的土地债务为15万欧元，超出双方合意的12万欧元，是否影响土地债务设立的效力。原则上登记的内容应与物权合意一致，若登记数额超出合意数额，则至少在合意的数额范围内二者一致，因而土地债务在合意数额范围内成立。[1]

但因双方约定的为登记簿土地债务，而登记簿中未记载证书签发的排除，上述12万欧元土地债务的设立仍可能无效。与证书土地债务（Briefgrundschuld）相比，登记簿土地债务要求达成排除证书签发的合意，并将其记载于登记簿中（《德国民法典》第1192条第1款、第1116条第2款第3句），因而较之证书土地债务，登记簿土地债务的要件更多。因而，若双方达成设立登记簿土地债务以及排除证书签发的合意，但因未将后者予以登记导致土地债务证书的签发，则成立证书土地债务，除非可依《德国民法典》第139条的规定得出相反结论。[2] 本案并无适用《德国民法典》第139条的特别案情，无法以此为由反对B银行取得12万欧元的土地债务权利。

提示：若认为合意与登记内容不一致，土地债务不成立，则已"偏离案例分析"。就案例分析技巧而言，本案中显示的问题明显以土地债务的有效设立为前提。

3）证书交付

证书土地债务的设立还须交付证书（《德国民法典》第1192条第1款、第1117条）。依《德国民法典》第1117条第1款第1句的规定，应由有处

---

[1] BGH NJW 1990, 112, 114; Palandt/Bassenge, § 873 Rn.12.
[2] Vgl. Jauernig/Berger, § 1116 Rn.5.

分权的所有权人将证书交付债权人。作为股份有限公司，B银行的机关与占有辅助人依《德国民法典》第854条第1款的规定为事实管领且代B银行行使占有心素之物，均以B银行为占有人。[1]据此，B银行取得土地债务证书的占有。占有取得经有处分权的O同意，因此B银行取得12万欧元的土地债务权利。

(2) O偿付的效力

6　　有疑问的是，B银行是否因O的偿付而丧失土地债务权利。土地所有权人对土地债务的偿付可能产生所有权人土地债务（Eigentümergrundschuld）。该法律后果并无争议[2]，但各派观点的支持理由并不相同：第一种观点认为，应类推适用《德国民法典》第1142条、第1143条第1款[3]；第二种观点认为，应类推适用《德国民法典》第1163条第1款第2句[4]；第三种观点则倾向于类推适用《德国民法典》第1168条、第1170条[5]。因三种观点的结论相同，不必再深入探讨该争议。土地所有权人为偿付之后，土地债务权利归所有权人。

7　　上述论断的前提是，O的偿付指向土地债务。O在电话中明确表示，为土地债务进行给付，构成《德国民法典》第366条第1款规定给付目的之确定。确定给付目的之表示还须到达受领人。[6] P作为《德国民法典》第164条第3款规定之受领代理人，其代理权产生自《德国商法典》第49条第1款规定的消极代理。据此，O之给付目的的确定表示到达B银行的代理人P。[7] 依同样适用于远程口头表示的知悉理论（Vernehmungstheorie）[8]，P通过电话听到并知悉该表示之时，就是该表示到达B银行之时。因而，O

---

[1] MünchKomm-BGB/Joost, § 854 Rn.17; K.Schmidt, 10 III b, S.226f.

[2] MünchKomm-BGB/Eickmann, § 1191 Rn.107; Bülow, Kreditsicherheiten, Rn.218.

[3] BGH NJW-RR 2003, 11, 12; MünchKomm-BGB/Eickmann, § 1191 Rn.107; Baur/Stürner, § 44 Rn.24.

[4] Lopau, JuS 1976, 315 (Fn.1).

[5] Prütting, Rn.765.

[6] 不必继续探讨，给付目的之确定表示是意思表示（如 Palandt/Grüneberg, § 366 Rn.7）抑或准法律行为（如 Bülow, Kreditsicherheiten, Rn.215），因为关于意思表示的一般规范可准用于准法律行为，请参见 BGHZ 106, 163, 166 = NJW 1989, 1792。

[7] Vgl. Rüthers/Stadler, § 17 Rn.53.

[8] Vgl. dazu Wolf/Neuner, BGB AT, § 33 Rn.34, 37ff.

的支付指向土地债务。O 也有权为此偿付（《德国民法典》第 1192 条第 1 款、第 1142 条第 1 款）。偿付后，O 取得 12 万欧元的所有权人土地债务。

B 银行在登记簿中被登记为 15 万欧元土地债务的权利人，为登记簿错误。O 有权基于《德国民法典》第 894 条的规定请求 B 银行同意更正登记簿，即请求 B 银行作出《德国不动产登记条例》第 19 条之更正登记同意，该表示须符合《德国不动产登记条例》第 29 条规定的形式要求。

2. 返还土地债务证书的请求权

（1）基于《德国民法典》第 985 条的请求权

O 对 B 银行还可能享有返还土地债务证书的请求权。首先应检视的请求权基础是《德国民法典》第 985 条。B 银行是土地债务证书之占有人［《德国民法典》第 854 条第 1 款（请参见边码 5）］。还要求 O 是土地债务证书之所有权人。依《德国民法典》第 952 条第 2 款、第 1 款的规定，土地债务权利人即证书所有权人。O 因偿付取得土地债务权利，成立所有权人土地债务（参见边码 6—7）。依《德国民法典》第 952 条第 2 款、第 1 款的规定，O 也是土地债务证书之所有权人。而 B 银行并不享有《德国民法典》第 986 条之占有本权，因而 O 可基于《德国民法典》第 985 条的规定请求 B 银行返还土地债务证书。

提示：土地债务证书原则上属于记名证券（Rektapapier），即记载特定人姓名的有价证券。依《德国民法典》第 952 条的规定，对证券的权利以证券记载的权利为断，因而债权人一定是债务证书的所有权人。但若土地债务依《德国民法典》第 1195 条参引第 793 条，被作为不记名证券（Inhaberpapier）签发，则由证书的所有权人决定证书记载之债权的权利归属（"证券记载的权利以对证券的权利为断"）。

（2）基于《德国民法典》第 1192 条第 1 款、第 1144 条的请求权

证书返还请求权还可能基于《德国民法典》第 1192 条第 1 款、第 1144 条产生。O 作为被设定负担之土地的所有权人，完全满足了 B 银行的权利。而《德国民法典》第 1144 条可准用于土地债务[1]，O 也可依此规范请求 B

---

[1] Palandt/Bassenge, § 1144 Rn.9.

银行返还土地债务证书。此外,依《德国民法典》第 1192 条第 1 款、第 1144 条的规定,O 还可请求 B 银行提供更正登记簿所必要的材料,依 O 的选择,可以是符合《德国不动产登记条例》第 29 条之形式要求的更正与涂销同意(《德国不动产登记条例》第 19 条)或有涂销能力的凭证,以证明登记簿错误(《德国不动产登记条例》第 22 条)。[1]

3. 基于担保契约请求让与还款债权的权利

12　　O 可能基于设立土地债务的担保契约,享有请求 B 银行让与对 S 之还款请求权的权利。前提是,B 银行基于《德国民法典》第 488 条第 1 款第 2 句的还款请求权并未因 O 的支付而消灭(《德国民法典》第 362 条第 1 款)。负担土地债务之土地所有权人并非债务人但为土地债务(而非主债权)进行支付时,主债权未受清偿,并未消灭。[2]

13　　对土地债务的支付,可能导致债权法定让与给 O。但《德国民法典》第 1143 条第 1 款规定之法定债权让与以担保权对债权的从属性为前提,无法准用于担保性土地债务。[3] 于此情形,也无法类推适用《德国民法典》第 426 条第 2 款,因为担保人与债务人的责任位阶不同,不满足连带债务的前提。[4] 因而,土地所有权人为土地债务进行支付并不导致主债权的法定移转。不过尚未消灭的主债权也不应继续保留在已经得到满足的债权人处。[5] 为了达到与抵押权情形类似的利益状况,应认为,若担保人在与债务人的内部关系中并无支付义务,但为土地债务而进行支付的,可请求债权人让与主债权。[6] 该请求权的依据是担保契约。[7] 因而,O 基于担保契约享有请求 B 银行让与对 S 之还款请求权的权利。

---

　　[1]　Vgl. dazu Soergel/Konzen, § 1144 Rn.6ff.
　　[2]　BGHZ 80, 228, 230＝JZ 1981, 591; BGH NJW 1991, 1821; MünchKomm-BGB/Eickmann, § 1191 Rn.127; 不同观点请参见 Weber, Kreditsicherungsrecht, S.228。
　　[3]　BGHZ 105, 154, 157＝NJW 1988, 2730; Palandt/Bassenge, § 1143 Rn.7; § 1191 Rn.36; 不同观点请参见 MünchKomm-BGB/Eickmann, § 1191 Rn.127, 该观点并不认为《德国民法典》第 1143 条以从属性为前提,从而为进行的土地债务支付可导致债权法定移转。
　　[4]　Baur/Stürner, § 45 Rn.82.
　　[5]　Vgl. Reinicke/Tiedtke, Rn.1249.
　　[6]　Baur/Stürner, § 45 Rn.82.
　　[7]　Palandt/Bassenge, § 1191 Rn.36; Bülow, Kreditsicherheiten, Rn.241.

提示：土地债务的非从属性使其在实务中几乎完全取代了抵押权。土地债务不从属于特定债权，因而可为不同的债权提供担保，例如往来账户关系。尽管如此，当事人原则上仍希望担保权与被担保的债权有关联，通常会以（债权）法律行为的方式通过担保契约实现此目的，从而达到与抵押权之法定从属性类似的法律效果。

4. 结论

基于《德国民法典》第 894 条、第 1192 条第 1 款、第 1144 条，O 对 B 银行享有《德国不动产登记条例》第 19 条规定之同意更正登记请求权，返还土地债务证书的请求权（《德国民法典》第 985 条、第 1192 条第 1 款、第 1144 条），以及请求让与 B 银行对 S 之还款债权的请求权（基于担保契约）。基于《德国民法典》第 1192 条第 1 款、第 1144 条，O 也可选择请求 B 银行同意涂销登记或提供具有涂销能力的凭证，以代替同意更正。

（二）O 对 V 的请求权

1. 基于《德国民法典》第 765 条第 1 款、第 401 条、第 488 条第 1 款第 2 句支付 4 万欧元的请求权

（1）保证的成立

1）契约内容

O 可能基于《德国民法典》第 765 条第 1 款、第 401 条、第 488 条第 1 款第 2 句对 V 享有支付 4 万欧元的请求权。B 银行依《德国民法典》第 488 条第 1 款第 2 句的规定将对 S 的债权让与 O 之后（参见边码 12—13），从属于该债权的保证也会法定移转于 O（《德国民法典》第 401 条）。前提是，V 与 B 银行间存在有效的保证。于此，被担保的债权人与保证人须订立保证契约。

V 与 B 银行之代理人 P（《德国民法典》第 164 条第 1 款第 1 句、《德国商法典》第 49 条第 1 款）达成合意。有疑问的是，双方合意的内容为何。契约类型以通过解释探寻当事人意思为断（《民法典》第 133 条、第 157 条）。合意的内容首先可能是担保允诺契约（Garantievertrag）（《德国民法典》第 241 条第 1 款、第 311 条第 1 款）。于此，允诺人承担独立于主债务

人的义务，在特定情形下为债权人承担无过错责任。[1] 与保证不同的是，即使主债务人的义务不成立或丧失、灭失，允诺人仍应为给付。[2] 鉴于其严苛的后果，必须具备订立担保允诺契约的明确意思。自 V 的信件可以推知，V 的意思是为 S 的还款义务负责。由此可知，V 仅在 S 的债务确实存在时，才愿意承担支付义务。因而，V 并无订立担保允诺契约的意思。

18　　此外，合意的内容还有可能是债务加入（＝并存的债务承担）（《德国民法典》第 241 条第 1 款、311 条第 1 款）。债务加入与保证的区别在于，债务加入使加入者成为债务人，保证则从属于主债务人。[3] 基于保证的从属性，保证人的地位优于债务加入者，后者也是主债务人。而且，《德国民法典》第 766 条规定的形式要求仅针对保证，保证人得到的保护更周全。因而有疑义时，尤其是担保人自己的经济利益无从识别时，原则上推定为保证。[4] V 的表示是为 S 的借款"作保"，可以推知，V 并无自己加入债务的意思，V 与 P 的合意应解释为保证契约。保证契约订立时借款契约尚未成立，并不影响前者的效力，因为依《德国民法典》第 765 条第 2 款的规定，可以为可确定的将来债权提供保证。

2）书面形式

19　　依《德国民法典》第 766 条第 1 句、第 125 条第 1 句的规定，提供保证的表示须具备第 126 条第 1 款的形式，即作成人须亲笔签名，接受保证的表示则不受形式限制。[5] V 的表示经其签名符合形式要求。但依《德国民法典》第 492 条第 1 款的规定可能得出不同论断，它要求双方均作出书面表示且契约表示具有特定内容，否则契约无效（《德国民法典》第 494 条第 1 款）。因为保证人与出借人之间的担保契约（Sicherungsvertrag）并非借款契约，欧盟法也未要求将《德国民法典》第 492 条第 1 款扩张适用于保证[6]，可考量的仅是该规范的类推。类推的前提是存在违反计划的规范漏洞，以及相似的利益状况。立法者有意识地将保证从消费者信贷规则领域中剔除。

---

〔1〕　BGH NJW 1967, 1020.
〔2〕　BGH NJW 1996, 2569, 2570.
〔3〕　Vgl. Palandt/Grüneberg, vor § 414 Rn.4.
〔4〕　Vgl. BGH NJW 1986, 580; Weber, Kreditsicherungsrecht, S.103.
〔5〕　MünchKomm-BGB/Habersack, § 766 Rn.5; Bülow, Kreditsicherheiten, Rn.893.
〔6〕　EuGH NJW 2000, 1323, 1324.

《德国民法典》第 765 条以下（尤其是第 766 条的保证人保护）以及相应的抗辩足以证明此处并无违反计划的规范漏洞。[1] 据此，本案无法类推适用《德国民法典》第 492 条第 1 款。保证契约符合形式要求。

3）依《德国民法典》第 142 条第 1 款的无效

① 交易上重要的性质错误

但若 V 可依《德国民法典》第 142 条第 1 款的规定撤销保证契约，则保证自始无效。V 对 P 表示自己不再承担保证责任。依《德国民法典》第 133 条、第 157 条的规定，有利于非专业人士的立场，可将其解释为《德国民法典》第 143 条第 1 款之撤销表示。V 的表示系向适格的撤销相对人（B 银行）作出（《德国民法典》第 143 条第 2 款），因为受领代理人 P 依《德国民法典》第 164 条第 3 款的规定知悉之时，即表示到达 B 银行之时（请参见上文边码 7）。不过，撤销以撤销原因为前提。可考量的撤销原因是《德国民法典》第 119 条第 2 款规定的交易上重要的性质错误。V 订立保证契约时对 S 的资信状况认识错误。于此要求资信状况构成《民法典》第 119 条第 2 款规定之交易上重要的性质。S 并非保证契约当事人的事实不生影响，因为第三人的性质也可适用《德国民法典》第 119 条第 2 款。[2] 于规范意义而言，支付能力原则上属于交易上重要的性质。[3] 但主债务人的资信状况是保证中的典型风险，应由保证人承担。为了避免担保目的被悬置，不应认可该撤销原因成立。[4]

提示：本案也无从适用《德国民法典》第 313 条，因为主债务人的经济支付能力并非保证的交易基础。

② 恶意欺诈

还应检视的是《德国民法典》第 123 条之因受恶意欺诈的撤销。关于自己的财务状况，S 故意欺骗了 V，导致 V 作出保证表示。但仅在 S 并非《德国民法典》第 123 条第 2 款规定之"第三人"时，V 才得以 B 银行为相对人作出撤销表示，因为 B 银行对于 S 的欺诈既不知情也不应知情。属于表示相

---

[1] BGHZ 138, 321, 326f. = NJW 1998, 1939.
[2] Palandt/Ellenberger, § 119 Rn.26.
[3] Vgl. Palandt/Ellenberger, § 119 Rn.26.
[4] Vgl. Flume, BGB AT II, S.490.

对人一方且在契约订立中起关键作用者并非"第三人"〔1〕。就保证人与主债权人的关系而言，主债务人通常为第三人，因为主债务人首先追求的利益并非使保证债权人得到充分担保，而是自己取得贷款。但若在保证契约的成立过程中，主债务人为主债权人的受托人，则另当别论。〔2〕主债务人因主债权人的敦促而与可能承担保证者磋商，尚不足以使债务人成为债权人的磋商受托人，因为债务人受债权人敦促寻找保证人，同样符合债务人自身的利益。〔3〕若无V的保证，S即无法取得借款，S请求V提供保证，至少也符合自己的利益，S并非B银行的受托人。据此，V属于《德国民法典》第123条第2款规定之第三人，V因受恶意欺诈的撤销权被排除。V与B银行间存在有效的保证，保证债权原则上可依《德国民法典》第401条的规定移转于O。

（2）保证债权移转于O

1）追偿权的排除

23　但有观点认为，还款债权的法定让与并不导致保证随之移转。《德国民法典》第774条第2款、第769条、第426条之共同保证，第1143条、第1173条之总括抵押权，第1225条第2句多个第三人共同出质，均以《德国民法典》第401条、第412条仅在有相应法定规则时才可适用为基本预设。〔4〕由于现行法并未规定保证与物上担保的混合担保规则，先受请求者负担偿还义务。〔5〕

24　但本案中排除（O对V）的追偿权并无依据。〔6〕《德国民法典》第1173条第1款作为例外规则无法适用于其他混合担保情形。〔7〕依《德国民法典》第401条的规定，作为严格的从权利，保证债权随主债权的移转而移转于O，主债权人与保证债权人始终同一。

2）保证债权移转的范围

① 次序优先方案

25　问题还在于，保证债权是否全额移转于O。V对主债权承担4万欧元的

---

〔1〕　Palandt/Ellenberger, § 123 Rn.13.
〔2〕　Palandt/Ellenberger, § 123 Rn.14.
〔3〕　BGH NJW-RR 1992, 1005, 1006.
〔4〕　Becker, NJW 1971, 2151, 2153f.
〔5〕　Becker, NJW 1971, 2151, 2154.
〔6〕　也可参见 Bülow, Kreditsicherheiten, Rn.238.
〔7〕　Mertens/Schröder, Jura 1992, 305, 306.

保证责任。依法律文义，O 可向 V 追偿 4 万欧元。而 V 仅得向主债务人求偿，保证人向主债务人求偿充满不确定性，甚至经常毫无希望，本案中就 S 的财产已经启动了破产程序。对于不同责任位阶的担保人之混合担保，并不存在与关于共同保证之《德国民法典》第 774 条第 2 款、第 426 条相类似并依第 1225 条第 2 句可适用于多数人出质的规范。[1] 本案中，若保证人 V 首先偿还主债权，则依《德国民法典》第 774 条第 1 款第 1 句规定的法定债权让与，V 在其偿还债权的范围内取得（B 银行）对 S 的债权，并基于保证契约[2]，类推《德国民法典》第 412 条、第 401 条[3]有权请求 B 银行向其让与 4 万欧元的土地债务权利。土地债务权利让与后，保证人即有可能向被设定土地负担之所有权人追偿。

有部分观点认为，上述论断不必修正[4]，因其是法律适用的结论。次序优先原则在众多法律制度中得以体现，并导致各担保人争相先行向主债权人偿付。[5] 依此观点，O 可基于《德国民法典》第 765 条第 1 款、第 401 条的规定、第 488 条第 1 款第 2 句，就全额保证债权对 V 进行追偿，即要求支付 4 万欧元。

② 优待保证人方案

另一种观点认为，于保证与不动产担保并存的混合担保情形中，保证人的责任顺位始终在后。[6] 若保证人先行偿付主债权，则全额取得其他担保；若不动产担保人先于保证人进行偿付，则保证债权在此范围内消灭，先行偿付的其他不动产担保人对保证人并无追偿请求权。[7]

该观点以《德国民法典》第 776 条为其论证依据。依此规范，在主债权人放弃其他担保时，保证人在本可求偿的范围内免责。该观点认为，上述规范将其他担保人置于劣势，并表明立法者有意在特定范围内保护保证人。[8]

---

[1] 依《德国民法典》第 1225 条第 2 句之未受限制的文义，该规范也参引了第 774 条第 2 款，请参见 BGHZ 108, 179, 184 = NJW 1989, 2530; Schmidt, JuS 1990, 61, 62。
[2] Mertens/Schröder, Jura 1992, 305, 309.
[3] BGHZ 110, 41, 43 = NJW 1990, 903; Larenz/Canaris, Schuldrecht BT II/2, § 60 IV 2a.
[4] Mertens/Schröder, Jura 1992, 305, 308ff.
[5] Mertens/Schröder, Jura 1992, 305, 310.
[6] Baur/Stürner, § 38 Rn.103; Reinicke/Tiedtke, Rn.1328.
[7] Reinicke/Tiedtke, Rn.1321.
[8] Reinicke/Tiedtke, Rn.1326.

而且不同于物权担保人,保证人是以其全部财产承担责任,因而保护必要性更强。此外,保证人常常出于利他动机承担义务,对于责任射程却欠缺充分的认知。[1] 承担保证义务的门槛低于负担不动产担保。[2] 因而,在结果上应优待保证人。若采此观点,则 O 对 V 并无追偿权。

③ 连带债务规则的适用

29　　主流观点则认为,保证与土地债务是责任顺位相同的担保手段,因而应类推《德国民法典》第 426 条规定的连带债务规则,保证人与物上担保人得互相追偿。[3] 理由部分在于《德国民法典》第 774 条第 2 款、第 1225 条第 2 句、第 426 条所体现的一般原则[4],部分在于矫正正义与《德国民法典》第 242 条规定之衡平理念所导出的补偿义务。[5]

30　　若采上文严格适用法律的次序优先方案,则先行偿付者也取得从权利,在求偿可能性方面较之其他担保提供者地位更优,其他担保人必须承担主债务人无力偿付的风险。由此导致的局面是,主债务人无力偿付或不愿偿付的风险由谁承担完全取决于偶然因素。[6] 而且,主债权人将成为"内部关系的主人",有能力决定哪位担保提供者最终承担责任。[7] 偿付次序最晚的担保提供者将独立承担对主债务人追偿权实现的不确定性。与通常情形下担保人尽量拖延或完全不予偿付不同,在此路径下,各担保提供人不得不竞相讨好主债权人,以尽量在其他担保人之前进行偿付,从而造成所谓的"担保人的赛跑"。立法者显然并未意识到责任顺位不同的担保人间的求偿问题[8],因而存在应予填补的规范漏洞。[9] 次序优先方案并无说服力。

---

〔1〕　Tiedtke, BB 1984, 19, 20.

〔2〕　Reinicke/Tiedtke, Rn.1425.

〔3〕　Vgl. BGH NJW 1992, 3228, 3229; BGHZ 108, 179, 183ff. = NJW 1989, 2530; BGH NJW 2009, 437 Tz.13; Palandt/Sprau, § 774 Rn.13; Larenz/Canaris, Schuldrecht BT II/2, § 60 IV 3a; Bredemeyer, Jura 2012, 612, 616.

〔4〕　Larenz/Canaris, Schuldrecht BT II/2, § 60 IV 3a; Medicus/Petersen, Bürgerliches Recht, Rn. 941; Neuner, Rn.633.

〔5〕　BGHZ 108, 179, 183 = NJW 1989, 2530; 不同的论证理由请参见 Schanbacher, AcP 191 (1991), 87, 91ff.。

〔6〕　Vgl. Hüffer, AcP 171(1971), 470, 472.

〔7〕　Vgl. Kerbein, JA 1999, 377, 378.

〔8〕　Vgl. dazu m. w. N. Mertens/Schröder, Jura 1992, 305f; Scherpe, Jus 2014, 51, 55.

〔9〕　请参见 Larenz/Canaris, Schuldrecht BT II/2, § 60 IV 3a:"目的冲突漏洞。"

优待保证人方案同样不可采,因为《德国民法典》第776条仅用于规范保证人与主债权人的关系,并惩罚后者之悖信行为。至于不同担保人之间的关系,该规范则并未涉及。[1] 保证人的责任风险也无法正当化对其的优待:若因保证人责任并不限于特定财产,从而较之不动产担保人更值得保护而优待保证人[2],则无法论证为何保证人自愿承担的更高风险应由不动产担保人承受。[3] 即使不动产担保人与保证人不同,前者将来取得的财产不必承担担保责任,但被设定担保的标的物仍可能构成担保人的全部财产,而且不动产担保人也常与保证人一样出于利他动机提供担保。[4] 因此,通盘考量之下,保证人较之其他担保人并无优待必要。

因而,结论是法律将所有担保手段视为原则上居于相同的责任顺位。就经济视角而言,保证人偿付主债权后对其他第三担保人享有追偿权,而其他第三担保人偿付主债权后对保证人却无此权利,并不公平。据此,应类推适用连带债务规则。类推《德国民法典》第426条第2款、第1款第1句后半句,保证债权依第401条的规定仅在两位担保提供者的内部责任份额范围内移转于O,其余部分消灭。

提示:本案并不要求答题者分析得如此细致。不过"担保人的赛跑"是经典的案例问题,对此问题的不同观点应有所了解。若清晰地讨论了不同观点,并予以充分论证,也可采优待保证人方案。

3) 追偿请求权的范围

接下来的问题是,追偿请求权的范围如何计算。依《德国民法典》第426条第1款第1句后半句的规定,有疑义时各担保人内部责任份额相同,即以人数计算份额。由此计算,则O与V似乎各应承担一半,即各承担6万欧元。但原则上的半数受到各担保提供者之具体责任的限制,因而,仅承担4万欧元保证责任的V仅在此范围内承担追偿义务。依此计算,则O可在4万欧元的范围内向V求偿,并自行承担8万欧元。

---

[1] Vgl. BGH NJW 1992, 3228, 3229; MünchKomm-BGB/Damrau, § 1225 Rn.10; Weber, Kreditsicherungsrecht, S.101f.

[2] 对该论点的质疑可参见 Hüffer, AcP 171(1971), 470, 482。

[3] Vgl. hierzu Hüffer, AcP 171(1971), 470, 482f.

[4] BGH NJW 1992, 3228, 3229; Neuner, Rn.632.

35　　但若考虑到 O 对主债权承担 12 万欧元担保责任，而 V 仅承担 4 万欧元保证责任，则可能得出不同论断。虽然两位担保提供者的目的均在于担保主债权人，但是为此目的承担的担保责任范围不同，因而以人数计算内部份额无法体现二者承担的不同风险。[1] 在外部关系中承担较高风险者在内部关系中也应相应承担更高份额。[2] 依此以矫正正义原则为支持的未成文的任意性规范，于此所涉为《德国民法典》第 426 条第 1 款规定的"另有规定"，从而追偿请求权的份额计算应考量不同担保人的外部责任范围。[3] 本案中，O 与 V 所承担的风险比例为 3∶1，因而 V 应承担的追偿义务为 12 万欧元的 1/4，即 3 万欧元。据此，保证债权仅在 3 万欧元的范围内移转于 O，另外 1 万欧元的保证债权消灭。O 须自行承担 12 万欧元的剩余 3/4，即 9 万欧元。

36　　提示：该问题因保证义务的有限范围而得以在案情中明确展示。于此所考核的并非知识掌握的熟练程度，而是问题意识与可行的论证。只要意识到该问题并给出合乎逻辑的解决方案，即使与答题模板的结论不同，评分人也会给予恰当的分数。

（3）先诉抗辩权

37　　于此所涉的问题为追偿请求权得否行使。可能的抗辩来自《德国民法典》第 771 条第 1 句规定的先诉抗辩权，依第 404 条的规定也可对 O 主张。[4] 不过，若针对主债务人的破产程序开始，则先诉抗辩权被排除（《德国民法典》第 773 条第 1 款第 3 项）。因而，V 对 O 无从主张先诉抗辩权。

2. 结论

38　　O 可基于《德国民法典》第 765 条第 1 款、第 401 条、第 488 条第 1 款第 2 句的规定向 V 追偿 3 万欧元。

---

〔1〕　Vgl. dazu Larenz/Canaris, Schuldrecht BT II/2, § 60 IV 3b.
〔2〕　还可参见 BGH NJW2009, 437 Tz.15; Schlechtriem, FS Caemmerer 1978, S.1013, 1040; 关于共同保证的不同观点可参见 Reinicke/Tiedtke, Rn.420f.。
〔3〕　Vgl. Larenz/Canaris, Schuldrecht BT II/2, § 60 IV 3b; 相同结论可参见 Neuner, Rn.635。
〔4〕　Palandt/Grüneberg, § 404 Rn.2.

案例 17　金融家 Forscher

科　赫

一、案情与问题

案情 1

尽管经济危机来势凶猛，商人 Karl Klein（K）还是满怀信心，他打算继续追加投资为未来做准备。2008 年 9 月，K 自 B 银行（B）处借款 12 万欧元，为担保银行债权，他还为 B 设立了符合形式要求的证书土地债务（Briefgrundschuld），并遵照形式要求，表示接受还款债权与土地债务的即时强制执行（sofortige Zwangsvollstreckung）。双方还约定，土地债务（的到期）不以提前通知终止为必要。土地债务证书也交付于 B。担保契约中载明，借款分 4 期偿还，每期 3 万欧元，还款日为 2009 年每个季度的第一天，即 1 月 1 日、4 月 1 日、7 月 1 日、10 月 1 日。随后，B 为 K 提供了借款。K 按期转账偿还了前两期借款。

B 因陷于经济困境，于 2009 年 5 月将上述还款债权与土地债务权利一并以书面形式让与金融投资者 Frank Forscher（F），并向其交付土地债务证书。不久，K 也因经济危机陷入资金困境。K 无力继续偿还将于 7 月到期的款项，遂与 B 重新协商。K 并不知道债权与土地债务权利已被让与 F。照顾到双方的长期合作关系，K 与 B 协商将最后两期还款期限推迟至 2009 年 12 月，并补充订立相应的担保契约。2009 年 7 月，F 通知 K 债权让与事宜，并因 K 未按期还款通知终止借款协议，通知其土地债务到期。同时，F 警告 K 自己将申请即时强制执行，以实现其 6 万欧元的债权。K 拒绝向 F 为任何给付，他认为自己基于长期信赖关系与 B 银行签订契约，他人无权介入。

问题：请草拟一份鉴定式法律意见书，说明对于即时强制执行 K 可采取怎样的措施。假设强制执行条款（Vollstreckungsklausul）并非以表格形式约定，不必检视条款异议程序（Klauselerinnerungsverfahren）中可主张的权利。

案情 2

F 暂未申请强制执行。K 以所有权保留方式自经销商 Hans Hanrnos（H）处购买一台涉案土地上的经营事业所需的机器，价款为 2 万欧元，分 4 期支付，每期 5000 欧元。在 K 支付了 3 期价款之后，F 申请就涉案地块进行强制执行。为了获取现金，K 决定出售该机器，与第三人 Daniel Diederichsen（D）在 K 的厂房中达成合意，让与机器所有权并进行交付。K 的土地上存在土地债务一事，D 并不知情。但 K 将与 H 的约定告知了 D。在使用过程中，D 发现机器有轻微瑕疵。K 同意在自己的厂房对机器进行修复。机器运至 K 的厂房后，F 依《德国民事诉讼法》第 866 条第 1 款第 2 种情形结合《德国强制执行法》第 20 条，申请就该机器进行强制执行。

问题：D 得知 F 申请强制执行，向您咨询得否以及如何进行防御。请草拟一份鉴定式法律意见书。

提示：除了 Schönfelder 法律汇编中收录的法律之外，仅须考量《德国数据保护法》（BDSG）中的下述规范：

第 1 条［目的与适用范围］……（3）（第 2 句）……此规定不影响依据职责遵守保守职业或官方特殊机密的法律义务之效力。

第 3 条［其他定义］(1) 个人数据指关于个人或已识别、能识别的个人（数据主体）的客观情况的信息。

第 4 条［收集、处理和使用数据的许可］(1) 收集、处理和使用个人数据必须遵守本法……的规定……

第 28 条［为自身目的收集、处理和使用数据］(1) 在下列情形下，允许收集、存储、修改、传输或为了自身商业目的使用个人数据……

2. 有利于维护编档系统控制者的合法权利，并且无法认为保护数据主体排除数据的处理或使用会产生更重大的利益……

二、思路

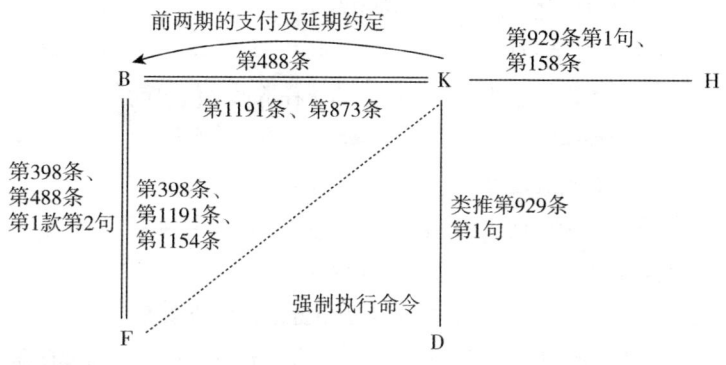

时间表

案情 1：

2008 年 9 月　K 收到借款并为 B 设立土地债务

2009 年 5 月　B 向 F 让与债权与土地债务权利

不久：K 与 B 的延期约定

2009 年 7 月　F 通知 K 终止借款，并通知土地债务到期

案情 2：

首先：K 自 H 处以所有权保留方式取得机器

之后：F 申请强制执行

之后：K 与 D 的合意与交付

之后：K 修复机器

（一）案情 1：基于《德国民事诉讼法》第 767 条、第 795 条第 1 句、第 797 条第 4 款针对还款债权与土地债务的执行异议之诉

1. 可诉性 ·· 1
2. 客观的诉的合并，《德国民事诉讼法》第 260 条 ················ 3
3. 支持理由 ·· 4
   （1）诉讼依据 ··· 4

问题：存在强制执行证书时，得否适用《德国民事诉讼法》第 767 条第 2 款的除斥效力？

(2) 还款债权 ………………………………………………………… 6
 1) 借款契约的订立 ……………………………………………… 6
 2) 对 F 的债权让与 ……………………………………………… 7
  ①《德国民法典》第 399 条第 2 种情形之债权可让与性的排除 ………………………………………………………… 7

问题：默示的让与禁止是银行保密义务的要求吗？

  ② 违反效力性强制规范 ……………………………………… 9

问题：数据保护规范是否禁止债权让与？

   a.《德国民法典》第 134 条结合银行保密义务 ………… 9
   b.《德国民法典》第 134 条结合《德国刑法典》第 203 条第 1 款 …………………………………………………… 10
   c.《德国民法典》第 134 条结合《德国数据保护法》第 28 条 ………………………………………………… 11
  ③ 小结 ………………………………………………………… 13
 3) 因清偿导致债权部分消灭 ………………………………… 15
 4) 延期的效力 …………………………………………………… 16
 5) 通知终止的可能性 ………………………………………… 17
  ①《德国民法典》第 488 条第 3 款第 1 句 ……………… 17
  ②《德国民法典》第 490 条第 1 款 ……………………… 18
  ③《德国民法典》第 490 条第 3 款、第 314 条 ………… 19
 6) 小结 …………………………………………………………… 20

(3) 土地债务 ……………………………………………………… 21
 1) 土地债务权利的设立与让与 ……………………………… 21
 2) 延期的效力 …………………………………………………… 22

问题：担保性土地债务权利可否无抗辩地善意取得？

 3) 土地债务的届期，《德国民法典》第 1193 条 ………… 24

问题：担保性土地债务的到期得否排除通知终止要求？

  ④ 小结 ………………………………………………………… 25

4. 结论 ·· 26

(二)案情2：基于《德国民事诉讼法》第771条的第三人异议之诉

   1. 可诉性 ·· 27
      问题：第三人异议之诉与优先受偿之诉的关系？
   2. 支持理由 ··· 28
      (1) 诉讼依据 ·· 28
      (2) D之阻却让与的权利 ··· 29
        1) 期待权作为阻却让与的权利 ··· 29
      问题：期待权能否阻却强制执行？
        2) K之期待权的产生 ··· 30
        3) 向D让与期待权的合意 ·· 31
        4) 处分权 ·· 32
      问题：查封对处分权的影响？
        5) 责任免除，《德国强制执行法》第23条第1款，《德国民
          法典》第136条、第135条第2款、1121条第2款第2句
          ·· 34
      问题：扣押之后的责任免除如何实现？
   3. 结论 ·· 36

三、解答

(一)案情1：基于《德国民事诉讼法》第767条、第795条第1句、第797条第4款针对还款债权与土地债务的执行异议之诉

   1. 可诉性

      本案中适于强制执行且有效的执行名义是《德国民事诉讼法》第794条第1款第5项规定的文件，K服从还款债权与土地债务的即时强制执行。F已经警告K将申请强制执行，K的财产面临直接被执行的局面，K有保护必要。因而，K针对还款债权与土地债务的执行异议之诉程序适法。

2　　　提示：司法判例与学理中有一种倾向，即将以表格形式表达的服从即时强制执行的意思表示置于格式条款规制之下。据此，若银行可任意向第三人让与债权，则被认为存在《德国民法典》第 307 条第 1 款第 1 句规定之对借款人不适当的不利益。因而有观点建议，在程序法部分的检视中即考量基于格式条款的抗辩，因为这涉及是否存在适法的执行名义。[1] 但当前联邦最高法院并未将格式条款规制适用于此。[2] 因而本案的检视不考量这一问题。

2. 客观的诉的合并，《德国民事诉讼法》第 260 条

3　　　因为诉讼类别相同，诉讼当事人相同，管辖法院也相同，两个诉可依《德国民事诉讼法》第 260 条的规定合二为一。

3. 支持理由

（1）诉讼依据

4　　　若 K 可针对 F 之有执行名义的请求权提出抗辩，则 K 的诉请可得到支持。《德国民事诉讼法》第 767 条第 2 款规定的除斥效力（Präklusion）被《德国民事诉讼法》第 797 条第 4 款排除。

5　　　提示：《德国民事诉讼法》第 767 条第 2 款规定的意旨在于避免在执行程序中才"补充提出"于事实审理时已经产生但并未被提起的抗辩。但就即时强制执行证书而言，事前并无可能在庭前提出抗辩。因而针对即时强制执行证书的执行异议之诉可以在程序进行的任何阶段提出。[3]《德国民事诉讼法》第 797 条第 4 款排除了第 767 条第 2 款的适用。

（2）还款债权

1）借款契约的订立

6　　　K 与 B 签订了借款契约，且 B 已经提供借款，满足《德国民法典》第 488 条第 1 款第 2 句规定的要件，K 负担 12 万欧元的还款义务。

---

[1] Vgl. dazu Schimansky, WM 2008, 1049ff; 批评请参见 Dümig, NJW 2008, 2786; Habersack, NJW 2008, 3173ff。

[2] BGH NJW 2009, 1887 Rn.12f. 关于实体法问题的详细论证，请参见 BGHZ 185, 133 Rn. 27ff. = NJW 2010, 2041。

[3] MünchKomm-ZPO/Wolfsteiner, § 797 Rn.35.

2) 对 F 的债权让与

①《德国民法典》第 399 条第 2 种情形之债权可让与性的排除

B 可能已将债权让与 F。B 与 F 于 2009 年 5 月依《德国民法典》第 398 条的规定达成债权让与合意。有疑问的是，让与的效力是否因《德国民法典》第 399 条第 2 种情形而受影响。[1]

《德国民法典》第 399 条第 2 种情形适用的前提是原债权人与债务人双方达成排除可让与性的合意。本案中 B 与 K 虽无此明示合意，但可能存在默示合意。依《德国民法典》第 398 条的规定，债权以可让与为原则，第 399 条为第 398 条的例外，因而有疑问时不应认定债权的可让与性被排除。[2] 更何况，对顾客而言显而易见的是，债权的可让与性符合银行的既得利益（重新融资、降低风险与自有资本压力）。[3] 但仍有观点认为，在银行领域适用全方位的银行保密义务（Bankgeheimnis），其中包含了债权让与禁止。[4] 该观点误解了银行保密义务的法律性质。保密义务是保护并且不损害契约对方之财产利益之一般义务的特别体现。保密义务是单纯的债法义务，无从产生物权性的让与禁止效力，违反让与禁止之债法义务产生的是《德国民法典》第 280 条第 1 款结合第 241 条第 2 款的损害赔偿义务。[5] 据此，无法认定本案中存在默示排除债权可让与性之合意。

② 违反效力性强制规范

a.《德国民法典》第 134 条结合银行保密义务

不过，本案债权让与仍可能违反效力性强制规范。可考量的效力性强制规范是《德国民法典》第 134 条结合银行保密义务。此类效力性强制规范须针对法律行为的内容而非仅针对其背景。[6] 而银行保密义务并非法律规范，得否构成此种效力性强制规范即成疑问。但若考虑到《德国民法典》第 134 条承认习惯法也可作为效力性强制规范，只要该习惯法明确否认某法律行为

---

[1]《德国民法典》第 399 条构成第 137 条之例外规范，请参见案例 15 边码 10。
[2] BGHZ 171, 180 Rn.14 = NJW 2007, 2106.
[3] BGHZ 171, 180 Rn.15 = NJW 2007, 2106; Lieth, BKR 2007, 198, 199.
[4] OLG Frankfurt a.M.NJW 2004, 3266, 3267.
[5] BGHZ 171, 180 Rn.14 = NJW 2007, 2106; Bitter, ZHR 2009 (173), 379, 405; Toth-Feher/Schick, ZIP 2004, 491, 494.
[6] MünchKomm-BGB/Armbrüster, § 134 Rn.42.

的效力,则上述疑问可排除。[1] 习惯法经由长期践行形成,且民众确信其具有规范约束力。[2] 有观点认为,银行保密义务符合上述习惯法概念。[3] 但联邦最高法院并不赞同上述观点,因为于此并不存在经长期践行的法律确信。[4] 本书从之。即使认为银行保密义务构成习惯法,鉴于银行经常从事债权让与行为,也无法认为民众对此保密义务之普遍法律确信的范围如此之广,以至于可认定违反保密义务可导致债权让与无效。[5] 据此,本案的债权让与并不因《德国民法典》第134条结合银行保密义务而无效。

b.《德国民法典》第134条结合《德国刑法典》第203条第1款

10　　债权让与还可能因《德国民法典》第134条结合《德国刑法典》第203条第1款而无效。《德国刑法典》第203条第1款系效力性强制规范并无疑义。[6] 但该规范无法适用于本案,因为本案主体并不属于该规范所要求的职业群体。类推适用也因《德国基本法》第103条第2款而不必考量。[7] 据此,本案的债权让与也不因《德国民法典》第134条结合《德国刑法典》第203条第1款而无效。

c.《德国民法典》第134条结合《德国数据保护法》第28条

11　　还应检视债权让与是否违反《德国数据保护法》。依《德国民法典》第402条的规定,债权让与人应告知受让人必要的信息,并交付相关文件。于此涉及《德国数据保护法》第3条第4款第2句第3a项的数据传输。依《德国数据保护法》第4条第1款第2种情形的规定,仅在该法允许的情形,才可进行数据传输。《德国数据保护法》第28条规定了为自己的经营目的传输数据之前提,可能构成《德国民法典》第134条规定的效力性强制规范。但依《德国数据保护法》第43条、第44条的规定,违反数据保护规范须承受违反管制的相应处罚,因而被违反的规范并不必然构成效力性强制规

---

〔1〕　MünchKomm-BGB/Armbrüster, § 134 Rn.32.
〔2〕　BVerfGE 28, 21, 28 = NJW 1970, 851.
〔3〕　Klüwer/Meister, WM 2004, 1157; Koberstein-Windpassinger, WM 1999, 473, 474.
〔4〕　BGHZ 171, 180 Rn.24 = NJW 2007, 2106; Lieth, BKR 2007, 198, 199.
〔5〕　Jobe, ZIP 2004, 2415, 2418; R.Koch, BKR 2006, 182, 191; MünchKomm-BGB/Armbrüster, § 134 Rn.32.
〔6〕　BGHZ 171, 180 Rn.22 = NJW 2007, 2106.
〔7〕　BGHZ 171, 180 Rn.22 = NJW 2007, 2106.

范。[1] 此外，也不应认为违反《德国数据保护法》第 28 条的规定。不应认为除了违反管制之外，也构成《德国民法典》第 823 条第 2 款规定的违反保护性法律，因为是否构成效力性强制规范的判断有其特别考量，独立于是否成立保护性法律。[2] 正如《德国数据保护法》第 1 条第 3 款第 2 句与立法理由所显示的，与银行保密义务相比，《德国数据保护法》提供了防御功能。[3] 因此，数据保护规范的范围不应超出银行保密义务。而且将《德国数据保护法》第 28 条界定为效力性强制规范，还可能导致违反公正的评价矛盾，因为《德国数据保护法》第 3 条第 1 款仅适用于自然人，而不适用于法人。[4] 此外，将《德国数据保护法》第 28 条界定为效力性强制规范，还会颠倒《德国民法典》第 398 条与第 399 条的原则与例外关系，不符合立法原意。[5] 据此，《德国数据保护法》第 28 条并非《德国民法典》第 134 条的效力性强制规范。

提示：依联邦宪法法院的观点，《德国民法典》第 402 条不会导致宪法方面的顾虑，因为债权的可流通性是公共福利的重要方面，应予充分维护，而典型的借贷关系并不会造成人格关联的增强，"并不存在对债务人之典型的、特别的信息保护必要"。[6] 12

③ 小结

因不存在约定的或法定的债权让与禁止，本案中的债权让与有效。 13

若认为存在债权让与禁止，则应注意《德国商法典》第 354a 条。依 14
《德国商法典》第 354a 条第 1 款的规定，若借款契约（如本案）对双方而言均为商行为，则约定的让与禁止无效。但因《德国风险防范法》（Risikobegrenzungsgesetz）而新增的《德国商法典》第 354a 条第 2 款则规定，若债权人属于《德国金融法》上的信贷机构，则第 354a 条第 1 款并不适用于借贷契约的债权。

---

[1] BGHZ 171, 180 Rn.32＝NJW 2007, 2106.
[2] BGHZ 171, 180 Rn.34＝NJW 2007, 2106.
[3] Vgl. Regierungsbegründung, BT-Drs.11/4306, S.39 zu § 1 Abs.5; BGHZ 171, 180 Rn.30＝NJW 2007, 2106; Koberstein-Windpassinger, WM 1999, 473, 476f.
[4] BGHZ 171, 180 Rn.31＝NJW 2007, 2106.
[5] BGHZ 171, 180 Rn.33＝NJW 2007, 2106.
[6] BVerfG NJW 2007, 3707f.

3）因清偿导致债权部分消灭

15　　本案中，债权让与时，已经有 6 万欧元债权因《德国民法典》第 362 条第 1 款规定的清偿而消灭。因而 B 仅得向 F 让与剩余的 6 万欧元债权（《德国民法典》第 404 条）。

4）延期的效力

16　　依《德国民法典》第 488 条第 1 款第 2 句的规定，剩余的 6 万欧元债权应在到期时予以清偿。第 3 期的 3 万欧元债权原本应于 2009 年 7 月到期。有疑问的是，债权让与后，K 与 B 达成的延期约定效力如何。该延期约定属于《德国民法典》第 407 条第 1 款规定之（对原债权人的）法律行为。[1] 因 K 对债权让与并不知情，依《德国民法典》第 407 条第 1 款的规定，F 应允许 K 主张延期。因而，最后两期还款义务 2009 年 12 月始到期。

5）通知终止的可能性

①《德国民法典》第 488 条第 3 款第 1 句

17　　但 F 所主张的通知终止可能阻却延期的效力。若通知终止有效，则最初约定与嗣后修正的到期时间均不再奏效，而应适用针对不同通知终止情形的法定规则。首先可考量的通知终止规范是《德国民法典》第 488 条第 3 款第 1 句。但该规范仅在还款期限不确定时才可适用。而 K 与 B 的借款契约中约定了明确的还款期限，因而 F 无从根据该规范通知终止。

②《德国民法典》第 490 条第 1 款

18　　还可考量《德国民法典》第 490 条第 1 款规定的特别通知终止权。依此规范通知终止的前提是，K 的资产状况严重恶化或有严重恶化的危险，致使 F 的还款债权有无法实现之虞。单纯怀疑债务人财产可能恶化尚不足以构成通知终止的理由。[2] K 的延期请求可以被视为资产状况严重恶化的证据。但若提供了充分的担保，则不存在《德国民法典》第 490 条第 1 款规定之债权无法实现的危险。[3] 本案中土地债务为还款债权提供了充分担保，因而《德国民法典》第 490 条第 1 款规定的要件无法满足。

---

〔1〕 Looschelders, Schuldrecht Allgemeiner Teil, 12.Aufl., 2014, Rn.1217.
〔2〕 MünchKomm-BGB/Berger, § 490 Rn.8.
〔3〕 Regierungsentwurf des Schuldrechtsmodernisierungsgesetzes, BT-Drs.14/6857, S.32 und 64; MünchKomm-BGB/Berger, § 490 Rn.8f.

③《德国民法典》第 490 条第 3 款、第 314 条

还应检视《德国民法典》第 490 条第 3 款、第 314 条规定的借款契约因重大原因的通知终止。主流观点认为，重大原因包括借款人分期还款迟延。[1] 但 F 无法诉诸该规范，因为 K 有权请求延期，并未陷于迟延。

6) 小结

K 可主张剩余的 6 万欧元债权尚未到期，K 针对还款债权的执行异议之诉应予支持。

(3) 土地债务

1) 土地债务权利的设立与让与

K 为 B 有效地设立了土地债务，该土地债务权利随后被 B 以书面意思表示让与 F，且 B 将土地债务权利证书交付于 F（《德国民法典》第 1192 条、第 1154 条）。B 是土地债务权利人，让与有效。

2) 延期的效力

有疑问的是，B 与 K 的延期合意对不知情的 F 效力如何。因 2008 年 8 月 12 日[2]的《德国风险防范法》而新增的《德国民法典》第 1192 条第 1a 款规定，不动产所有权人基于担保契约而享有的所有抗辩均得对新债权人主张。[3] 此法律效果与新债权人善意或恶意无关。据此，K 可将针对还款债权的延期抗辩作为基于担保契约的抗辩，直接针对土地债务权利人 F 予以主张。F 尚无法行使对 K 的土地债务权利。

提示：依《德国民法典》第 1192 条第 1 款之旧文本结合第 1156 条第 1 句，嗣后的土地债务延期约定不得针对取得人主张。而依《德国民法典》第 1192 条第 1 款之旧文本结合第 1157 条第 2 句、第 892 条，土地债务权利之无抗辩善意取得为可能，土地债务权利让与之前产生的抗辩仅在取得人明知或存在异议登记时才得主张。《德国风险防范法》则规定，债务人在上述两种情形下均得主张抗辩。因为立法者担心，银行将贷款坏账让与金融投资

---

[1] MünchKomm-BGB/Berger, § 490 Rn.49. 典型的要求是，借款人至少有两期还款陷于迟延。

[2] BGB1.I, S.1666.

[3] 无论抗辩产生于让与之前抑或在嗣后的担保契约中才约定，均不生影响，请参见规范文义及 Regierungsentwurf, BT-Drs.16/9821, S.16f.。

者后，后者对消费者与小企业采取极其严苛的变价措施。上述立法受到法政策上的质疑，因为立法者希望避免的权利滥用情形虽然存在但是并非是普遍现象。再者，新的立法在教义学上也受到质疑，因为新法仅适用于土地债务，与流通抵押权的规则形成评价矛盾。[1]

3) 土地债务的届期，《德国民法典》第1193条

24　此外，土地债务可能尚未届期。依《德国民法典》第1193条第1款的规定，土地债务仅在通知终止后始到期，通知终止期限为6个月。但K与B在约定中排除了提前通知终止的必要。《德国民法典》第1193条第2款第1句原则上允许当事人为此约定。不过，《德国民法典》第1193条第2款第2句作了例外规定：若土地债务所担保的是金钱债权，则第1193条第1款为强制规范。据此，本案中的土地债务尚未届期。

4) 小结

25　K可对F主张基于担保契约的延期抗辩，以及土地债务尚未届期的抗辩。

4. 结论

26　K针对还款债权与土地债务的执行异议之诉可诉且诉讼依据成立，应予支持。

（二）案情2：基于《德国民事诉讼法》第771条的第三人异议之诉

1. 可诉性

27　于此应检视的是，得否提起《德国民事诉讼法》第805条规定的优先受偿之诉或《德国民事诉讼法》第771条规定的第三人异议之诉。有观点认为，在所有权保留情形应适用《德国民事诉讼法》第805条，因为所有权保留出卖人的经济地位与质权人类似。[2] 主流观点则认为应适用《德国民事

---

〔1〕 Vgl. nur Baur/Stürner, § 45 Rn.671.

〔2〕 Hübner, NJW 1980, 729, 733 und 735.

诉讼法》第 771 条。[1] 不过本案提起诉讼的并非所有权保留出卖人 H，而是 D，因而不必继续探究上述争议。本案中 D 可基于《德国民事诉讼法》第 771 条的规定提起诉讼。可提起第三人异议之诉的理由还在于，D 主张不应以机器为 K 的债务负责，强制执行将损及其权利。尤其是强制执行程序已经开始但尚未结束，权利保护的必要更为明显。

2. 支持理由

（1）诉讼依据

若 D 享有阻却让与的权利，且被告方对 D 无权利，则 D 的第三人异议之诉应予支持。　　　　　　　　　　　　　　　　　　　　　　　　　28

（2）D 之阻却让与的权利

1）期待权作为阻却让与的权利

就字面理解，德国法中并无阻却让与的权利这一权利类别，因为即使所　29
有权这一效力最强的物权也可善意取得。[2] 但若强制执行债务人让与执行标的即构成对第三人权利领域之侵害者，可满足《德国民事诉讼法》第 771 条之适用前提。[3] 物权尤其可作为此处之阻却让与的权利。主流观点也承认期待权为此类权利，因为强制拍卖之买受人可取得无负担的所有权，所有权保留买受方通过支付价金取得所有权的可能性被剥夺。[4] 据此，对机器之无负担的期待权构成阻却让与的权利。

2）K 之期待权的产生

最初 H 为机器所有权人，K 以所有权保留方式购买该机器。依《德国　30
民法典》第 449 条第 1 款的解释规则，有疑义时当解释为物权合意以全额支付价款为延缓条件。[5] 据此，K 取得期待权。

---

[1] BGHZ 54, 214, 218 = NJW 1970, 1733; MünchKomm-ZPO/Gruber, §805 Rn.15; Musielak/Voit, Rn.747.

[2] Musielak/Voit, Rn.745.

[3] BGHZ 55, 20, 26 = NJW 1971, 799; Musielak/Voit, Rn.745.

[4] BGHZ 55, 20, 26f. = NJW 1971, 799; Brox/Walker, Zwangsvollstreckungsrecht, 10. Aufl., 2014, § 44, Rn. 1412; MünchKomm–ZPO/Schmidt, § 771 ZPO Rn. 21; Musielak/Lackmann, ZPO, 11Aufl., 2014, § 771 Rn.17.

[5] MünchKomm-BGB/Westermann, § 449 Rn.1.

3) 向 D 让与期待权的合意

31　　期待权可能已让与 D。问题在于，K 与 D 达成的是所有权让与合意，而 K 享有的仅是期待权。原则上应依《德国民法典》第 133 条、第 157 条的规定解释当事人的意思表示。若双方真意一致，则不采客观受领人标准，因为不存在应予保护的当事方。[1] D 明知 H 与 K 之间的所有权保留约定与付款方式。K 与 D 的合意内容是 D 取得 K 所享有的权利，即期待权。于此适用误载无害真意原则。因而可认定 K 与 D 达成向 D 让与期待权的合意。机器的交付也已完成。

4) 处分权

32　　类推《德国民法典》第 929 条第 1 句[2]，若 K 有处分权则 D 可取得机器期待权。但若土地被查封（Beschlagnahme），而期待权属于土地债务的责任财产（《德国民法典》第 1192 条第 1 款、第 1120 条），则《德国强制执行法》第 23 条第 1 款规定的相对让与禁止（relative Veräußerungsverbot）将使 K 的处分权受限。期待权属于土地债务之责任财产的前提是机器属于责任财产。若机器是《德国民法典》第 97 条第 1 款第 1 句规定的从物，则属于责任财产。从物包括成分之外的服务于主物的经济目的且与主物具有一定空间关系的所有动产。本案所涉机器为动产，依《德国民法典》第 94 条的规定并非土地的重要成分。它服务于设立在涉案土地上的生产经营，且位于该土地之上。而且也不存在《德国民法典》第 97 条第 1 款第 2 句规定的除外事由。因而，该机器为从物，依《德国民法典》第 1120 条的规定属于责任财产。

33　　但 K 未曾取得机器所有权，即使 D 支付了最后一期价款亦是如此，因为 D 将直接从 H 处取得所有权。于此并不存在经由 K 的过渡取得（Durchgangserwerb）。[3] 由此产生的问题是，对机器的期待权是否属于土地债务的责任财产。《德国民法典》第 1120 条末的文义似乎不支持肯定论断，因其明

---

[1] Palandt/Ellenberger, § 133 Rn.7f.

[2] 关于将该规范类推适用于期待权的论述，仅需参见 MünchKomm-BGB/Oechsler, § 929 Rn.17f.。

[3] Vgl. dazu BGHZ 35, 85, 87 = NJW 1961, 1349; BGHZ 28, 16, 22 = NJW 1958, 1133; BGHZ 20, 88, 101 = NJW 1956, 665; Reischl, JuS 1998, 516, 517.

确列举的是所有权。但期待权作为与所有权本质相同但有所弱化的权利，在很多方面被与所有权同等对待。在责任财产方面将二者同等处理亦为正当。[1] 据此，机器所有权期待权也是土地债务的责任财产。若 D 支付了剩余价款，则责任继续存在于该从物（所有权）之上。[2]

5) 责任免除，《德国强制执行法》第 23 条第 1 款，《德国民法典》第 136 条、第 135 条第 2 款、第 1121 条第 2 款第 2 句

但期待权可能适用责任免除规范。土地查封后，《德国强制执行法》第 23 条规定的相对让与禁止，仅在善意时才有可能。无负担的善意取得之规范依据是《德国民法典》第 136 条、第 135 条第 2 款和第 1121 条第 2 款第 2 句。有疑问的是，善意的时点如何判断。本案中，期待权让与后土地才被查封，善意与否不应以查封时为断。[3] 依《德国民法典》第 136 条、第 135 条第 2 款、第 932 条第 2 款的规定，明知与因重大过失而不知可排除善意。善意的判断时点应是机器被搬离 K 的土地之时（《德国民法典》第 1121 条第 2 款第 2 句）。D 并不知道强制执行的进行，也没有理由认为他对此有重大过失。因而，D 因善意而取得无负担的期待权。嗣后（因修理需要）机器停放于 K 的土地并不导致其重新成为责任财产。据此，D 自 K 处因善意而取得无负担的期待权。

提示：F 若通知 D 强制执行事宜，F 即丧失责任免除可能（《德国强制执行法》第 23 条第 2 款第 1 句）。若拍卖附注载入登记簿，则适用《德国强制执行法》第 23 条第 2 款第 2 句规定的拟制，从而查封土地时即视同与土地相关的其他责任财产之扣押已被明知。以上两种情形下，D 均可被认定为恶意。

3. 结论

D 的第三人异议之诉可诉且诉讼依据成立，应予支持。

---

[1] Baur/Stürner, § 39 Rn.38; Reischl, JuS 1998, 516, 517.
[2] Reischl, JuS 1998, 516, 517f.：参照《民法典》第 1287 条的法律思想，此处可适用物上代位。
[3] MünchKomm-BGB/Eickmann, § 1121 Rn.31.

文献缩略语表

Baumbach/Hopt/
Bearbeiter .... *Baumbach/Hopt,* Handelsgesetzbuch, 36. Aufl., 2014
Baur/Stürner .... *Baur/Stürner,* Sachenrecht, 18. Aufl., 2009
BeckOK-BGB/
Bearbeiter .... *Bamberger/Roth,* Beck'scher Online-Kommentar BGB, Stand 1.8.2014, Edition 32
Brehm/Berger .... *Brehm/Berger,* Sachenrecht, 3. Aufl., 2014
Brox/Walker, Allgemeines
Schuldrecht .... *Brox/Walker,* Allgemeines Schuldrecht, 38. Aufl., 2014
Brox/Walker, Besonderes
Schuldrecht .... *Brox/Walker,* Besonderes Schuldrecht, 38. Aufl., 2014
Bülow, Kreditsicherheiten   *Bülow,* Recht der Kreditsicherheiten, 8. Aufl., 2012
Canaris, Handelsrecht .....   *Canaris,* Handelsrecht, 24. Aufl., 2006
Erman/*Bearbeiter* .... *Erman,* Handkommentar zum Bürgerlichen Gesetzbuch, 14. Aufl., 2014
Flume, BGB AT II .... *Flume,* Allgemeiner Teil des bürgerlichen Rechts, Band 2: Das Rechtsgeschäft, 4. Aufl., 1992
Frank/Helms .... *Frank/Helms,* Erbrecht, 6. Aufl., 2013
Jauernig/*Bearbeiter* .... *Jauernig,* Bürgerliches Gesetzbuch, 15. Aufl., 2014
Kötz/Wagner .... *Kötz/Wagner,* Deliktsrecht, 12. Aufl., 2013
Lange/Kuchinke .... *Lange/Kuchinke,* Erbrecht, 5. Aufl., 2001
Larenz,
Schuldrecht BT I .... *Larenz,* Lehrbuch des Schuldrechts, 1. Bd.: Allgemeiner Teil, 14. Aufl., 1987
Larenz,
Schuldrecht BT II/1 .... *Larenz,* Lehrbuch des Schuldrechts, 2. Bd.: Besonderer Teil, 1. Halbbd., 13. Aufl., 1986
Larenz/Canaris,
Schuldrecht BT II/2 .... *Larenz/Canaris,* Lehrbuch des Schuldrechts, 2. Bd.: Besonderer Teil, 2. Halbbd., 13. Aufl., 1994
Lettl, Handelsrecht .... *Lettl,* Handelsrecht, 2. Aufl., 2011
Löhnig, Erbrecht .... *Löhnig,* Erbrecht, 2. Aufl., 2010
Medicus, BGB AT .... *Medicus,* Allgemeiner Teil des BGB, 10. Aufl., 2010
Medicus/Petersen,
Bürgerliches Recht .... *Medicus/Petersen,* Bürgerliches Recht, 24. Aufl., 2013
MünchKomm-BGB/
Bearbeiter .... *Säcker/Rixecker* (Hrsg.), Münchener Kommentar zum Bürgerlichen Gesetzbuch, 6. Aufl., 2012 f. (bisher erschienen Bände 1 bis 9)

MünchKomm-HGB/ Bearbeiter	*K. Schmidt* (Hrsg.), Münchener Kommentar zum Handelsgesetzbuch, Band 1, 3. Aufl., 2010
MünchKomm-InsO/ Bearbeiter	*Kirchhof/Stürner/Eidenmüller* (Hrsg.), Münchener Kommentar zur Insolvenzordnung, 3. Aufl., 2013 f.
MünchKomm-ZPO/ Bearbeiter	*Krüger/Rauscher* (Hrsg.), Münchener Kommentar zur Zivilprozessordnung, 4. Aufl., 2012 f.
Musielak/Voit	*Musielak/Voit,* Grundkurs ZPO, 12. Aufl., 2014
Neuner	*Neuner,* Sachenrecht, 4. Aufl., 2013
NK/*Bearbeiter*	*Dauner-Lieb/Heidel/Ring,* Nomos-Kommentar BGB, 3. Aufl., 2014
Palandt/*Bearbeiter*	*Palandt,* Bürgerliches Gesetzbuch, 73. Aufl., 2014
Prütting	*Prütting,* Sachenrecht, 35. Aufl., 2014
PWW/*Bearbeiter*	*Prütting/Wegen/Weinreich,* BGB, Kommentar, 9. Aufl., 2014
Reinicke/Tiedtke	*Reinicke/Tiedtke,* Kreditsicherung, 5. Aufl., 2006
Rengier, Strafrecht BT I ...	*Rengier,* Strafrecht Besonderer Teil I, 16. Aufl., 2014
RGRK/*Bearbeiter*	Reichsgerichtsräte-Kommentar BGB, herausgegeben von Mitgliedern des BGH, 12. Aufl., 1974 ff.
Rüthers/Stadler	*Rüthers/Stadler,* Allgemeiner Teil des BGB, 18. Aufl., 2014
K. Schmidt	*K. Schmidt,* Gesellschaftsrecht, 4. Aufl., 2002
Schreiber	*Schreiber,* Sachenrecht, 5. Aufl., 2008
Soergel/*Bearbeiter*	*Soergel,* Bürgerliches Gesetzbuch, 13. Aufl., 1999 ff.
Staudinger/*Bearbeiter*	*Staudinger,* Kommentar zum BGB, 13. Bearbeitung ff., 1993 ff.
Thomas/Putzo/*Bearbeiter*	*Thomas/Putzo,* ZPO, Kommentar, 35. Aufl., 2014
Vieweg/Werner	*Vieweg/Werner,* Sachenrecht, 6. Aufl., 2013
Wandt	*Wandt,* Gesetzliche Schuldverhältnisse, 6. Aufl., 2014
Weber/Weber, Kreditsicherungsrecht	*Weber/Weber,* Kreditsicherungsrecht, 9. Aufl., 2012
Westermann/Gursky/ Eickmann	*Westermann/Gursky/Eickmann,* Sachenrecht, 8. Aufl., 2011
Wieling	*Wieling,* Sachenrecht, 5. Aufl., 2007
Wilhelm	*Wilhelm,* Sachenrecht, 4. Aufl., 2010
Wolf/Neuner, BGB AT	*Wolf/Neuner,* Allgemeiner Teil des Bürgerlichen Rechts, 10. Aufl., 2012
Wolf/Wellenhofer	*Wolf/Wellenhofer,* Sachenrecht, 29. Aufl., 2014

条文索引[1]

《德国数据保护法》(BDSG)

| §§ 1 ff. | 17-11 |

《德国民法典》(BGB)

§§ 93f.	4-20f.
§§ 97f.	4-21；5-14
§ 100	4-53
§§ 119f.	3-55；8-26；16-22
§ 123	8-3
§ 133	3-70
§ 134	17-9ff.
§ 135f.	17-34f.
§ 140	11-5f.
§ 151	3-53
§ 157	3-70
§ 158	4-39；6-3；7-6,13
§ 161	5-8；6-4f.
§ 164	2-3；3-6,47；5-17
§ 166	2-4；5-25
§§ 177f.	10-32ff.
§ 181	10-2ff.
§ 185	3-9；4-28；12-5；13-9
§ 226	1-37
§ 242	10-34ff.
§ 249	5-11
§ 267	6-17；9-30；14-29
§ 268	14-26ff.，40ff.
§ 273	11-56ff.
§ 278	2-31f.
§ 280	2-30,31；5-11；14-7f.
§ 283	5-11
§ 285	2-24,28
§§ 295ff.	2-33
§ 311	4-11；5-1
§ 311b	13-8
§ 323	6-14
§ 326	5-21,26
§ 329	14-1ff.
§ 346	5-27；6-14
§ 362	4-7；17-15
§ 398	3-31f.；5-10；6-9f.；17-7f.
§ 399	17-7f.
§ 402	17-11f.
§ 407	17-16
§ 415	4-5f.，9；14-1ff.
§ 426	16-26ff.
§ 433	3-46；5-21
§ 437	5-21f.
§ 439	5-22
§ 445	5-24
§ 449	5-24
§§ 463ff.	11-3ff.
§ 488	4-1,8；14-1；17-16f.
§ 490	17-18f.
§§ 492ff.	16-19
§ 535	4-17,51
§ 546	3-31f.
§ 566	10-26ff.

---

〔1〕 说明：条文右列的数字表示案例编号与边码，如"4-21"表示案例4边码21；"f."表示"及下一条（段）"；"ff."表示"及以下数条（段）"。

§ 582a	4-18		§ 933	6-3,8f.; 7-14f., 27
§ 604	4-27		§ 933	4-30
§ 631	6-10		§ 934	3-41f., 62
§ 667	3-18		§ 935	2-8,46,53f., 58
§§ 670,677ff.	1-19ff.; 9-12ff.; 11-47ff.		§ 936	6-5
§§ 765ff.	16-16ff.		§ 937	7-25ff.
§ 774	16-23ff.		§ 946	4-20
§ 812	1-13; 2-21; 3-69,71; 4-66ff.; 6-22		§ 947	4-14
§ 816	2-27f.		§ 950	4-13
§ 823	1-15,36,38; 2-22,40; 8-18		§ 951	11-56f.
§ 826	5-13		§ 958	1-1
§ 831	2-37		§ 973	1-2
§ 833	9-7ff.		§ 985	1-1; 2-1; 3-49; 4-11ff.; 6-1ff.; 7-1ff.; 8-1ff.; 12-1ff., 12ff.
§ 854	16-5			
§ 855	1-6; 2-5,46f.; 3-58		§ 986	1-3; 2-55; 3-45; 78ff.; 8-6; 12-15ff.
§ 858	1-7,27,38; 2-17,59; 4-42; 6-20		§ 987	4-52f.; 12-28f.
			§ 988	4-62ff.
§ 859	1-26f., 37		§§ 989,990	2-35; 4-57f., 60f.; 8-22f.; 12-25ff.
§ 861	1-6; 2-17f., 59; 3-67; 4-43			
§ 862	4-43		§§ 994ff.	8-6ff., 21,3-4ff.; 11-40ff.; 12-21ff.
§ 863	1-9			
§ 868	2-9; 3-10,13; 4-24; 5-4		§ 999	8-33,36
§ 869	2-17f.; 4-43,45		§ 1000	8-8,21,32f.; 11-35ff.; 12-18ff.
§ 873	12-3ff., 8; 10-2; 15-1ff.		§ 1004	8-14ff.; 9-1ff., 12ff.
§ 878	12-8ff.		§ 1007	1-11f.; 2-19f., 57f.; 3-68; 4-46,48; 6-21
§ 883	11-21,23ff.; 12-2; 13-11			
§ 885	13-12,15		§ 1047	10-25
§ 888	1130f.; 13-11		§ 1098	11-1f.
§ 892	12-14; 13-13ff., 20ff.; 15-4ff., 21ff.		§§ 1113ff.	14-11ff.; 15-1ff.
			§ 1116	15-2; 16-3
§ 893	13-13ff.		§ 1117	15-3,20; 16-5
§ 894	11-29; 13-1ff.; 16-1ff.		§§ 1120f.	5-5,14; 17-32ff.
§ 906	9-2ff., 33ff.		§ 1137	15-37
§ 910	9-13		§ 1138	15-21ff., 37
§ 925	12-4		§§ 1142f.	14-33f., 43; 16-6,13
§ 929	2-3,6,43; 3-10f., 23ff., 28ff., 50ff., 57; 4-15f.; 5-2,4,8,17		§ 1144	16-11
			§ 1147	14-10
§ 930	3-10,13,16f.; 4-15,24; 5-2,4; 7-3f.		§ 1148	15-38
§ 931	3-31f., 38; 5-9f.; 6-10		§ 1150	14-26ff., 40ff.
§ 932	2 6f., 44,54; 3-61,63; 4-46; 5-19;		§ 1153	14-34; 15-9

§ 1154	15-15, 19
§ 1155	15-22f., 29ff.
§ 1157	15-35f.
§ 1161	15-37
§ 1163	14-14ff., 22
§ 1164	14-14ff., 22
§ 1177	14-34
§§ 1191ff.	14-18ff., 40ff.; 15-1ff.
§ 1192	5-5, 14; 16-1ff.; 17-21ff.
§ 1193	17-24
§ 1195	16-10
§§ 1204ff.	5-2, 15; 7-36ff.
§§ 1220ff.	5-18; 7-31ff.
§§ 1234ff.	5-18f.; 7-40ff.
§ 1242	7-35
§ 1244	5-19; 7-40
§ 1629	10-3
§ 1795	10-3
§ 1922	4-3, 51; 7-29; 8-1; 10-1
§§ 1942ff.	8-24ff.
§ 1967	4-3; 8-17ff.
§§ 1975ff.	8-27f.
§ 2100	13-26
§ 2113	13-28
§ 2258	13-26
§ 2366	13-16ff.
§ 2367	13-16ff.

《德国不动产登记条例》(GBO)

§ 13	12-13
§ 19	11-31
§ 22	16-11
§ 29	12-9
§ 31	12-9

《德国有限责任公司法》(GmbHG)

§ 35	4-5

《德国商法典》(HGB)

§ 1	4-33
§ 49	16-7
§ 56	2-4, 10
§ 354a	15-11ff.; 17-14
§ 366	4-33
§§ 383ff.	3-5

《德国破产条例》(InsO)

§ 32	12-14
§ 80	12-6ff., 12
§ 81	12-14
§ 91	12-8
§ 103	12-15ff.

《德国刑法典》(StGB)

§ 203	17-10
§ 253	8-17f.

《德国民事诉讼法》(ZPO)

§ 33	1-17
§ 253	8-23
§ 256	13-32
§ 260	17-3
§ 261	4-56; 8-23
§ 270	8-23
§ 767	17-4f.
§ 771	3-1ff., 20; 6-16; 17-27ff.
§§ 794ff.	10-24; 17-1, 4
§ 811	5-6, 18
§ 865	5-6, 18
§ 887	9-29f.

《德国强制执行法》(ZVG)

§ 23	17-34f.

术语索引[1]

A		
Abhandenkommen[2]	脱手	2-8ff., 46,50ff.
Abtretung	让与	3-31ff.；5-10；15-10ff.,29ff.
—Ausschluss	—排除（可让与性）	15-10ff.；17-7ff.
—bedingter Ansprüche	—附条件的请求权	5-10
—gefälschte Abtretungserklärung	—伪造让与表示	15-29ff.
—Grundschuld	—土地债务	17-21
—künftiger Ansprüche	—将来请求权	3-31
—vermeintlicher Ansprüche	—假想的请求权	3-38
Aneignung	先占	1-1
Anfechtung	撤销	8-2f.；16-20ff.
Antizipierte Einigung	预期（让与）合意	3-11
Anwartschaftsrecht	期待权	4-38；6-4ff., 24；7-11ff.；17-29
—als Besitzrecht	—作为占有本权	4-38；7-16ff.
—Erstarken zum Vollrecht	—强化为既得权	6-15ff.
—gutgläubiger Ersterwerb	—创设取得时的善意取得	6-6ff.
—gutgläubiger Zweiterwerb	—移转取得时的善意取得	6-24
—Übertragung	—让与	6-9ff.；17-31
—Untergang	—消灭	6-13f.
Arglist-Einrede	恶意抗辩权	1-9
Aufgedrängte Bereicherung	强迫得利	1-34；11-54
Auflassung	不动产所有权让与合意	12-4
Auflösende Bedingung	解除条件	4-39；5-8
Ausschlagung	拒绝	8-24f.

---

〔1〕 说明：第三栏数字表示案例编号与边码，如"4-21"表示案例4边码21；"f."表示"及下一段"；"ff."表示"及以下数段"。

〔2〕 原著首个术语为"Abfangen von Kunden 12-25, 41"但案例12边码25并未出现此术语，且案例12并无边码41。——译者注

续表

B		
Bedingung, auflösende	条件,解除	4-39;5-8
Befriedingungsrecht	受偿权	5-15f.
Bereicherung, aufgedrängte	得利,强迫	1-34;11-54
Beschränkung der Erbenhaftung	责任限于遗产范围	8-27f.
Beseitigungs- und Unterlassungsanspruch, § 1004 BGB	妨害排除与妨害防止请求权,《德国民法典》第1004条	8-14ff.;9-1ff., 12ff.
—Anwendbarkeit neben § 910 BGB	—与《德国民法典》第910条同时适用	9-13
—Duldungspflicht	—容忍义务	9-20
—Eigentumsbeeinträchtigung	—所有权侵害	8-15;9-1,14
—Störereigenschaft	—妨害人属性	9-15ff.
—Umfang der Beseitigungspflicht	—妨害排除义务的范围	9-21ff.
Besitz	占有	1-6ff., 26,36;2-5ff., 35,46ff.; 3-13,62;4-26ff.;7-3f.
—Aufgabe	—放弃	4-31
—Besitzdiener	—占有辅助人	1-6;2-5,10,18,46f., 50ff.
—Besitzer	—占有人	2-46
—Besitzherr	—占有主人	2-54
—Besitzkonstitut	—占有改定	3-13;7-3f.
—Besitzmittler	—占有媒介人	2-54
—Besitzmittlungsverhältnis	—占有媒介关系	2-9
—Besitzschutz	—占有保护	1-9,26f.;4-43f.
—Besitzverschaffungsmacht	—占有取得权限	3-62
—bösgläubiger Besitzerwerb	—恶意的占有取得	4-60
—Entzug	—侵夺	1-27;2-59
—fehlerhafter Besitz	—瑕疵占有	1-7;2-59
—Fremdbesitzer	—他主占有	4-26
—mittelbarer Besitz	—间接占有人	2-54;4-43f.
—Nicht-so-berechtigter Besitzer	—越权占有人	2-36
—unbefugter Besitz	—无权占有人	2-56
—unentgeltlicher Besitzerwerb	—无偿的占有取得	4-63
Besitzrecht	占有本权	1-3;2-35;3-45;4-36ff.;7-8ff., 16ff.;8-6;12-15ff.

续表

—Anwartsrecht als Besitzrecht	—期待权作为占有本权	7-16ff.
—Besitzrechtkette	—占有本权链条	7-9f.
—Kenntnis vom Fehlen	—明知欠缺	4-61
—Zurückbehaltungsrecht als Besitzrecht	—留置抗辩权作为占有本权	8-6
Bürgschaft	保证	16-16ff.
D		
Darlehensvertrag	借款契约	4-8
Direktionsrecht	指示权	2-48
Dolo-Agit-Einrede	恶意抗辩权	1-9
Drittwiderspruchsklage	第三人异议之诉	3-1；17-27f.
Duldungspflicht nach § 906 BGB	《德国民法典》第906条的容忍义务	9-2ff.
E		
Eigenmacht, Verbotene	私力，法律禁止的	1-7,26；2-17f., 59；4-42
Eigentümer-Besitzer-Verhältnis	所有权人与无权占有人关系	2-35；4-54ff.；8-8, 17ff.；11-35ff.；12-18ff.
—Nutzungsersatz	—用益补偿	12-28ff.
—Schadensersatz	—损害赔偿	8-22f.；12-25ff.
—Sperrwirkung	—封闭效力	8-17
—Verhältnis zum Bereicherungsrecht	—与不当得利法的关系	4-66ff.
—Verwendungsersatz	—费用补偿	12-18ff.
—Vindikationslage	—所有物返还请求权	4-54
—Zurückhaltungsrecht nach § 1000 BGB	—《德国民法典》第1000条的留置抗辩权	8-8, 21, 32f.；11-35ff.
Eigentumsvorbehalt	所有权保留	6-3ff.
Eingriffskondiktion	权益侵害型不当得利	2-21
Einigung, antizipierte	预期（让与）合意	3-11
Erbschein	继承证书	13-16ff.
Ersitzung	时效取得	7-25ff.
F		
Feststellungsklage	确认之诉	13-32f.

术语索引 251

续表		
Fremdgeschäftsführungswille	管理意思	1-21f.
Fund	拾得遗失物	1-2
G		
Gefälschte Abtretungserklärung	伪造让与表示	15-29ff.
Geheißperson	受指令人	3-58
Genehmigung	追认	3-48；4-6
Gesamtbetrachtungslehre	整体考量说	10-10ff.
Gesamtschuld	连带债务	16-26ff.
Geschäftsführurng ohne Auftrag	无因管理	1-19ff.；3-18；9-12ff.；11-47ff.；
Gläubigerverzug	受领迟延	2-33
Grundbuch	不动产登记簿	11-29；12-9ff.；15-5ff.
—Antragsrücknahme	—撤回申请	12-9
—Antragstellung	—提出申请	12-13
—Grundbuchberichtigungsanspruch	—不动产登记簿更正登记请求权	11-29；13-1ff.；16-1ff.
—Widerspruch im Grundbuch	—不动产登记簿上的异议登记	15-5ff.
Grundschuld	土地债务	5-5；14-18ff.，39ff.；16-1ff.；17-21ff.
—Abtretung	—让与	17-21ff.
—Bestellung	—设立	14-19；16-1ff.
—Fälligkeit	—届期	17-24
—Grundschuldbrief	—土地债务证书	16-3,9ff.
—Grundschuldverband	—土地债务责任财产	5-5；17-32
—Kündigung	—通知终止	17-24
—Sicherungsabrede	—担保合意	14-23
—Sicherungsgrundschuld	—担保性土地债务	5-5
—Übertragung	—移转	14-22，24，40ff.
Gutgläubiger Erwerb	善意取得	2-6f.；3-41f.，61ff.；4-30ff.；5-19
—bei Verwertung der Pfandsache	—质物变价时	5-19
—der Hypothek	—抵押权	15-4ff.，21ff.，35ff.
—der Vormerkung	—预告登记	13-13ff.，21ff.
—Erschwerung durch Nacherbschaft	—后位继承情形的限制	13-27ff.

续表

H		
Hypothek	抵押权	14-10ff.；15-1ff.
—Bestellung	—设立	14-11ff.；15-1ff.
—Erwerb von Nichtberechtigten	—自无处分权人处取得	15-4ff., 21ff.
—gefälschte Abtretungserklärung	—伪造让与表示	15-29ff.
—gutgläubiger einredefreier Erwerb	—善意取得无抗辩的	15-35ff.
—Hypothekenbrief	—抵押权证书	15-2ff.
—Übertragung	—移转	14-14ff., 33ff.；15-9ff., 19ff.
I		
Inhaberpapier	不记名证券	16-10
Insichtgeschäft, § 181 BGB	《德国民法典》第181条的自己代理	10-2ff.
—Ausnahmen vom Verbot	—禁止的例外	10-5
—Gesamtbetrachtungslehre	—整体考量说	10-10
—teleologische Reduktion	—目的论限缩	10-8f., 12f., 36ff.
Insolvenzverfahren	破产程序	12-6ff., 14ff., 29
—Verfügungsbefugnis	—处分权	12-8ff.
Inventar	财产	4-18f.
K		
Kündigung	通知终止	
—Darlehen	—借款	17-17ff.
L		
Leistungskondiktion	给付型不当得利	2-21；3-69；4-65
N		
Nachbarrechtlicher Ausgleichsanspruch	基于相邻关系的补偿请求权	9-34f.
Nacherbschaft	后位继承	13-26ff.
Nacherfüllung	补正履行	5-22
Nachlassverbindlichkeiten	遗产债务	8-17ff.
Nachträgliche Verfügungsbeschränkung	嗣后的处分限制	12-8ff.
Nichteigentümer, verfügunsberechtigter	有处分权的非所有权人	4-28；5-18

		续表
Nichtleistungskondiktion	非给付型不当得利	3-71;4-68
Notwendige Verwendungen	必要费用	8-11,21,34f.;11-42ff.
Nützliche Verwendungen	有益费用	8-11ff.;11-55
Nutzungsersatz	用益补偿	4-52f., 57,62;12-28ff.
O		
Offenkundigkeitsgrundsatz	显名原则	3-6
P		
Pacht	用益租赁	4-18f.
Pfandrecht an beweglichen Sachen	动产质权	5-15ff.;7-31ff.
—Bestellung	—设立	7-36f.
—gutgläubiger Ersterwerb des Pfandrechts	—质权创设取得情形的善意取得	7-38f.
—gutgläubiger Erwerb der Pfandsache	—质物的善意取得	7-40ff.
—Verwertung	—变价	7-31ff.
Publizität	公示	3-16f.
—der Übereingnung	—所有权让与	3-16
—irreführende Publizität	—错误公示	3-17
R		
Recht zum Besitz	占有本权	1-3;2-35;3-45;4-36ff.;7-8ff.,16ff.;8-6;12-15ff.
—Anwartschaftsrecht als Besitzrecht	—期待权作为占有本权	7-16ff.
—Besitzrechtskette	—占有本权链条	7-9f.
—Kenntnis vom Fehlen	—明知欠缺	4-61
—Zurückbehaltungsrecht als Besitzrecht	—留置抗辩权作为占有本权	8-6
Rechtfertigung	不法性阻却（事由）	1-19
Rechtsschein	权利外观	3-61f.
Rektapapier	记名证券	16-10
S		
Sache	物	1-2;4-21
—verlorene Sache	—遗失物	1-2
—wesentliche Bestandteil	—重要成分	4-21
Schadensersatz	损害赔偿	5-11;8-22f.;12-25ff.

续表

—im Eigentümer-Besitzer-Verhältnis	—所有权人与无权占有人关系中（的）	8-22f.；12-25ff.
—statt der Leistung	—代替给付（的）	5-11
Scheingeheißerwerb	表见指令取得	3-59,63
Schuldbeitritt	债务加入	16-18
Schuldübernahme	债务承担	4-5,9
Selbsthilferecht	自力救济权	1-28f.；9-13
Sicherungsabrede	担保约定	4-11；5-1,4
Sicherungsübereignung	所有权让与担保	4-15；5-2；7-2ff.
Sicherungsvertrag	担保契约	4-11；5-1,4；16-12
Sperrwirkung des Eigentümer-Besitzer-Verhältnisses	所有权人与无权占有人关系规则的封闭效力	8-17
Stellvertretung	代理	2-3；3-6,10；5-25
T		
Trennungstheorie	分离理论	15-27,41
Treuhand	信托	3-20ff.
U		
Übergabe	交付	2-5；3-25,41
Übergabesurrogat	交付替代	3-29,37；4-24；5-4,9；6-10；7-3f.
Umdeutung	转换	11-5f.
V		
Veranlassungsprinzip	与因原则	2-55
Verarbeitung	加工	4-13
Verbotene Eigenmacht	法律禁止的私力	1-7,26；2-17f.，59；4-42
Verbraucherkredit	消费者信贷	16-19
Verfügungsbefugnis	处分权	3-9；5-5,18
Verfügungsberechtigter Nichteigentümer	有处分权的非所有权人	4-28；5-18
Verfügungsbeschränkung	处分限制	12-8ff.；13-28
—des Vorerben	—前位继承人的	13-28
—nachträgliche	—嗣后的	12-8ff.
Verrichtungsgehilfe	事务辅助人	2-38
Vertreter ohne Vertretungsmacht	无权代理人	3-47

续表

Verwendungsersatz	费用补偿	8-8ff., 11ff., 21, 32ff.; 11-40ff.; 12-18ff.
—notwendige Verwendungen	—必要费用	8-11, 21, 34f.; 11-42ff.
—nützliche Verwendungen	—有益费用	8-11ff.; 11-55
—Verwendungsbegriff	—费用概念	8-9f., 21; 11-41
Vindikationsklage	所有物返还之诉	4-54
Vollstreckungsgegenklage	执行异议之诉	17-1ff.
Vorerbschaft	前位继承	13-26ff.
Vorkaufsrecht	先买权	11-1ff.
—Ausübung des schuldrechtlichen Vorkaufsrechts	—债权性先买权的行使	11-10ff.
—dingliches Vorkaufsrecht	—物权性先买权	11-1f.
—Entstehung des schuldrechtlichen Vorkaufsrecht	—债权性先买权的产生	11-4ff.
—Umdeutung des unwirksamen dinglichen in ein durch einen Vormerkung gesichertes Schuldrechtliches Vorkaufsrecht	—无效的物权性先买权转换为以预告登记保全的债权性先买权	11-5f., 23ff.
Vormerkung	预告登记	11-21, 23ff.; 13-1ff.
—Bestellung	—设立	11-23ff.
—Ersterwerb	—创设取得	13-11ff.
—gutgläubiger Erwerb	—善意取得	13-13ff., 21ff.
—Rechtsfolge	—法律效力	11-27
—Zweiterwerb	—移转取得	13-7ff.
W		
Wesentlicher Bestandteil einer Sache	物的重要成分	4-21
Widerklage	反诉	1-17
Widerspruch im Grundbuch	不动产登记簿中的异议登记	15-5ff.
Wirtschaftliches Eigentum	经济上的所有权	3-20ff.
Z		
Zubehör	从物	4-21; 5-5
Zurückbehaltungsrecht nach § 1000 BGB	《德国民法典》第 1000 条的留置抗辩权	8-8, 21, 32f.; 11-35ff.; 12-18ff.
Zwangsvollstreckung	强制执行	14-10ff.

德文缩略语表与中译名

a.A.	anderer Ansicht	不同观点
Abs.	Absatz	款
AcP	Archiv für die civilistische Praxis	《民法实务档案》（刊物）
a.E.	am Ende	末
AG	Die Aktiengesellschaft	《股份公司》（刊物）
AG	Amtsgericht	地方法院，初级法院
AgrarR	Agrarrecht	《农业法》（刊物）
AktG	Aktiengesetz	《德国股份公司法》
Allg.Meinung	allgemeine Meinung	主流观点
Alt.	Alternative	其他
Anh.	Anhang	附录
Aufl.	Auflage	版
BayObLG	Bayrisches Oberstes Landesgericht	巴伐利亚州最高法院
BayObLGZ	Sammlung des BayObLG in Zivilsachen	《巴伐利亚州最高法院民事判决集》
BB	Betriebs-Berater	《企业顾问》（刊物）
Bd.	Band	卷
BGB	Bürgerliches Gesetzbuch	《德国民法典》
BGBl.	Bundesgesetzblatt	《联邦法院公报》
BGH	Bundesgerichtshof	联邦最高法院
BGHZ	Entscheidungen des Bundesgerichtshofs in Zivilsachen	《联邦最高法院民事判例集》
BKR.	Zeitschrift für Bank- und Kapitalmarktrecht	《银行与资本市场法杂志》
BT-Drs.	Bundestagsdrucksache	联邦议院印刊
BVerfGE	Entscheidungen des Bundesverfassungsgerichts	《联邦宪法法院判例集》
bzw.	beziehungsweise	以及
ca.	circa	大约
DAR	Deutsches Autorecht	《德国汽车法》
dems,dens,ders.	demselben,denselben,derselben	同样的
DNotZ	Deutsche Notar-Zeitschrift	《德国公证杂志》（刊物）

EBV	Eigentümer-Besitzer-Verhältnis	所有权人与无权占有人关系
Einl.	Einleitung	导言
etc.	et cetera	等等
EuGH	Gerichtshof der Europäschen Union	欧盟法院
f.(ff.)	folgende	之后
FamRZ	Zeitschrift für das gesamte Familienrecht	《泛亲属法杂志》
FG	Festgabe	纪念文集
Fn.	Fußnote	脚注
FS	Festschrift	纪念文集
GBO	Grundbuchordnung	《德国不动产登记条例》
gem.	gemäß	根据
GG	Grundgesetz	《德国基本法》
GmbH	Gesellschaft mit beschränkter Haftung	有限责任公司
GmbHG	Gesetz betreffend die Gesellschaften mit beschränkter Haftung	《德国有限责任公司法》
GmbHR	GmbH-Rundschau	《有限责任公司法评论》(刊物)
GoA	Geschätsführung ohne Auftrag	无因管理
HGB	Handelsgesetzbuch	《德国商法典》
h.M.	herrschende Meinung	通说
Hs.	Halbsatz	半句
insb.	insbesondere	尤其是
InsO	Insolvenzordnung	《德国破产条例》
i.S.d.	im Sinne des	……意义上的
i.V.m.	in Verbindung mit	结合
JA	Juristische Arbeitsblätter	《法学工作报》(刊物)
JR	Juristische Rundschau	《法学评论》(刊物)
Jura	Juristische Ausbildung	《法律培训》(刊物)
JuS	Juristische Schulung	《法学教育》(刊物)
JW	Juristische Wochenschrift	《法学周报》(刊物)
JZ	Juristenzeitung	《法学者报》(刊物)
Kfz	Kraftfahrzeug	机动车
krit.	kritisch	质疑性的
LG	Landgericht	州法院,州中等法院
Lit.	Literatur	学理
LK	Leistungskondiktion	给付型不当得利
LMK	Lindenmaier-Möhring, Kommentierte BGH-Rechtsprechung	Lindenmaier 与 Möhring 编《联邦最高法院裁判汇编》
MDR	Monatsschrift für Deutsches Recht	《德国法月刊》(刊物)

m.w.N.	mit weiteren Nachweisen	附详细论证
Mod.	Modalität	方式
Mot.	Motive	《(德国民法典一草)立法理由书》
NJW	Neue Juristische Wochenschrift	《新法学周刊》(刊物)
NJW-RR	NJW-Rechtsprechungs-Report Zivilrecht	《新法学周刊－司法判例报告－民法》(刊物)
Nr.	Nummer	项
NuR	Natur und Recht	《自然与法》(刊物)
NZV	Neue Zeitschrift für Verkehrsrecht	《新交通法杂志》(刊物)
OLG	Oberlandesgericht	州高等法院
Prot.	Protokolle	《(德国民法典第二次草案)立法会议记录》
RGZ	Entscheidungen des Reichsgerichts in Zivilsachen	《帝国法院民事判例集》
Rn.	Randnummer	边码
Rpfleger	Der Rechtspfleger	《德国司法》(刊物)
Rspr.	Rechtsprechung	司法判例
s.	siehe	请参见
S.	Seite, Satz	页,句
sog.	sogenannte/r/s	所谓的
StGB	Strafgesetzbuch	《德国刑法典》
Tz.	Textziffer	条目
Var.	Variante	情形
VersR	Versicherungsrecht	《保险法》(刊物)
vgl.	vergleiche	请参见
Vorbem.	Vorbemerkung	预告登记
WM	Wertpapier-Mitteilungen	《有价证券法通讯》(刊物)
z.B.	zum Beispiel	例如
ZEV	Zeitschrift für Erbrecht und Vermögensnachfolge	《继承法与财产继受杂志》(刊物)
ZGS	Zeitschrift für das gesamte Schuldrecht	《泛债法杂志》(刊物)
ZHR	Zeitschrift für das gesamte Handelsrecht und Wirtschaftsrecht	《泛商法与经济法杂志》(刊物)
ZIP	Zeitschrift für Wirtschaftsrecht	《经济法杂志》(刊物)
ZPO	Zivilprozessordnung	《德国民事诉讼法》
z.T.	zum Teil	部分
zust.	zustimmend	赞同的
zutr.	zutreffend	正确的

译后记

硕士研究生二年级时,我在迟颖老师的"德国债法"课上完成了第一篇请求权基础案例作业;博士生期间发表的首篇论文《法律适用中的请求权基础探寻方法》,则是朱庆育老师在读书会上布置的作业。这两次作业把我拉进了请求权基础的世界,也让它成为我延续至今的学术兴趣之一。

2010年博士毕业,我入职外交学院,受田士永老师——也许是国内最早为本科生系统开设请求权基础案例课程的老师——启发,我向学院申请新开设请求权基础案例课程。感谢外交学院国际法系的支持,让我初上讲台即可尝试新的教学方式,那几届的学生也因此成为国内较早接触请求权基础方法的一批学生。备课过程中积累的案例,陆续发表在《中德私法研究》的"私法教室"栏目。2017年我有幸调回母校任教。不久,于飞院长开始大力推动请求权基础课程,我与学院几位年轻老师一道参与了课程的开设。

投入越多,感情就会越深。所以,当季红明博士和李昊老师通过张传奇博士联系我翻译这本案例书时,我几乎没有任何犹豫,一口应承。翻译费时两年有余,本书部分素材也成为我的教学资料。如今译毕付梓,对于请求权基础与鉴定式分析又多了一些感触。

鉴定式案例分析是德国司法考试的"指定"方法,这本书则是众多备考教材中的一册。任何考试的共性,都是在给定的时间内完成规定的题目。因而,备考教材制作答案模板时的预设是,可以期待考生在考试时间内达到这样的程度。这同时也意味着,此类教材给出的答案,只是答卷的程度,并不足以代表案例报告质量的上限。

鉴定式分析与请求权基础的思考,在我国法学教育体系中尚属新生事物。高校中即使开设此类课程,也多为选修课。不过,这反倒有其优势,至少意味着它尚未被异化为纯粹的备考技能,撰写案例报告不必受考试时间的限制,完全可以当作一件真正的学术作品去完成。在我近十年的案例教学经验中，几乎每年都有学生为一篇案例报告投入几个月乃至一整年的精力，经过精雕细琢的作业，质量经常不在本书程度之下，甚至更好。也许，德国法律教育的神话并不是那么遥不可及。

通过翻译，也通过教学，我逐渐体会到，请求权基础方法并不是单纯的备考技法，意义也绝不仅限于案例教学与法律适用。在这套环环相扣的技术背后，似乎潜藏着某种价值理念，也开示了民法体系的另一种表达。这或许也可以成为请求权基础研究进一步挖掘的方向。

最后，感谢李昊老师、季红明博士与张传奇博士，让我有机会通过翻译继续学习德式案例分析技术，也感谢北京大学出版社陆建华、李雅雯老师的专业编校。

吴香香
2020 年 6 月 3 日

法律人进阶译丛

⊙ 法学启蒙

《法律研习的方法：作业、考试和论文写作（第9版）》，
〔德〕托马斯·M.J.默勒斯著，2019年出版
《如何高效学习法律（第8版）》，〔德〕芭芭拉·朗格著，2020年出版
《如何解答法律题：解题三段论、正确的表达和格式（第11版增补本）》，
〔德〕罗兰德·史梅尔著，2019年出版
《法律职业成长：训练机构、机遇与申请（第2版增补本）》，
〔德〕托尔斯滕·维斯拉格 等著，2021年出版
《法学之门：学会思考与说理（第4版）》，〔日〕道垣内正人著，2021年出版

⊙ 法学基础

《民法学入门：民法总则讲义·序论（第2版增订本）》，〔日〕河上正二著，
2019年出版
《法律解释（第6版）》，〔德〕罗尔夫·旺克著，2020年出版
《民法的基本概念（第2版）》，〔德〕汉斯·哈腾豪尔著
《民法总论》，〔意〕弗朗切斯科·桑多罗·帕萨雷里著
《物权法（第32版）》，〔德〕曼弗雷德·沃尔夫、马尼拉·威伦霍夫著
《债法各论（第12版）》，〔德〕迪尔克·罗歇尔德斯著
《刑法分则I：针对财产的犯罪（第21版）》，〔德〕鲁道夫·伦吉尔著
《刑法分则II：针对人身与国家的犯罪（第20版）》，
〔德〕鲁道夫·伦吉尔著
《基本权利（第6版）》，〔德〕福尔克尔·埃平著
《德国民法总论（第41版）》，〔德〕赫尔穆特·科勒著

⊙ 法学拓展

《奥地利民法概论：与德国法相比较》，
　　〔奥〕伽布里菈·库齐奥、海尔穆特·库齐奥著，2019年出版
《民事诉讼法（第4版）》，〔德〕彼得拉·波尔曼著
《所有权危机：数字经济时代的个人财产权保护》，
　　〔美〕亚伦·普赞诺斯基、杰森·舒尔茨著
《消费者保护法》，〔德〕克里斯蒂安·亚历山大著
《日本典型担保法》，〔日〕道垣内弘人著
《日本非典型担保法》，〔日〕道垣内弘人著

⊙ 案例研习

《德国大学刑法案例辅导（新生卷·第三版）》，〔德〕埃里克·希尔根多夫著，2019年出版
《德国大学刑法案例辅导（进阶卷·第二版）》，〔德〕埃里克·希尔根多夫著，2019年出版
《德国大学刑法案例辅导（司法考试备考卷·第二版）》
　　〔德〕埃里克·希尔根多夫著，2019年出版
《德国民法总则案例研习（第5版）》，〔德〕约尔格·弗里茨舍著
《德国法定之债案例研习（第3版）》，〔德〕约尔格·弗里茨舍著
《德国意定之债案例研习（第6版）》，〔德〕约尔格·弗里茨舍著
《德国物权法案例研习（第4版）》，〔德〕延斯·科赫、马丁·洛尼希著，2020年出版
《德国劳动法案例研习（第4版）》，〔德〕阿博·容克尔著
《德国商法案例研习（第3版）》，〔德〕托比亚斯·勒特著

⊙ 经典阅读

《法学中的体系思维和体系概念》，〔德〕卡纳里斯著
《法律漏洞的发现（第2版）》，〔德〕克劳斯-威廉·卡纳里斯著
《欧洲民法的一般原则》，〔德〕诺伯特·赖希著
《欧洲合同法（第2版）》，〔德〕海因·克茨著
《民法总论（第4版）》，〔德〕莱因哈德·博克著
《法学方法论》，〔德〕托马斯·M.J.默勒斯著
《日本新债法总论（上下卷）》，〔日〕潮见佳男著